"十四五"职业教育国家规划教材

出纳业务操作实训

（第二版）

CHUNA YEWU CAOZUO SHIXUN

新准则 新税率

主　编　陈东升　杨剑钧　张亚枝

副主编　宋建琦　彭珊　陈蓓

新形态
教材

本书另配：课程标准
　　　　　教　案
　　　　　教学课件
　　　　　参考答案

中国教育出版传媒集团

高等教育出版社·北京

内容提要

本书是"十四五"职业教育国家规划教材。

本书紧密结合当前高职学生就业岗位能力要求和高职学生的学习能力编写,强调在信息技术条件下学生的实际操作能力和职业综合素质的培养,以高职学生毕业后从事岗位所需的知识和技能为主线、工作任务为引领、仿真原始凭证为载体,同时引用典型业务作为案例,着重培养学生的岗位综合职业能力。本书共分为五个项目,内容包括出纳基本技能、出纳库存现金业务技能、出纳银行存款业务技能、出纳涉税业务与社保业务技能、出纳岗位综合实训。为了利教便学,部分学习资源以二维码形式提供在相关内容旁,可扫描获取。此外,本书另配有课程标准、教案、教学课件、参考答案等教学资源,供教师教学使用。

本书既可作为高等职业院校财经商贸大类相关课程教材,也可作为企事业单位会计从业人员的参考资料。

图书在版编目(CIP)数据

出纳业务操作实训 / 陈东升,杨剑钧,张亚枝主编 . —2版.—北京:高等教育出版社,2023.8(2024.7重印)
ISBN 978-7-04-059688-5

Ⅰ.①出… Ⅱ.①陈… ②杨… ③张… Ⅲ.①出纳—高等职业教育—教材 Ⅳ.①F231.7

中国国家版本馆 CIP 数据核字(2023)第 131813 号

策划编辑 毕颖娟 张雨亭		**责任编辑** 钱力颖 张雨亭		**封面设计** 张文豪	**责任印制** 高忠富

出版发行	高等教育出版社	网　　址	http://www.hep.edu.cn	
社　　址	北京市西城区德外大街 4 号		http://www.hep.com.cn	
邮政编码	100120	网上订购	http://www.hepmall.com.cn	
印　　刷	浙江天地海印刷有限公司		http://www.hepmall.com	
开　　本	787mm×1092mm　1/16		http://www.hepmall.cn	
印　　张	18.5	版　　次	2019 年 11 月第 1 版	
			2023 年 8 月第 2 版	
字　　数	378 千字			
购书热线	010-58581118	印　　次	2024 年 7 月第 3 次印刷	
咨询电话	400-810-0598	定　　价	40.00 元	

第二版前言

本书是"十四五"职业教育国家规划教材。

本书根据教学需求,全面落实《职业院校教材管理办法》的规定,进一步落实立德树人根本任务,实施课程思政,践行社会主义核心价值观,秉承高素质技术技能型人才培养目标,注重知识、能力和素养的培养。

"出纳业务操作"课程是财务会计类专业的一门重要基础性课程,实践性和操作性较强。本书采用"基于出纳工作任务系统化"的编写思路,以"技能目标"和"素养目标"为纲领,任务驱动,情境导入,注重理论够用,强化出纳职业素养,旨在培养学生出纳技能、岗位适应能力和社会主义核心价值观,使学生走出校门就能胜任中小企业的相关业务工作,为成为一名合格的出纳打下坚实的基础。

修订后的本书具有以下特色:

1. 课程思政,立德树人

为贯彻落实党的二十大精神,进一步落实立德树人根本任务、实施课程思政,培养德智体美劳全面发展的社会主义建设者和接班人,本书结合教学内容,在每个任务开头设置"素养目标",在每个任务结尾设置"任务考核",引导学生强化会计职业道德,注重潜移默化地培养学生的职业操守和工匠精神。

2. 体例新颖,形式活泼

本书根据出纳实务工作技能来设计,分成五个项目:项目一出纳基本技能、项目二出纳库存现金业务技能、项目三出纳银行存款业务技能、项目四出纳涉税业务与社保业务技能、项目五出纳岗位综合实训,充分体现了职业教育的特点。每个项目分【任务导入】【任务目标】【任务准备】【任务实施】和【任务考核】五个部分,让学生循序渐进地进行技能实操。在【任务实施】阶段,书中提供了本任务实务工作所要使用的空白账、证、表、票,可以让学生现行进行技能演练,最后给出本任务所有账、证、表、票的正确填法,学生可以据此进行成果测评。

3. "互联网十",与时俱进

本书注重引导学生适应互联网思维,在传统出纳业务基础上,利用二维码等信息技术,将纸质教材无法表述或者限于篇幅而未展示的教学知识、资源进行拓展,拓宽了纸质教材的视角,增加读者学习兴趣。同时,本书紧跟时代发展,对接"新知识、新技术、新工艺、新方法",对近几年流行的在线支付结算方式,从企业出纳的角度对企业用户微信、支付宝开设、收付结算等进行了图文并茂的讲解。

4. 岗课赛证,学做合一

本书对接中小微企业出纳岗位,融入"1+X"证书和银行综合业务技能竞赛的相关内容,业财融合,书中使用的账、证、表、票,都跟实际工作中的一致,让学生能够更好地熟悉实际工作环境。同时,账、证、表、票按出纳岗位业务流程设计,使学生对出纳岗位工作能有一个直观的认识,更好地对接出纳岗位,拓展会计技能大赛相关内容,增强学生技能,积极探索岗课赛证融通。

5. 校企合作,产教融合

本书遵循教育部发布的《高等职业学校专业教学标准》中的相关要求,校企、校校合作,编写组由院校一线教学的教授、副教授、讲师和企业一线骨干人员组成,充分反映会计行业新进展,对接会计人员职业标准和市场需求。

本书由湖南信息职业技术学院陈东升、扬州市职业大学杨剑钧、惠州经济职业技术学院张亚枝担任主编,山西国际商务职业学院宋建琦、湖南有色金属职业技术学院彭珊、湖南大众传媒职业技术学院陈蓓担任副主编。本书由陈东升统稿。

在本书的写作和修订过程中得到了企业界朋友的帮助,在此一并表示感谢。如湖南中天信恒会计师事务所曾勇先生(会计师事务所合伙人,注册会计师、注册税务师)对本书写作提供了支持和建议,长沙鑫润财税咨询有限责任公司彭宜男女士提供了中小微企业的素材。

由于编者水平有限,书中难免存在不足之处,敬请各位读者批评指正,我们将在以后的工作中不断改进。

编　者

2023 年 7 月

目　录

资源导航

出纳基本技能

【任务导入】

钱清是某高校会计专业应届毕业生,应聘到长沙信达有限责任公司做出纳工作。在大学里,她相关专业理论知识学得不少,但都很笼统,对会计各岗位的具体工作并未有深入了解,几乎没有实践经验,对出纳工作的印象就是管钱、收付款、跑银行,对出纳岗位的工作职责、出纳人员应该具备的技能并不了解。很庆幸,她遇到了一位好老师——长沙信达有限责任公司财务经理高清。4 月 1 日,钱清正式到公司报到,财务经理高清接待了她,和她进行了如下对话:

文本: 会计与出纳的关系

高清:"小钱,你认为作为企业新入职的财务人员,首先应该了解什么?"

钱清:"首先应该了解该企业的财务制度。"

高清:"不是。作为企业新入职的财务人员,首先要了解该企业的基本情况、经营特点、组织结构和工作流程。我们长沙信达有限责任公司是一家批发、零售日用品和食品的公司。公司主要部门有办公室、供应部、销售部和财务部。公司法人代表,也就是公司董事长是陈铭,我是财务经理。财务部还有一名会计陈一民,以及一位准备调到厂办的出纳员叶子,你就是来接替叶子的出纳工作的。作为一名新出纳员,你认为自己应该有哪方面的专业准备?"

钱清:"应该了解出纳岗位职责、出纳员责任与权限和出纳员具体日常工作。"

高清:"挺全了。除此之外,你还应该了解出纳员工作交接程序及相关文书。"

【任务目标】

一、技能目标

(1) 能熟练进行出纳岗位交接。
(2) 能熟练编写规范的出纳报告。

二、素养目标

培养出纳人员应具备的职业道德,并遵守相关法律法规。

【任务准备】

一、出纳工作交接

出纳人员因故不能在原出纳岗位工作时,必须按有关规定和要求办理好工作的交接手续,做好工作的移交。通过交接,可以明确工作责任,便于接办的出纳人员熟悉工作,也有利于发现和处理出纳工作和资金管理工作中存在的问题,预防经济责任事故与经济犯罪的发生。交接后,如发现移交人在交接前经办的出纳业务有违反财务会计制度和财经纪律的,仍应由移交人负责;交接后,移交前的未了事项,移交人仍有责任协助接交人办理。

《中华人民共和国会计法》第四十一条规定,会计人员调动工作或者离职,必须与接管人员办清交接手续。一般会计人员办理交接手续,由会计机构负责人(会计主管人员)监交。出纳工作交接要按照会计人员交接的要求进行。出纳员调动工作或者离职时,与接管人员办清交接手续,是出纳员应尽的职责,也是分清移交人员与接管人员责任的重大措施。出纳工作交接可以使出纳工作前后衔接,防止账目不清、财务混乱。

出纳人员办理工作交接主要有以下几个方面的原因:
(1) 出纳人员辞职或离开单位。
(2) 因企业内部工作变动不再担任出纳职务,如出纳岗位轮岗调换到会计岗位。
(3) 因出纳岗位内部增加工作人员而重新进行分工。
(4) 因病假、事假或临时调用,不能继续从事出纳工作。
(5) 因特殊情况如停职审查等,按规定不宜继续从事出纳工作。
(6) 因企业其他情况按规定应办理出纳交接工作的,如企业解散、破产、兼并、合并、分立时,出纳人员应向接收单位或清算组办理移交。

出纳工作交接要做到两点:一是移交人员与接管人员要办清手续;二是交接过程中

要有专人负责监交。交接要求进行财产清理,做到账账核对、账款核对;交接清理后要填写移交表,对所有移交的票、款、物,编制详细的移交清册,按册向接交人点清;然后由交、接、监三方在移交文件上签字盖章,填写后的移交表应存入会计档案。出纳工作交接一般分三个阶段进行:

第一阶段,交接准备。准备工作包括以下几个方面:① 将出纳账登记完毕,并在最后一笔余额后加盖名章。② 出纳账与库存现金、银行存款总账核对相符,库存现金账面余额与实际库存现金核对一致,银行存款账面余额与银行对账单核对一致。③ 在出纳账启用表上填写移交日期,并加盖名章。④ 整理应移交的各种资料,对未了事项要写出书面说明。⑤ 编制移交清册,填明移交的账簿、凭证、现金、有价证券、支票簿、文件资料、印鉴和其他物品的具体名称和数量。

实行会计信息化的单位,从事该项工作的移交人员还应当在移交清册中列明会计软件及密码、会计软件数据磁盘、光盘及有关资料、实物等内容。使用 POS 机和企业网银的单位要将 POS 机密码、网银密钥及密钥密码一同移交。

第二阶段,交接阶段。出纳员的离职交接,必须在规定期限内,向接交人员移交清楚。接交人员应认真按移交清册当面点收。① 现金、有价证券要根据出纳账和备查账簿余额进行点收。接交人发现不一致时,移交人要负责查清。② 出纳账和其他会计资料必须完整无缺,不得遗漏。如有短缺,应由移交人查明原因,并在移交清册中注明,由移交人负责处理。③ 接交人应核对出纳账与总账、出纳账与库存现金和银行对账单的余额是否相符,如有不符,应由移交人查明原因,并在移交清册中注明,由移交人负责处理。④ 接交人按移交清册点收公章(主要包括财务专用章、支票专用章和领导人名章)和其他实物。⑤ 接交人办理接收后,应在出纳账启用表上填写接收时间,并签名盖章。

第三阶段,交接结束。交接完毕后,交接双方和监交人,要在移交清册上签名或盖章。移交清册上必须具备:单位名称、交接日期、交接双方和监交人的职务与姓名,以及移交清册页数、份数和其他需要说明的问题和意见。移交清册一般一式三份,双方各执一份,存档一份。

二、出纳报告

(一)出纳报告的基本格式

出纳人员记账后,应根据库存现金日记账、银行存款日记账、有价证券明细账和银行对账单等核算资料,定期编制"出纳报告单"和"银行存款余额调节表",报告本单位一定时期现金、银行存款、有价证券的收、支、存情况,并与总账会计核对期末余额。

(二)出纳报告的填制

(1)出纳报告单的报告期可与本单位总账会计汇总记账的周期相一致,如果本单位总账 10 天汇总一次,则出纳报告单 10 天编制一次。

（2）上期结存数,是指报告期前一期的期末结存数,即本期报告期前一天的账面结存金额,也是上期出纳报告单的"本期结存"数字。

（3）本期收入按账面本期合计的借方数字填列。

（4）合计是上期结存与本期收入的合计数字。

（5）本期支出按账面本期合计的贷方数字填列。

（6）本期结存是指本期期末的账面结存数字,等于"合计数字"减去"本期支出"数字。本期结存必须与账面实际结存一致。

【任务实施】

文本：出
纳工作交
接清单

长沙信达有限责任公司的出纳员叶子核对公司资金与票据的资料如下：

（1）库存现金：×月×日账面余额为 2 600 元,与实存相符,日记账余额与总账相符。

（2）库存国债：账面金额为 30 000 元,经核对无误。

（3）银行存款：账面余额为 985 万元,与编制的"银行存款余额调节表"核对相符。

（4）本年度库存现金日记账 1 本。

（5）本年度银行存款日记账 2 本。

（6）空白现金支票 15 张(175011 号至 175025 号)。

（7）空白转账支票 10 张(293041 号至 293050 号)。

（8）托收承付登记簿 1 本。

（9）付款委托书 1 本。

（10）信汇登记簿 1 本。

（11）银行对账单 1 至 6 月份 6 本。

（12）长沙信达有限责任公司财务转讫印章 1 枚。

（13）长沙信达有限责任公司财务现金收讫印章 1 枚。

（14）长沙信达有限责任公司财务现金付讫印章 1 枚。

（15）长沙信达有限责任公司财务专用印章 1 枚。

（16）长沙信达有限责任公司基本户结算卡 1 张,密码为 223588。

（17）POS 机 1 台,操作密码为 123456。

（18）保险柜钥匙 2 把,保险柜密码为 223588。

（19）银行基本账户网银密码为 223588。

（20）金税盘 1 个,密码为 223588。

因出纳员叶子工作调动,财务处决定将出纳工作移交给钱清接管。现办理如下交接:

1. 交接日期:20××年×月×日

2. 具体业务的移交

(1)库存现金:×月×日账面余额为 2 600 元,与实存相符,日记账余额与总账相符。

(2)库存国债:账面金额为 30 000 元,经核对无误。

(3)银行存款:账面金额为 985 万元,与编制的"银行存款余额调节表"核对相符。

3. 移交的会计凭证、账簿、文件

(1)本年度库存现金日记账 1 本。

(2)本年度银行存款日记账 2 本。

(3)空白现金支票 15 张(175011 号至 175025 号)。

(4)空白转账支票 10 张(293041 号至 293050 号)。

(5)托收承付登记簿 1 本。

(6)付款委托书 1 本。

(7)信汇登记簿 1 本。

(8)金库暂存物品明细表 1 份,与实物核对相符。

(9)银行对账单 1 至 6 月份 6 本。

……

4. 印鉴

(1)长沙信达有限责任公司财务处转讫印章 1 枚。

(2)长沙信达有限责任公司财务处现金收讫印章 1 枚。

(3)长沙信达有限责任公司财务处现金付讫印章 1 枚。

(4)交接前后工作责任的划分:20××年×月×日前的出纳责任事项由叶子负责;20××年×月×日起的出纳工作由钱清负责。以上移交事项均经交接双方认定无误。

(5)本交接书一式三份,双方各执一份,存档一份。

移交人:叶子(签名盖章)

接管人:钱清(签名盖章)

监交人:高清(签名盖章)

长沙信达有限责任公司财务处(公章)

20××年×月×日

【任务考核】

任务考核表

实训任务					
实训目标					
实训收获					
评价主体	评价项目		分值	评价得分	加权得分
组员评价	职业素养	考勤	5		
		课堂表现	15		
	职业技能	任务完成度	25		
		任务完成质量	30		
	职业团队	沟通能力	10		
		协调能力	15		
小　计			100		
组长评价	职业素养	考勤	5		
		课堂表现	15		
	职业技能	任务完成度	25		
		任务完成质量	30		
	职业团队	沟通能力	10		
		协调能力	15		
小　计			100		
教师评价	职业素养	考勤	5		
		课堂表现	15		
	职业技能	任务完成度	25		
		任务完成质量	30		
	职业团队	沟通能力	10		
		协调能力	15		
小　计			100		
合　计					

学生签字：　　　　　　　　　　　　　　日期：

实训任务二　会计账、证、表的书写

【任务导入】

钱清在了解出纳岗位职责、工作内容和工作流程后,根据财务主管的要求,开始翻阅库存现金日记账、银行存款日记账以及其他出纳明细账等账簿资料。打开账簿后,钱清的第一感觉是这些账簿记录清晰整洁、数字美观大方。她暗自赞叹,并下定决心以此为榜样,认真练习书写。

【任务目标】

一、技能目标

(1) 能熟练掌握会计数字书写的规范要求。

(2) 能正确、规范地书写大小写金额、日期等会计数字。

(3) 能正确运用货币币种符号。

二、素养目标

养成会计数字书写认真规范、清晰整洁的良好习惯。

【任务准备】

出纳人员在办理现金收付业务时,要填写收据、支票等结算凭证,登记库存现金日记账和银行存款日记账,并进行结账和对账,因此经常要书写大量的数字和文字。如果数字书写不正确、不清晰、不符合规范,就会带来很大的麻烦。因此,出纳人员必须掌握一定的书写技能,使书写的文字和数字清晰、整洁并符合规范化的要求。

文本:会计账簿的启用

出纳业务工作涉及的书写内容包括中文大写数字与阿拉伯数字两大类。其中,中文大写数字主要用于支票、收据等原始凭证的填写;阿拉伯数字主要用于各类凭证、账簿及财务报表中的业务金额的填写。

一、中文大写数字的书写

中文大写数字用于填写需要防止涂改的银行结算凭证、收据等,因此在书写时不能写错。如果写错,则本张凭证作废,需要重新填制凭证。

(一)中文大写数字的内容

中文大写数字分为数字和数位两个部分,其中,数字部分包括零、壹、贰、叁、肆、伍、陆、柒、捌、玖 10 个数字;数位部分包括拾、佰、仟、万、亿、元、角、分等。以上中文大写数字一律用正楷或者行书字体书写,不得用一、二、三、四、五、六、七、八、九、十、百、千等简化字代替,不得任意自造简化字。

(二)中文大写数字书写的基本要求

(1)中文大写金额前要冠以"人民币"字样,"人民币"与金额首位数字之间不留空位,数字之间更不能留空位,写数与读数顺序要一致。

(2)人民币以"元"为单位,"元"后无"角""分"的需要写"整"(或"正",下同)字。如果到"角"为止,"角"后也可以写"整"字;如果到"分"为止,"分"后不写"整"字。

(3)金额数字中间连续几个"0"字时,中文大写金额数字中可只写一个"零"字。

(4)表示数位的文字前必须有数字,如"拾元整"应写成"壹拾元整"。

(5)中文大写金额数字前有空位的,应当在数字前用"⊗"逐位补齐。中文大写金额数字前未印有货币名称的,应当加填货币名称。

(6)切忌用其他文字代替中文大写数字,如"零"不能用"另"代替、"角"不能用"毛"代替等。

(三)订正错误的方法

中文大写数字写错或发现漏记,不能涂改,也不能使用划线更正法,必须重新填写凭证。

二、阿拉伯数字的书写

阿拉伯数字是世界各国的通用数字,其书写顺序是由高位到低位,从左到右依次写出各位数字。

(一)阿拉伯数字书写的基本要求

(1)书写的角度要适当。书写阿拉伯数字时一般要求倾斜书写,数字上端向右倾斜,以 60°左右的水平倾斜角为宜。一组数字的书写,应保持各个数字的倾斜度一致,自然美观。

(2)书写的位置要适当。每个数字要紧贴底线书写,高度一般占全格的二分之一为宜,最多不要超过全格的三分之二,以便为更正数字留有再次书写的余地。每个数字的中部大体位于格距二分之一的两条对角线交点上,不宜过于靠左或者靠右。

(3)数字应当一个一个书写,不得连笔。书写应工整流畅、均匀美观、一目了然,切忌潦草、连笔、模糊。

(4)书写应具有个人特色。数字书写时要在符合书写规范的前提下,保持本人的独特字体和特色习惯,使别人难以模仿或涂改。

（二）阿拉伯数字金额的书写要求

一般要求阿拉伯数字金额写到分位为止,元位以下保留角、分两位小数,对分以下的厘、毫等采用四舍五入的方法。但在少数情况下,如计算百分率、折旧率、加权平均单价、单位成本及分配率等,也可以采用多位小数,以达到准确计算的目的。

一般来说,凭证和账簿已印好数位线的,必须逐格顺序书写,"角""分"栏须金额齐全。如果"角""分"栏无金额,应该以"0"补位,也可在格子的中间划一条短横线代替。如果金额有角无分,则应在分位上补写"0",不能用短横线代替。没有数位线的阿拉伯数字书写时,如果金额没有角分,仍应在元位后的小数点后补写"00"或划一条短横线;如果金额有角无分,则应在分位上补写"0"。

（三）订正错误的方法

根据出纳核算的实际情况及记账规则要求,当账务处理过程中阿拉伯数字金额发生错误时,严禁采用刮、擦、涂改或采用药水消除字迹等方法改错,应采用正确的更正方法进行更正。正确的更正方法为划线更正法,即将错误的数字全部用单红线划掉,并在错误的数字上加盖更正人或财务负责人的印章,以示负责,而后在原数字上方对齐原位再将正确的数字写在被注销数字的上方。

三、汉字的书写

（一）字体

汉字字体种类繁多,如仿宋体、扁魏体、正楷体、隶体及各种行书体、草体等。出纳核算中究竟应使用哪种字体,并无规定。但是为了保持账务处理的整洁、美观、易于辨认,一般采用正楷或行书。

（二）字形与字位

出纳核算中,虽然每种字体笔画有所差异,但其笔画的组合形式是相似的。要使字形在结构上达到完美,基本上应合乎如下规则:① 平衡。字形笔画的配置应力求做到左右平衡、重心居中。上下相同部首组合的字或上下对称的独体字,应上紧下松,使之平稳。② 布白均匀。笔画间的空白部分叫作布白,笔画间或部首间的组合、布白应有均匀的感觉。③ 参差有变。字体的笔画不能机械搭配,应使部首间有机联系,以免呆板。主要表现在部首间笔画交错者应互相穿插避让和重复的笔画有所变化两方面。

字位,就是指每个字在凭证、账页、表册每行格中的位置。若文字书写过大,则不易更正;若文字书写过小,则又难以辨认。因此,账务文字书写大小位置要适宜,通常文字要紧靠左竖线书写,文字与左竖线之间不得留有空白部分。汉字的书写不能满格,一般以占行宽的三分之二或二分之一为宜,并落笔在底线上。

文字书写一般要求用蓝黑色或黑色墨水笔书写,不准用铅笔或圆珠笔(用复写纸复写除外)书写。红色墨水只在特殊情况下使用。填写支票必须使用碳素笔书写。

四、货币币种符号的运用

如果表示金额时,阿拉伯数字前面应当书写货币币种符号或者货币名称简写。货币币种符号与阿拉伯数字之间不得留有空白。凡阿拉伯数字前写有货币币种符号的,数字后面不再写货币单位。

本任务主要进行大小写金额和日期、大小写数字和文字的书写训练。为了掌握书写规范,可以在专门的数字书写纸或账页上进行练习,如图 1-1 所示。

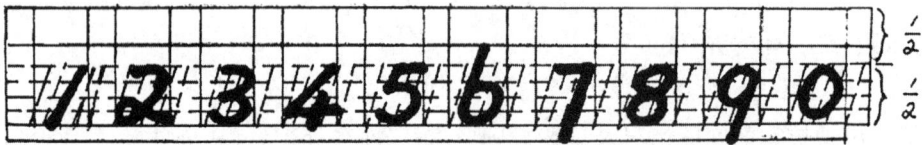

图 1-1　数字书写纸

【任务实施】

业务 1:中文大写金额的书写。

出纳员钱清填写了几张原始凭证,其中金额部分是这样填写的:

(1)阿拉伯数字小写金额为 2 800 元,中文大写金额为"人民币:贰仟捌佰元整"。

(2)阿拉伯数字小写金额为 108 000 元,中文大写金额为"人民币拾万捌仟元整"。

(3)阿拉伯数字小写金额为 3 500.98 元,中文大写金额为"人民币叁仟伍佰零玖角捌分"。

请指出钱清在以上中文大写金额书写中的错误。

业务解析:中文大写金额的书写。

出纳员钱清在上述中文大写金额数字书写中存在的错误如下:

(1)"人民币"后面多一个冒号。正确写法:人民币贰仟捌佰元整。

(2)漏记了"壹"和"零"字。正确写法:人民币壹拾万零捌仟元整。

(3)漏记了一个"元"字。正确写法:人民币叁仟伍佰元玖角捌分。

业务 2:数字错误订正。

出纳员钱清在账页上书写下列三组数字时出错,如表 1-1 所示,请用正确的方法进行更正。

(1)正确数字为 8 758.21,错写为 8 753.21。

(2)正确数字为 75 698.09,错写为 75 698.00。

(3)正确数字为 637.00,错误地将首位数字"6"写入万位,其他数字还未写。

表 1-1　数字书写

千	百	十	万	千	百	十	元	角	分
				8	7	5	3	2	1
			7	5	6	9	8	0	0
			6						

业务解析：数字错误订正。

采用划线更正法，将错误的数字全部用单红线划掉，并在错误的数字上加盖更正人或财务负责人的印章，以示负责，而后在原数字上方对齐原位再将正确的数字写在被注销数字的上方。

业务 3：阿拉伯数字金额的书写。

将中文大写金额变成阿拉伯数字金额，如表 1-2 所示。

表 1-2　阿拉伯数字金额的书写

中文大写金额	十	万	千	百	十	元	角	分
人民币×万×仟×佰×拾×元×角玖分								
人民币×万×仟×佰×拾×元壹角贰分								
人民币×万×仟×佰×拾叁元陆角零分								
人民币×万×仟×佰柒拾贰元零角零分								
人民币×万×仟肆佰叁拾陆元零角捌分								
人民币×万柒仟贰佰零拾零元零角伍分								
人民币伍万捌仟零佰零拾零元零角零分								

业务解析：阿拉伯数字金额的书写。

阿拉伯数字金额的书写结果如表 1-3 所示。

表 1-3　阿拉伯数字金额的书写结果

中文大写金额	十	万	千	百	十	元	角	分
人民币×万×仟×佰×拾×元×角玖分							￥	9
人民币×万×仟×佰×拾×元壹角贰分							￥	1	2
人民币×万×仟×佰×拾叁元陆角零分						￥	3	6	0
人民币×万×仟×佰柒拾贰元零角零分					￥	7	2	0	0
人民币×万×仟肆佰叁拾陆元零角捌分				￥	4	3	6	0	8

中文大写金额	十	万	千	百	十	元	角	分
人民币×万柒仟贰佰零拾零元零角伍分		¥	7	2	0	0	0	5
人民币伍万捌仟零佰零拾零元零角零分	¥	5	8	0	0	0	0	0

业务 4：中文大写日期的书写。

（1）1 月 12 日。

（2）2 月 13 日。

（3）10 月 30 日。

（4）2021 年 4 月 9 日。

（5）2022 年 10 月 20 日。

业务解析：中文大写日期的书写。

（1）应写为：零壹月壹拾贰日。

（2）应写为：零贰月壹拾叁日。

（3）应写为：零壹拾月零叁拾日。

（4）应写为：贰零贰壹年零肆月零玖日。

（5）应写为：贰零贰贰年零壹拾月零贰拾日。

【任务考核】

任务考核表

实训任务					
实训目标					
实训收获					
评价主体	评价项目		分值	评价得分	加权得分
组员评价	职业素养	考勤	5		
		课堂表现	15		
	职业技能	任务完成度	25		
		任务完成质量	30		
	职业团队	沟通能力	10		
		协调能力	15		
小　　计			100		

续 表

组长评价	职业素养	考勤	5	
		课堂表现	15	
	职业技能	任务完成度	25	
		任务完成质量	30	
	职业团队	沟通能力	10	
		协调能力	15	
小 计			100	
教师评价	职业素养	考勤	5	
		课堂表现	15	
	职业技能	任务完成度	25	
		任务完成质量	30	
	职业团队	沟通能力	10	
		协调能力	15	
小 计			100	
合 计				

学生签字： 日期：

实训任务三　真假人民币的识别、验点与处理

【任务导入】

在我国，人民币是最主要的流通货币。作为一名出纳人员，学会和掌握人民币真伪的识别技术，可以维护国家货币的安全，维护人民币的信誉，还可以保护单位的现金安全，避免假币给单位造成经济损失。钱清作为长沙信达有限责任公司的一名新手出纳员，应该用心学习辨别真假人民币的方法，并运用到日常的现金收付工作中，进而提升验钞技能。

【任务目标】

一、技能目标

(1) 能准确鉴别人民币的真伪。

（2）能熟练掌握手工点钞的基本方法。

（3）能熟练操作点钞机具正确点钞。

二、素养目标

培养学生严谨务实的工作作风。

【任务准备】

随着时代的进步，造假技术越来越高明。出纳人员最直接与钱币接触，因此收取钱币时要保持谨慎，学会辨别假币。虽然现在企业使用点钞机识别假币很方便，但是出纳人员还是需要掌握识别真假人民币的方法和具备点钞基本技能。下面介绍 2019 年版第五套人民币的防伪特征。

一、光彩光变数字

在之前第五套人民币纸币防伪技术的基础上，2019 年版第五套人民币 50 元、20 元、10 元纸币票面中部印有光彩光变面额数字，改变钞票观察角度，面额数字颜色出现变化，并可见一条亮光带上下滚动。以新版 50 元为例，随着观察角度的改变，面额数字"50"的颜色会在绿、蓝之间交替变化。2019 年版第五套人民币 50 元纸币的正面和背面如图 1-2 所示。

图 1-2　2019 年版第五套人民币 50 元纸币的正面和背面

二、光变镂空开窗安全线

光变镂空开窗安全线具有颜色变化和镂空文字特征，易于公众识别，是一项常用的公众防伪特征。2019 年版 50 元纸币采用动感光变镂空开窗安全线,若改变钞票观察角度,安全线颜色会在红色和绿色之间变化,亮光带上下滚动;透光观察,50 元纸币可见"50"。2019 年版 20 元、10 元纸币采用光变镂空开窗安全线,与 2015 年版 100 元纸币类似,若改变钞票观察角度,安全线颜色会在红色和绿色之间变化;透光观察,20 元纸币可见"20",10 元纸币可见"10"。2019 年版第五套人民币 20 元纸币的正面和背面如图 1-3 所示。

图 1-3　2019 年版第五套人民币 20 元纸币的正面和背面

三、水印

2019 年版 50 元、20 元、10 元纸币明显提升了水印清晰度和层次效果。人像水印位于票面正面左侧的空白处,透光观察可见毛泽东头像。人像水印清晰度明显提升,层次更加丰富。2019 年版 1 元纸币增加了白水印。白水印位于票面正面横号码下方,透光观察可见水印面额数字。

四、横竖双号码

2019 年版第五套人民币调整了左侧横号码式样,增添了竖号码,可以有效防范变造纸币。左侧横号码的冠字和前两位数字为暗红色,后六位数字为黑色。右侧竖号码冠字和数字均为蓝色。

虽然现在企业使用点钞机识别假钞很方便,但是出纳人员还是需要具备识别真假人民币的技能和掌握点钞基本技能。本任务主要进行人民币真假识别、手工点钞和机具点钞技能训练。

【任务实施】

业务1：2020年版第五套人民币5元纸币的防伪特征。

2020年11月5日，中国人民银行发行2020年版第五套人民币5元纸币。请指出2020年版第五套人民币5元纸币的防伪特征有哪些？

业务解析：2020年版第五套人民币5元纸币的防伪特征。

1. 光彩光变面额数字

2020年版第五套人民币5元纸币面额数字"5"位于票面正面中部，若改变钞票观察角度，面额数字"5"的颜色会在金色和绿色之间变化，并可见一条亮光带上下滚动，如图1-4所示。

图1-4　光彩光变面额数字

2. 凹印对印面额数字与对印图案

2020年版第五套人民币5元纸币票面正面左下角、右上角和其对应的背面右下角、左上角有面额数字"5"和对印图案的局部图案，透光观察，正背面图案组成完整的面额数字与对印图案，如图1-5所示。

图1-5　凹印对印面额数字与对印图案

3. 雕刻凹印

2020 年版第五套人民币 5 元纸币票面正面毛泽东头像、国徽、"中国人民银行"行名、对印面额数字与图案、装饰团花、盲文面额标记及背面主景、对印面额数字与图案等均采用雕刻凹版印刷,触摸有凹凸感,如图 1-6 所示。

图 1-6　雕刻凹印

4. 水印

花卉水印位于 2020 年版第五套人民币 5 元纸币票面正面左侧,透光观察,可见花卉图案水印;白水印位于票面正面左侧,透光观察,可见面额数字"5",如图 1-7 所示。

图 1-7　花卉水印与白水印

业务 2:手工点钞。

准备点钞练功券若干把,运用所学的手工点钞方法进行点钞技能练习。

要求:前后 4 位同学分为一组,每组 1 位同学先点钞,其余 3 位同学观察其点钞动作是否正确,若某个操作要领不正确,则一起讨论,帮助其改正。

业务解析:手工点钞。

1. 手工点钞方法

纸币点钞方法大体上可分为两种,即手持式点钞和手按式点钞。手持式点钞可分为

视频:手工点钞教学

手持式单指单张点钞、手持式单指多张点钞、手持式多指多张点钞和扇面式点钞等方法。手按式点钞也包含手按式单指单张点钞、手按式多指多张点钞和手按式半扇面点钞等方法。以下具体介绍几种手工点钞方法。

（1）手持式单指单张点钞是指点钞时用一个手指一次点一张钞票的方法，如图1-8所示。这种单指单张点钞方法是点钞中最基本也是最常用的一种方法，使用范围较广，频率较高，适用于收款、付款和整点各种新旧大小钞票。这种点钞方法由于手持票面面积小，视线可及票面的四分之三，容易发现假钞票及残破票；但是此方法需要点一张计一次数，比较费力，速度较慢。

图1-8　手持式单指单张点钞

（2）手持式多指多张点钞是指点钞时用一只手的小指、无名指、中指、食指依次捻下一张钞票，一次清点四张钞票的方法，也称四指四张点钞法，如图1-9所示。这种点钞方法适用于收款、付款和整点工作，不仅省力省时，而且效率高，能够逐张识别假钞和挑出残破钞票。

图1-9　手持式多指多张点钞

（3）扇面式点钞是指点钞时把钞票捻成扇面状进行清点的方法，如图1-10所示。这种点钞方法速度快，是手工点钞中效率最高的方法。但它只适用于清点新钞票，不适于清点新、旧、破混合钞票。

图 1‑10　扇面式点钞

（4）手按式单指多张点钞是指点钞时一指同时点两张或两张以上钞票的方法，如图 1‑11 所示。它适用于收款、付款和各种券别的整点工作，点钞时计数简单省力，效率高；但是点钞过程中假钞和残破票却不易发现。

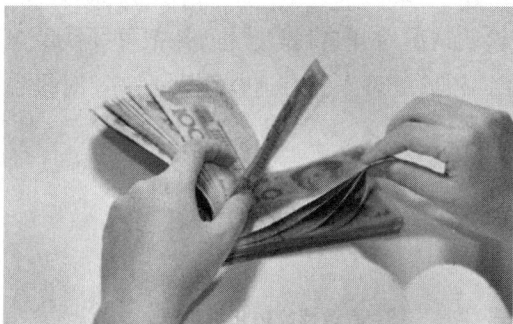

图 1‑11　手按式单指多张点钞

2. 点钞的基本要求

在人民币的收付和整点中，要对混乱不齐、折损不一的钞票进行整理，使之整齐美观。

3. 点钞的基本程序

（1）拆把：把待点的成把钞票的封条拆掉。

（2）点数：手点钞，脑记数，点准一百张。

（3）扎把：把点准的一百张钞票墩齐，用腰条扎紧。

（4）盖章：在扎好钞票的腰条上加盖经办人名章，以明确责任。

业务 3：机器点钞。

点钞机是一种自动清点钞票数目的机电一体化装置，一般带有伪钞识别功能，是集计数和辨伪钞票功能为一体的机器。出纳员如果使用点钞机点钞，应该注意哪些事项？并总结机器点钞方法和放钞技巧。

业务解析：机器点钞。

（1）使用点钞机点钞注意事项：出纳员在使用点钞机点钞时，把需要点钞的钱币墩齐后,应使四条边水平,不露头,无卷角,再放入点钞机当中进行清点。

（2）机器点钞方法：工具准备好→坐姿端正→整理钞票→放钞清点→扎把盖章。

（3）放钞技巧：① 放钞之前将整把钱捻一下,使其略展开,在长边处形成一个小斜面,顺着斜面向下放钞。② 放钞时不要太用力,把整把钞票往机器上轻轻一放就可以了,利用钞票本身的重量与机器胶轮向下捻搓的动作相配合,就可以正常完成点钞动作。③ 放钞时太过用力是造成卡钞的主要原因之一。卡钞后不用按恢复键,只要把前面已经过了的钞票拿起来再放下（后面未通过的部分不要拿起来）,机器就会继续点钞并连续计数。机器在已经通过的钞票位置处有个电子感光眼,感光眼会对该动作作出反应并使点钞机继续工作。

业务 4：假币处理。

2023 年 4 月 10 日,出纳员钱清收到公司客户交来的一笔现金,共计 1 860 元,在验点时,怀疑其中两张 50 元人民币为假币,钱清应该如何处理可疑的两张 50 元假币?

业务解析：假币处理。

出纳员钱清发现有两张 50 元可疑钱币但不能断定真假时,不得自行加盖假币戳记和没收。钱清应向持币人说明情况后开具临时收据,并把可疑钱币立即送交专业人员鉴别,由银行开具没收凭证,予以没收处理。如有追查线索的应及时报告就近的公安部门,协助侦破。

【任务考核】

点钞技能量化标准表

类　别	等级	3 分钟点钞张数/张	百张所用时间/秒
单指单张点钞	一	800 以上	22.0 以内
	二	700~799	22.1~23.9
	三	600~699	24.0~25.9
	四	500~599	26.0~27.9
	五	400~499	28.0~29.9
扇面点钞	一	900 以上	20.0 以内
	二	800~899	20.1~22.0
	三	700~799	22.1~24.0
	四	600~699	24.1~26.0
	五	500~599	26.1~28.0
多指多张点钞	一	1 000 以上	17.0 以内
	二	800~999	17.1~20.0

续　表

类　　别	等级	3 分钟点钞张数/张	百张所用时间/秒
多指多张点钞	三	700～799	20.1～22.0
	四	600～699	22.1～24.0
	五	500～599	24.1～26.0

实训任务四　原始凭证的填制与审核

【任务导入】

在日常工作中,长沙信达有限责任公司的出纳员钱清经常需要填制一些原始凭证和审核员工提交的各类报销单据,并对相关业务进行现金支付。那么钱清在填制与审核原始凭证时应注意哪些事项呢?

【任务目标】

一、技能目标

(1)能根据岗位业务需要正确填制各类原始凭证。
(2)能正确审核填制的原始凭证。

二、素养目标

(1)培养学生严谨认真的工作态度。
(2)培养学生的责任意识。

【任务准备】

原始凭证又称单据,是在经济业务发生或完成时取得或填制的,用以记录或证明经济业务的发生或完成情况的文字凭据。对原始凭证的真实性、合法性、有效性进行认真审核,既是出纳人员应履行的财务监督职责的一部分,也是出纳人员做好出纳工作的前提条件。

一、原始凭证的填制要求

（1）符合实际情况。原始凭证的内容、数字等，必须根据实际情况填列，确保原始凭证所反映的经济业务真实可靠，符合实际情况。

（2）明确经济责任。填制的原始凭证必须由经办人员和部门签章；对外开出的原始凭证，必须加盖本单位公章；从外单位取得的原始凭证，必须盖有单位的公章；从个人取得的原始凭证，必须有人员的签名或盖章。

（3）内容齐全、手续完备。原始凭证的各项内容应详尽地填写齐全，不得遗漏；大写和小写金额必须相符。

（4）书写格式要规范。对于预先印有编号的各种凭证，若填写错误，应加盖"作废"戳记，并单独保管。

二、原始凭证审核的基本原则

（一）合法性原则

合法性原则要求审核经济业务是否符合国家有关政策、法规、制度的规定，是否有违法乱纪等行为。

（二）真实性原则

真实性原则要求审核原始凭证是否真实，包括日期是否真实、业务内容是否真实、数据是否真实等。

（三）合理性原则

合理性原则要求审核原始凭证所记录的经济业务是否符合企业生产经营活动的需要、是否符合有关的计划和预算等。

（四）完整性原则

完整性原则要求审核原始凭证的内容是否齐全，包括有无漏记项目、日期是否完整、有关签章是否齐全等。

（五）正确性原则

正确性原则要求审核原始凭证的数字是否清晰，文字是否工整，书写是否规范，凭证联次是否正确，有无刮擦、涂改和挖补等。

三、原始凭证的审核要点

（一）审核凭证要素

检查原始凭证的名称、填制日期和编号、接收原始凭证的单位名称、经济业务的基本内容、数量、计量单位、单价和金额、填制单位名称及经办人的签章等凭证要素是否齐全。

（二）审核"抬头"

出纳员要审核发票上的名称是否与本单位名称相符,有无添加、涂改的现象,防止将其他单位或私人购物的发票入账。如果不符,应查清为什么在本单位报销。

（三）审核日期

先审核同一单位出具的发票,核实其号码与日期是否矛盾。如果同一单位出具的发票较多,可以通过摘录排序发现。一般情况下,上述两者的日期不会间隔太长。如果较长,则要查明原因。

（四）审核凭证编号

主要是看凭证有无连号现象,防止把别人的发票拿来报销。

（五）审核数字、金额

检查原始凭证的阿拉伯数字金额是否等于中文大写金额、阿拉伯数字有无涂改或添加、数量乘以单价是否等于分项金额、分项金额相加是否等于合计金额。检查阿拉伯数字金额前面是否有"￥"字样,中文大写金额前面是否顶格。如有差错,一定要查清缘由。数字涉及所购物品价格时,要看与以往所购同种物品是否相同,如相差过大,应及时查明原因。

（六）审核凭证备注栏和背面

审核备注栏有何规定或说明,如有无"违章罚款,不得报销"等字样。一些一式多联的手写版原始凭证需要用复写纸复写,因而这种凭证的背面应有复写的痕迹,如果没有,则应特别注意是否存在"大头小尾"(俗称"阴阳票")的可能性,如存在,必须要向持证人查询原因。

（七）审核字迹、印章和报销手续

对于金额大、支出业务不正常,疑似报销人员自己填写的支出凭证,必须仔细审核。在日常工作中,销货单位提供空白发票,由本单位经办人自行填制列支费用的事项时有发生。要检查原始凭证有无税务部门监制章、售货单位的财务专用章、发票专用章等。也要检查有无经手人、验收人、批准人的签字,印章是否符合规定等,如没有,应先补齐手续。只有印章和手续齐全才能报销。

（八）审核开支标准

出纳员应认真审核原始凭证中的差旅费、电话费、汽油费等各项费用是否合理和符合开支标准。对于违反规定的,其超出标准的金额,应自行承担。

此外,在审核原始凭证时,还要注意分析一些不能通过凭证票面反映的问题。例如,采购物资是否舍近求远、舍优求劣;购买的办公用品是否只写金额,没有具体内容。如有类似的问题必须问清缘由,防止少数人钻空子。

四、经审核的原始凭证的处理

经审核的原始凭证应根据不同情况进行处理:

（1）对于完全符合要求的原始凭证，应及时据以编制记账凭证入账。

（2）对于真实、合法、合理但内容不够完整、填写有错误的原始凭证，应退还有关经办人员，由其负责将有关凭证要素补充完整、更正错误或重开后，再办理入账手续。

（3）对于不真实、不合法的原始凭证，会计机构和会计人员有权不予接受，并向单位负责人报告。

本任务主要进行现金支票、借款单、收据等原始凭证的填制和审核业务训练。

长沙信达责任有限公司发生如下经济业务，请按要求填制和审核下列原始凭证。

【任务实施】

文本：支票出票的记载

业务 1：2023 年 4 月 1 日，出纳员钱清开出一张现金支票，从银行提取 2 000 元现金备用，请填制现金支票，如图 1－12 所示。

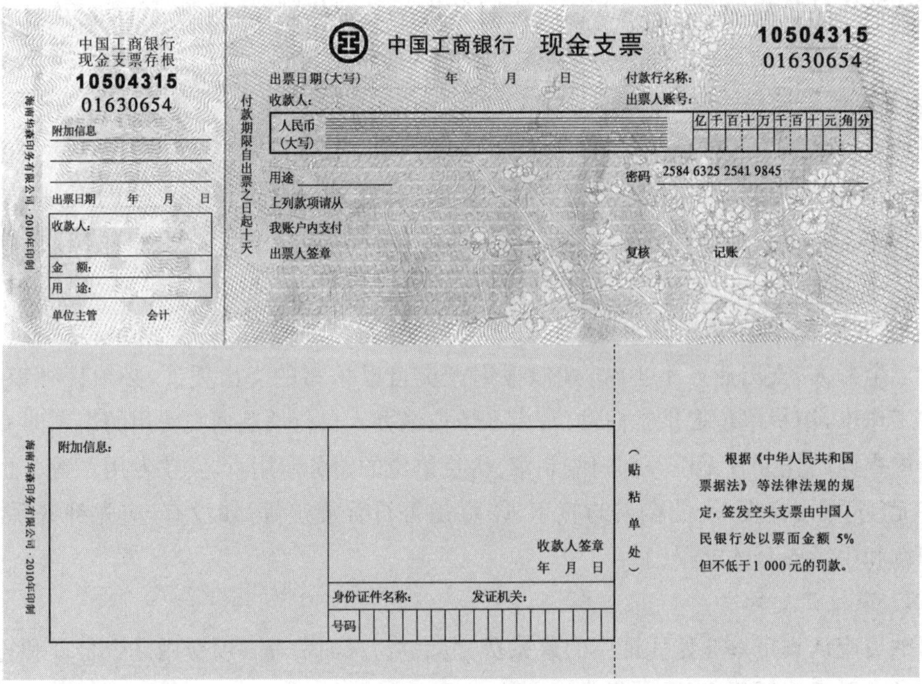
中国工商银行
现金支票存根
10505315
01630654
附加信息
出票日期 年 月 日
收款人：
金 额：
用 途：
单位主管 会计
海南华森印务有限公司 · 2010年印制

中国工商银行 现金支票 10504315 01630654
出票日期（大写） 年 月 日 付款行名称：
收款人： 出票人账号：
付款期限自出票之日起十天
人民币（大写） 亿 千 百 十 万 千 百 十 元 角 分
用途 密码 2584 6325 2541 9845
上列款项请从
我账户内支付
出票人签章 复核 记账

附加信息：
收款人签章
年 月 日
身份证件名称： 发证机关：
号码
（贴粘单处）
根据《中华人民共和国票据法》等法律法规的规定，签发空头支票由中国人民银行处以票面金额 5% 但不低于 1 000 元的罚款。
海南华森印务有限公司 · 2010年印制

正面

背面

图 1－12　现金支票

业务解析：

现金支票的要素主要有：日期、收款人、大写金额、小写金额、用途、印鉴章及领款人信息。

（1）支票日期的写法：出票日期必须用大写，涉及的大写数字分别是：零、壹、贰、叁、肆、伍、陆、柒、捌、玖、拾。月份为 1 月、2 月、10 月的要在其前面加零，月份为 3—9 月的可加零,也可不加零;月份为 10—12 月的要在其前面加壹,如"12 月"写成"壹拾贰月"。日为 1—10 日的在其前面加零,如"9 日"写成"零玖日";日为 10 的倍数(10,20,30)的要在其前面加零,如"10 日"写成"零壹拾日"。

(2)支票金额的写法:阿拉伯数字小写金额之前应加人民币符号,中文大写金额涉及的大写汉字为:万、仟、佰、拾、元、角、分、整。数字到元为止,要在元后加整,如"4 500.00"写成"肆仟伍佰元整"。数字到角为止,要在角后加整,如"7 881.10"写成"柒仟捌佰捌拾壹元壹角整"。数字到分为止的,后面无须加任何字,如"7 881.11"写成"柒仟捌佰捌拾壹元壹角壹分"。

(3)印鉴章:在支票空白处加盖印鉴章(一般是法人章与财务章),一般银行对印章的要求只是清晰就行,但是有些银行印章不能压到金额线上面。

(4)支票背面的填写:对于现金支票收款人是本单位的,在支票的背面收款人处加盖印鉴章或者法人章,有的银行还要求写上经办人的姓名与身份证号,并检查经办人身份证原件。

业务 2:2023 年 4 月 4 日,销售部人员王民赴南京参加商品展销会,经批准向财务部预借差旅费 3 000 元,请填制借款单,如图 1-13 所示。

借 款 单

年　月　日

借款人部门		借款人签字	
借款金额	大写:		小写:
借款用途			
备注			

单位负责人:　　　　　财务经理:　　　　　部门负责人:

图 1-13 借款单

业务解析:

公司或个人借款必须填写借款单。借款单所列相关内容必须填写清楚。项目要逐一填写完整,不得有空缺。借款人、借款人单位(或部门)和借款用途必须具体详细,借款金额大小写要填写一致。单位负责人、财务经理和部门负责人要审核签字。

业务 3:2023 年 4 月 5 日,出纳员钱清将当天的销货款 13 500 元现金送存银行,其中面额 100 元的有 132 张,面额 50 元的有 6 张。请填制现金存款凭条,如图 1-14 所示。

中国工商银行 (现金存款凭条)

日期： 年 月 日

存款人	全 称																		第一联 客户核对联
	账 号					款项来源													
	开户行					交款人													
								亿	千	百	十	万	千	百	十	元	角	分	
金额（大写）						金额（小写）													
票面	张数	十	万	千	百	十	元	票面	张数	千	百	十	元	角	分	备注			
壹佰元								伍角											
伍拾元								贰角											
贰拾元								壹角											
拾元								伍分											
伍元								贰分											
贰元								壹分											
壹元								其他											

注：此联不作为入账依据

图 1-14 现金存款单

业务解析：

现金存款单上的存款人户名要填写企业全称，存款人账号和开户行填写企业在该银行的账号和开户行名称。现金存款单上的款项来源能填的内容很多，一般写营业收入或货款。存款金额的大、小写须一致，票面金额、张数要和实际票币相符。

业务4：2023年4月6日，出纳员钱清收到欣欣食品厂的现金2600元，为包装物押金，请填制收款收据，如图1-15所示。

收 款 收 据

年 月 日

交款单位 （或交款人）		
交款项目		
金额（大写）： 仟 佰 万 仟 拾 元 角 分 ¥ _____		
备注：		

收款单位公章　　　　　　　　收款人　　　　　　出纳

第一联存根（黑）第二联收据（红）第三联记账（绿）

图 1-15 收款收据

业务解析：

一个完整的收款收据通常应由标题、正文、落款三部分组成。标题写在正文上方的中间位置，字体稍大。标题的写法有两种：一种是直接由文种名构成，即写上"收据"或"收款收据"字样,如图 1-15 所示;另一种是把正文的前三个字作为标题,而正文从第二行顶格处接着往下写。如用"今收到""现收到""已收到"作标题。正文是在第二行空两格处开始写,但以"今收到"为标题的收据是不空格的。正文一般要写明下列内容:① 收到钱物的数量、物品的种类、规格等。② 是某人经手的一般要在姓名前署上"经手人:"的字样;是代别人收的,则要在姓名前加上"代收人:"字样。③ 最后落款要求写上收钱物的个人或单位的名称,署上收到的具体日期,还要加盖单位公章。

业务 5: 2023 年 4 月 7 日,长沙信达有限责任公司向长沙市红利厨具厂采购 100 套红事达不锈钢无油烟锅具,每套 300 元,货款共计 30 000 元,货物已验收入库,出纳员钱清开出转账支票支付货款,请填制转账支票,如图 1-16 所示。

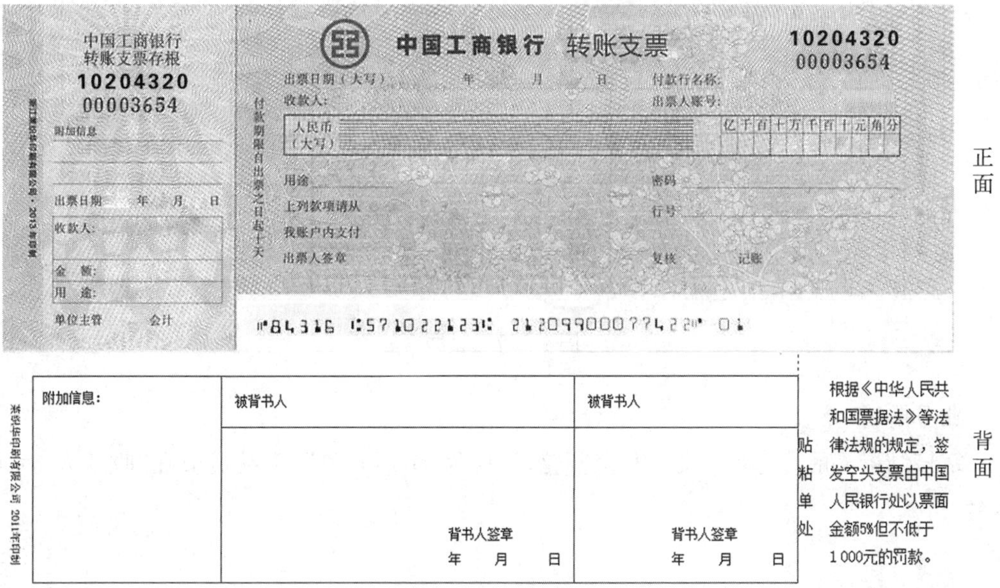

图 1-16　转账支票

业务解析:

(1) 转账支票的转账日期、收款单位、支付金额不得涂改。出票日期必须用大写数字,如转账支票日期为:贰零贰叁年零肆月零柒日。

(2) 转账支票的收款人一栏应填写对方单位名称,票据背面付款单位不用盖章。连同填写好的银行进账单一同交给收款单位委托的开户行进行收款。

(3) 出票人委托的付款行和账号即为本单位开户行名称和开户账号。需要注意的是,开户行名称必须详细填写,银行账号必须用阿拉伯数字填写。

(4) 转账支票上填写人民币金额时,必须用中文大写数字。

(5) 转账支票不像现金支票有一定的限制,它没有具体规定,用途可根据实际情况填写。如货款就填写"货款"。

（6）转账支票一定要注意有效期限。正常付款期限为自出票之日起 10 天。超过付款期，银行不予受理。

业务 6：2023 年 4 月 10 日，长沙信达有限责任公司收到供应部王磊违规操作的罚款现金 500 元，开具收款收据，请对该原始凭证进行审核，如图 1-17 所示。

收 款 收 据

2023 年 04 月 10 日

交款单位 （或交款人）	供应部王磊							
交款项目	违规操作罚款							
金额（大写）：	仟　佰　万　仟伍佰零拾零 元 零 角 零 分 ¥500.00 元							
备注：								

收款单位公章　　　　　　收款人　　　　出纳

图 1-17　收据

业务解析：

审核结果：原始凭证中文大写金额错误，应为"伍佰元整"；出纳员应在"收款人"后面签名。

【任务考核】

（1）在填制原始凭证前，指导教师向学生强调原始凭证的填制要求。

（2）学生根据发生的经济业务填制相关原始凭证，如借款单、收据、现金支票、转账支票等。

（3）将学生按 6～8 人一组分组，小组间相互轮流审核填制的凭证并评分，评分内容及标准如下：

任务考核表

评价内容	分值	考核点
职业素养	20 分	原始凭证卷面保持整洁、摆放整齐； 任务完成后，工作台面整洁，工具排放整齐

续　表

评价内容	分值	考核点
填制原始凭证	50 分	每张原始凭证 10 分,要求基本要素填写齐全、正确,无涂改现象。每张原始凭证金额未填、填错或涂改每一个扣 10 分,其他项目未填、填错或涂改每一个扣 1 分,扣完本项填制原始凭证的分数为止
审核原始凭证	30 分	对业务填制的所有凭证,小组相互轮流进行审核,填写不完整或不规范,每处扣 5 分

实训任务五　财务印章与保险柜的使用

【任务导入】

出纳作为财务人员,其工作规范与否直接影响着公司资金、资产的完整与安全。钱清作为长沙信达有限责任公司的一名出纳员,在日常工作中使用的印章有哪些? 应如何保管印章、印鉴?

【任务目标】

一、技能目标

（1）能根据经济业务内容正确使用和管理印章。

（2）能正确使用和管理保险柜。

二、素养目标

（1）遵守单位财务印章和保险柜的使用管理规定。

（2）树立安全防范意识。

【任务准备】

印章是印与章的合称,是企业为证实有关文件真实有效而刻制的署有单位名称或个人姓名的一种印鉴。它是企业经营管理活动中行使职权、明确责任及权利义务关系的重要凭证和工具,是企业的重要证明标志。

出纳在工作中会经常接触单位的印章,很多时候需要加盖印章,如企业公章、发票专用章等,因此作为出纳员必须了解各种财务印章的用途,掌握加盖印章的技巧,并做到正确使用。对于出纳而言,最重要的现金、有价证券、重要文件、印鉴都放置在保险柜里,因此正确使用和管理保险柜也尤为重要。

一、公司印章的分类

公司印章主要分公章、财务章、法人章、合同专用章和发票专用章。

（1）公章。公章主要在公司处理市场监管、税务、银行等外部事务时需要加盖,通常由公司的法务部或财务部管理,因为这两个部门处理外部事务较多。

（2）财务章。财务章通常称为银行大印鉴,在公司出具支票等票据时需要加盖,通常由公司财务部管理,因为财务部开具的票据较多,因此又称为财务专用章。

（3）法人章。法人章也称法定代表人章,在特定用途中使用的情况较多。例如,一个公司在签订合同时,合同条款规定只有在同时加盖合同专用章和法人章时,签订的合同才具备法律效力。公司出具票据时也要加盖此印章,法人章通常称为银行小印鉴。法人章一般由法人管理,或者授权财务部岗位不兼容的另一人管理。

（4）合同专用章。合同专用章通常在公司签订合同时需要加盖。如若一个公司没有合同专用章,可以用公章代替,这样公章的使用范围更加广泛,法律效力范围更加宽泛。

（5）发票专用章。发票专用章是在公司开具发票时需要加盖,通常由公司财务部管理。如若一个公司没有发票专用章,可以用财务章代替,这样财务章在财务工作中使用的频率会更高。

文本:公章和财务章用途如何区分

二、印鉴的使用

（一）预留印鉴

印鉴是指为防假冒,登存于有关机关,以备核对鉴证的图章印样。一般印章会先沾上颜料再盖印,有些是印于蜡或火漆上。不沾颜料、印上平面后会呈现凹凸图案的称为钢印。为了防止假冒和辨别真伪,公司会在支付款项的开户银行内预留印鉴,是核对印章的依据,也是企业的财权证书,代表单位支配资金的权利。预留印鉴由财务章和法人章组成,两者缺一不可。但是也会有特殊情况,如由财务章和根据公司决议确定的有效签字人的签字组成。

（二）更换印鉴

公司如果需要更换预留印鉴,应填写"印鉴更换申请书",同时出具证明情况的公函,一并交至开户银行,经银行同意后,在银行发给的新印鉴卡的背面加盖原预留银行印鉴,在正面加盖新启用的印鉴。

（三）遗失印鉴

出纳人员遗失单位印鉴后,应由企业财务主管出具证明,并经开户银行同意后,及时办理更换印鉴的手续。由于单位变动、更名或其他原因停止使用印鉴，或其破损无法使用时，应由保管人员报单位领导批准，对其进行封存或销毁，并由行政部办理新印鉴刻制事宜。

三、印章、印鉴的保管要求

出纳员使用的印章、印鉴必须妥善保管，严格按照规定的用途使用，不得将印章、印鉴随意存放或违规带出工作单位。按照不相容岗位原则，用于签发支票的各种预留银行印鉴不能由出纳员一人保管，一般应由出纳人员、主管会计人员或其他指定人员分别保管，各种印鉴的保管应与现金的管理相同，以防发生违法乱纪事件，给国家和单位造成不必要的经济损失。

从银行管理的角度出发，为了便于印鉴的核对，减少柜面的工作压力，根据中国人民银行的规定，单位预留印鉴，原则上为单位财务专用章和单位财务负责人名章各一枚。在印鉴的保管方面，企业在建立会计档案时，要载明印鉴印模、启用日期、注销日期、开户银行、账号性质、复核人员姓名等以备查考。

四、保险柜的使用

为了保护企业财产的安全和完整，单位应配备专用保险柜，专门用于库存现金、各种有价证券、银行票据、印章及其他出纳票据等的保管。各单位应加强对保险柜的使用管理，制订保险柜使用办法，并要求有关人员严格执行。

（一）保险柜的管理

保险柜一般由总会计师或财务处（科、股）长授权，由出纳员负责管理使用。保险柜要配备两把钥匙，一把由出纳员保管，供出纳员日常工作开启使用；另一把交由保卫部门封存，或由单位总会计师或财务处（科、股）长负责保管，以备特殊情况下经有关领导批准后开启使用。出纳员不能将保险柜钥匙交由他人代为保管。

（二）保险柜的开启

保险柜只能由出纳员开启使用，非出纳员不得开启保险柜。如果单位总会计师或财务处（科、股）长需要对出纳员工作进行检查，如检查库存现金限额、核对实际库存现金数额，或有其他特殊情况需要开启保险柜的，应按规定的程序由总会计师或财务处（科、股）长开启，在一般情况下不得任意开启由出纳员掌管的保险柜。出纳员应将自己保管使用的保险柜密码严格保密，不得向他人泄露，以防被他人利用。出纳员调动岗位，新出纳员应及时更换新的密码。更换密码应严格遵守密码管理原则，不得随意书写。保险柜的摆放位置要避开门窗，操作密码时尽量避开非工作人员。

（三）财物的保管

每日终了后，出纳员应将其使用的空白支票（包括现金支票和转账支票）、收据、印章等放入保险柜内。保险柜内存放的现金应设置和登记库存现金日记账，其他有价证券、存折、票据等应按种类造册登记,贵重物品应按种类设置备查簿登记其质量、重量、金额等,所有财物应与账簿记录核对相符。按照规定,保险柜内不得存放私人财物。

(四)保险柜的维护

保险柜应放置在隐蔽、干燥之处,注意通风、防湿、防潮、防虫和防鼠;保险柜外体要经常擦抹干净,保险柜内财物应保持整洁卫生、存放整齐。一旦保险柜发生故障,应到公安机关指定的维修点进行修理,以防泄密或失盗。

对于出纳而言,如果公司条件允许,保险柜上应尽量安装一个摄像头,以保证公司的财产安全;同时,出纳员不应在保险柜里隔夜放过多的库存现金,单位的重要物品应按规定存放,存放的库存现金额度,必须遵守《中华人民共和国现金管理暂行条例》的有关规定,保存 3—5 天的零星支出即可,不得超额存放现金。

本任务主要进行印章和保险柜的使用训练。

长沙信达责任有限公司发生的经济业务如下。

【任务实施】

业务 1:2023 年 4 月 2 日,出纳员钱清到银行购买转账支票,需要携带财务章去办理购买业务。请具体说明该业务办理的流程。

业务解析:

购买转账支票的业务流程如下:

(1)出纳员要向会计主管提出携带印章外出的申请。

(2)主管批准后,购买转账支票,需要携带在银行预留的财务印章(包括公司财务专用章、法人章)。

(3)填写财务印章使用登记簿,如表 1-4 所示。

表 1-4　财务印章使用登记簿

序号	使用日期	印章名称	经手人	批准人	使用事项	备注	交回日期
1	2023 年 4 月 2 日	财务章、法人章	钱清	高清	购买转账支票	外带	2023 年 4 月 3 日

(4)出纳员携带印章到银行对公业务处,填写购买支票的相关申请(如支票购买凭证或支票领购单等),并在上面指定位置加盖印章,用印应清晰完整,无重影和涂改痕迹。然

后交到银行柜台并缴纳相应工本费及手续费。

（5）购买转账支票业务完成后，出纳员应及时返回单位将印章交回监印人，并在财务印章使用登记簿中注明交回时间。

业务 2：2023 年 4 月 18 日，公司销售大豆蛋白粉 100 千克，对方单位要求开具增值税专用发票一张，发票内容已填写完毕，请问应加盖何种印章？ 同日，公司收到成品大豆入库单及发票一张，需要开具转账支票一张，支票内容已填写完毕，请问应加盖何种印章？

业务解析：

开具增值税专用发票，需要加盖发票专用章；开具转账支票时，支票正面应加盖财务专用章和法人章，两者缺一不可。印泥为红色，印章必须清晰，印章模糊只能将本张支票作废，换一张重新填写并盖章。

业务 3：2023 年 4 月 20 日，钱清在阅读完公司新购的保险柜说明书后，按照说明设置好保险柜密码。为防止保险柜钥匙丢失，钱清留出一把钥匙后将剩余的钥匙锁入了保险柜中。请问钱清的做法正确吗？

业务解析：

出纳员钱清的做法是错误的，保险柜的应急钥匙不应锁入保险柜。如果钥匙丢失，应急钥匙又在保险柜中，将无法打开保险柜。保险柜要配备两把钥匙，一把由出纳员保管，供出纳员日常工作开启使用；另一把交由保卫部门封存，或由单位总会计师或财务部门负责人负责保管，以备特殊情况下经有关领导批准后开启使用。出纳员不能将保险柜钥匙交由他人代为保管。

业务 4：2023 年 4 月 25 日，出纳员钱清发现公司保险柜被盗，她该如何处理？

业务解析：

出纳员发现保险柜被盗后应保护好现场，迅速报告公安机关（或保卫部门），待公安机关勘查现场后才能清理财物被盗情况。节假日满两天以上或出纳员离开两天以上没有派人代其工作的，应在保险柜锁孔处贴上封条，出纳员到位工作时揭封。如发现封条被撕掉或锁孔处被弄坏，也应迅速向公安机关或保卫部门报告，以便公安机关或保卫部门及时查清情况。

【任务考核】

任务考核表

实训任务	
实训目标	
实训收获	

续　表

评价主体	评价项目		分值	评价得分	加权得分
组员评价	职业素养	考勤	5		
		课堂表现	15		
	职业技能	任务完成度	25		
		任务完成质量	30		
	职业团队	沟通能力	10		
		协调能力	15		
小　计			100		
组长评价	职业素养	考勤	5		
		课堂表现	15		
	职业技能	任务完成度	25		
		任务完成质量	30		
	职业团队	沟通能力	10		
		协调能力	15		
小　计			100		
教师评价	职业素养	考勤	5		
		课堂表现	15		
	职业技能	任务完成度	25		
		任务完成质量	30		
	职业团队	沟通能力	10		
		协调能力	15		
小　计			100		
合　计					

学生签字：　　　　　　　　　　　　日期：

Item 2
项目二 | 出纳库存现金业务技能

实训任务一　库存现金收入业务的办理

【任务导入】

出纳员钱清这几天工作十分繁忙,因为上个月公司的市场部人员到外地去拓展业务,这几天出差回来,正在报销差旅费,交回多余的借款。但是因为业务人员不懂报销流程或者漏缺资料,有些人办理多次都没有成功。鉴于这个情况,为了让员工知晓这些业务,同时提高自己的工作效率,钱清制作了一个流程表,这样之后大家都可以按照流程来报销,办事效率提高了,怨气也少了,主管也直夸钱清做事情思路清晰。

【任务目标】

一、技能目标

能熟练办理库存现金收入业务。

二、素养目标

培养严谨认真的工作态度。

【任务准备】

库存现金收入表现为出纳库存现金的增加,主要包括直接收款和从银行提取现金两种情况,两者在处理流程上存在差异。

一、库存现金收入的处理流程

(一) 直接收款

直接收款是指交款人直接持现金到出纳部门交款,出纳人员根据有关收款凭据办理收款事项。其处理流程主要包括五个步骤,如图2-1所示。

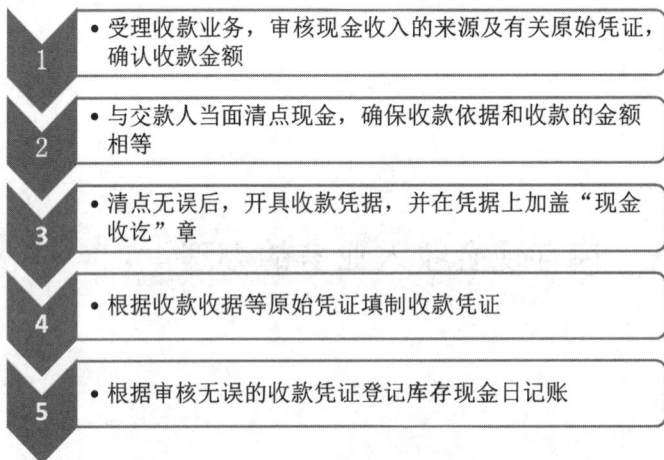

1. • 受理收款业务,审核现金收入的来源及有关原始凭证,确认收款金额
2. • 与交款人当面清点现金,确保收款依据和收款的金额相等
3. • 清点无误后,开具收款凭据,并在凭据上加盖"现金收讫"章
4. • 根据收款收据等原始凭证填制收款凭证
5. • 根据审核无误的收款凭证登记库存现金日记账

图2-1 直接收款的处理流程

(二) 从银行提取现金

企业需要现金时,出纳人员可以按照相关规定到本企业的开户银行提取现金。其处理流程主要包括六个步骤,如图2-2所示。

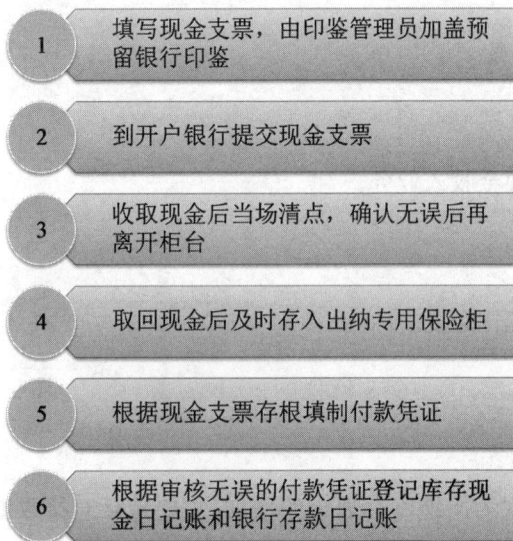

1. 填写现金支票,由印鉴管理员加盖预留银行印鉴
2. 到开户银行提交现金支票
3. 收取现金后当场清点,确认无误后再离开柜台
4. 取回现金后及时存入出纳专用保险柜
5. 根据现金支票存根填制付款凭证
6. 根据审核无误的付款凭证登记库存现金日记账和银行存款日记账

图2-2 从银行提取库存现金的处理流程

二、库存现金收入的主要业务

公司涉及库存现金收入的业务比较多,但主要的业务包括:报销差旅费时收到退回的多余借款现金;收到零星销售款;开出现金支票,从银行提取现金。下面详细对这三种主要业务进行讲解。

【任务实施】

业务 1:报销差旅费。

2023 年 5 月 5 日,长沙信达有限责任公司销售部门雷佳报销外出学习培训的差旅费 1 405 元(其中:培训费 680 元、住宿费 360 元、交通费 365 元),原借款为 2 000 元,将剩余款 595 元退回到财务部门,出纳员复核原借款单据并开出剩余款收款收据,会计审核相关单据后填制收款凭证。

文本:费用报销制度设计范例

1. 实训资料

(1) 差旅费报销单(空白),如图 2-3 所示。

差旅费报销单

报销日期			预算科目		专项名称		预算项目		
部门			出差人		出差事由				
出发		到达		交通费			住宿费		其他费用

日期	地点	日期	地点	交通工具	单据张数	金额	天数	单据张数	金额	项目	单据	金额
										行李费		
										市内车费		
										出租		
										手续费		
										出差补贴		
										节约奖励		
合 计												

报销总额	人民币(大写)						预借款	
	人民币(小写)			补领不足			归还多余	

主管:　　　　　审核:　　　　　报销人:　　　　　部门:

图 2-3　差旅费报销单(空白)

(2) 收款收据(空白),如图 2-4 所示。

收 款 收 据

年　　月　　日

交款单位 （或交款人）	
交款项目	
金额（大写）：　仟　佰　万　仟　拾　元　角　分 ¥	
备注：	

第一联存根（黑）第二联收据（红）第三联记账（绿）

收款单位公章　　　收款人　　　出纳

图 2-4　收款收据(空白)

(3) 收款凭证(空白),如图 2-5 所示。

收　款　凭　证

收字 第____号

借方科目__________　　　年　月　日　　　附件______张

对方单位	摘 要	贷方科目		金额										记账符号
		总账科目	明细科目	千	百	十	万	千	百	十	元	角	分	
														□
														□
														□
														□
														□
银行结算方式及票号：			合　计											□

会计主管　　　记账　　　稽核　　　出纳　　　制证

图 2-5　收款凭证(空白)

（4）库存现金日记账（空白），如图2-6所示。

库存现金日记账

年		凭证编号	摘要	对方科目	收入（借方）									√	支出（贷方）									√	余　额								
月	日				百	十	万	千	百	十	元	角	分		百	十	万	千	百	十	元	角	分		百	十	万	千	百	十	元	角	分
														☐										☐									
														☐										☐									
														☐										☐									
														☐										☐									
														☐										☐									
														☐										☐									
														☐										☐									

图 2-6　库存现金日记账（空白）

2. 实训流程

（1）雷佳培训回来，将外出车票、培训费收据、住宿票加以整理，填制差旅费报销单。经批准后交由出纳员办理退款手续。

（2）出纳员受理退款业务，审核退款手续是否完备；审核发票和单据是否真实、完整；与退回的金额是否一致。

（3）审核无误后，出纳员接收雷佳退回的现金595元，并当面清点，收付两清。

（4）根据相关发票、报销单据填制收款收据（一式三联），把第二联（交给付款单位）交给雷佳。

（5）将收款收据（第三联）交给会计填制收款凭证。

（6）根据审核无误的收款凭证登记库存现金日记账。

3. 实训任务

（1）审核相关原始凭证、差旅费报销单。

（2）填制收款收据。

（3）审核收款凭证。

（4）登记库存现金日记账。

4. 实训成果

业务完成后，凭证如图2-7至图2-10所示。

差旅费报销单

报销日期	2023年5月5日		预算科目			专项名称			预算项目		
部门	销售部门		出差人		雷佳		出差事由		外出培训		
出发		到达		交通费			住宿费			其他费用		
日期	地点	日期	地点	交通工具	单据张数	金额	天数	单据张数	金额	项目	单据	金额
5月2日	长沙	5月2日	武汉	高铁	1	164.50	1	1	360.00	行李费		
5月3日	武汉	5月3日	长沙	高铁	1	164.50				市内车费	2	36.00
										出租		
										手续费		
										出差补贴		
										节约奖励		
合 计						￥329.00			￥360.00	培训费		680.00
报销总额	人民币（大写）		壹仟肆佰零伍元整							预借款		￥2 000.00
	人民币（小写）		￥1 405.00			补领不足				归还多余		￥595.00

主管：   审核：钱清   报销人： 雷佳   部门： 销售部门

图 2-7 差旅费报销单

收 款 收 据

2023 年 5 月 5 日

交款单位 （或交款人）	销售部雷佳
交款项目	退回多借差旅费
金额（大写）：	仟 佰 万 仟伍佰玖拾伍 元零 角零 分
现金收讫	￥595.00 元
备注：	

收款单位公章   收款人   出纳

图 2-8 收款收据

收 款 凭 证

收字 第 1 号

借方科目 库存现金   2023 年 5 月 5 日   附件 2 张

| 对方单位 | 摘要 | 贷方科目 | | 金额 | | | | | | | | | | 记账 |
		总账科目	明细科目	千	百	十	万	千	百	十	元	角	分	符号
	报销差旅费	其他应收款	雷佳						5	9	5	0	0	☐
														☐
														☐
														☐
														☐
银行结算方式及票号:		合 计						¥	5	9	5	0	0	☐

会计主管 高清   记账   稽核   出纳 钱清   制证 陈一民

图 2-9 收款凭证

库存现金日记账

| 2023年 | | 凭证编号 | 摘要 | 对方科目 | 收入（借方） | | | | | | | | | √ | 支出（贷方） | | | | | | | | | √ | 余 额 | | | | | | | | |
月	日				百	十	万	千	百	十	元	角	分		百	十	万	千	百	十	元	角	分		百	十	万	千	百	十	元	角	分
5	1		期初余额											☐										☐				8	0	0	0	0
5	5	收字1号	报销差旅费	其他应收款				5	9	5	0	0		☐										☐			1	3	9	5	0	0
														☐										☐								
														☐										☐								
														☐										☐								
														☐										☐								
														☐										☐								

图 2-10 库存现金日记账

业务2：收到零星销售款。

2023年5月9日，长沙信达有限责任公司向怡清源有限公司销售甲商品20件，单价

50元，销售员刘青持销售部门开具的销货发票到财务部门办理结算手续，出纳员收到现金。

1. 实训资料

(1) 销售发票(空白)，如图2－11所示。

湖南增值税普通发票　　No.

全国统一发票监制章 国家税务总局 湖南省税务局

开票日期：

国税函(2023) 257号湘江印刷厂

购买方	名　称： 纳税人识别号： 地址、电话： 开户行及账号：				密码区	67/*+3*0/611*++0/+0*/*+3+2/9 *11*+66666**066611*+66666* 1**+216***6000*261*2*4/*547 203994+-42*64151*6915361/3*		
货物或应税劳务、服务名称		规格型号	单位	数量	单价	金额	税率	税额
合　计						¥		¥
价税合计(大写)						(小写)　¥		
销售方	名　称： 纳税人识别号： 地址、电话： 开户行及账号：				备注			

第二联：发票联　购买方记账凭证

收款人：　　复核：　　开票人：　　销售方：章

图2－11　销售发票(空白)

(2) 出库单(空白)，如图2－12所示。

出库单　　No.

会计部门编号

仓库部门编号　　　　年　　月　　日

编号	名称	规格	单位	出库数量	单价	金额	备注
合　计							

第二联交财务部

生产车间或部门：　　仓库管理员：

图2－12　出库单(空白)

（3）收款收据（空白），如图 2-13 所示。

收 款 收 据
年 月 日

交款单位 （或交款人）	
交款项目	
金额（大写）： 仟 佰 万 仟 拾 元 角 分 ¥ _____	
备注：	

收款单位公章　　　　　收款人　　　　　出纳

（右侧竖排）第一联存根（黑）第二联收据（红）第三联记账（绿）

图 2-13　收款收据（空白）

（4）收款凭证（空白），如图 2-14 所示。

收 款 凭 证

收字 第____号

借方科目_____　　　年 月 日　　　附件_____张

对方单位	摘 要	贷方科目		金 额										记账符号
		总账科目	明细科目	千	百	十	万	千	百	十	元	角	分	□
														□
														□
														□
														□
银行结算方式及票号：		合 计												□

会计主管　　　记账　　　稽核　　　出纳　　　制证

图 2-14　收款凭证（空白）

(5) 库存现金日记账(空白),如图 2-15 所示。

库存现金日记账

年		凭证编号	摘要	对方科目	收入（借方）									√	支出（贷方）									√	余 额								
月	日				百	十	万	千	百	十	元	角	分		百	十	万	千	百	十	元	角	分		百	十	万	千	百	十	元	角	分
														☐										☐									
														☐										☐									
														☐										☐									
														☐										☐									
														☐										☐									
														☐										☐									
														☐										☐									
														☐										☐									

图 2-15 库存现金日记账(空白)

2. 实训流程

(1) 审核销售部门开具的一式三联销售发票。

(2) 清点库存现金并查看是否与发票金额一致,保管好库存现金。

(3) 清点无误后,开具收款凭据,并在凭据上加盖"现金收讫"章。

(4) 将收款收据等原始凭证交给会计填制收款凭证。

(5) 根据审核无误的收款凭证登记库存现金日记账。

3. 实训任务

(1) 审核相关原始凭证及销售发票。

(2) 填制收款收据。

(3) 审核收款凭证。

(4) 登记库存现金日记账。

4. 实训成果

业务完成后,凭证如图 2-16 至图 2-20 所示。

业务 3：开出现金支票提现。

2023 年 5 月 15 日,长沙信达有限责任公司出纳员像往常一样准时来到公司上班,来到办公室后首先检查保险柜里的现金、印章以及办公设备是否完好,然后清点库存现金数额,根据公司当日的资金安排计划,确定需要向银行提取 2 000 元现金备用。于是向相关领导提出取现申请,批准后办理提现业务。

1. 实训资料

(1) 支票登记簿(空白),如图 2-21 所示。

湖南增值税普通发票　　No.
湖南

国家税务总局监制

开票日期：2023年5月9日

购买方	名　称：怡清源有限公司 纳税人识别号：914304124400572943 地址、电话：湖南衡阳市南岳区邵晋衔候金路30号 开户行及账号：中国银行衡阳市南岳区支行412357169549559				密码区	67/*+3*0/611*++0/+0*/*+3+2/9 *11*+66666**066611*+66666* 1**+216***6000*261*2*4/*547 203994+-42*64151*6915361/3*		
货物或应税劳务、服务名称	规格型号	单位	数量	单价	金额	税率	税额	
厨具套装		套	20.00	50.00	1 000.00	13%	130.00	
合　计					￥1 000		￥130.00	
价税合计（大写）	⊗壹仟壹佰叁拾圆整				（小写）￥1 130.00			
销售方	名　称：长沙信达有限责任公司 纳税人识别号：914305896523012589 地址、电话：长沙市开福区蔡鄂北路118号 开户行及账号：中国工商银行长沙开福支行432000654223588				备注			

收款人：钱清　　　复核：　　　开票人：陈一民　　　销售方：章

长沙信达有限责任公司
914305896523012589
发票专用章

图 2 - 16　销售发票

出库单　　　**No.**

会计部门编号 003
仓库部门编号 102

2023 年5 月9 日

编号	名称	规格	单位	出库数量	单价	金额	备注
001	厨具套装		套	20.00	50.00	1 000.00	
合　计				20.00	￥50.00	￥1 000.00	

生产车间或部门：一车间　　　　　仓库管理员：李芳

第二联 交财务部

图 2 - 17　出库单

收　款　收　据

2023 年 5 月 9 日

交款单位 （或交款人）	怡清源有限公司	
交款项目	支付厨具套装款	
金额（大写）：	仟　佰　万壹仟壹佰叁拾零　元　零　角　零　分	
	现金收讫	￥1130.00 元
备注：		

收款单位公章　★　　　　收款人　　　　出纳

图 2 - 18　收款收据

收 款 凭 证

借方科目 库存现金　　　　　　2023 年 5 月 9 日　　　　　　附件 3 张

对方单位	摘 要	贷 方 科 目		金 额										记账
		总账科目	明细科目	千	百	十	万	千	百	十	元	角	分	符号
怡清源有限公司	销售商品	主营业务收入					1	0	0	0	0	0	0	□
		应交税费	应交增值税(销项税额)					1	3	0	0	0	0	□
														□
														□
														□
银行结算方式及票号：		合 计				￥	1	1	3	0	0	0	0	□

会计主管 高清　　　记账　　　稽核　　　出纳 钱清　　　制证 陈一民

图 2 – 19　收款凭证

库存现金日记账

2023年		凭证编号	摘要	对方科目	收入（借方）									√	支出（贷方）									√	余 额								
月	日				百	十	万	千	百	十	元	角	分		百	十	万	千	百	十	元	角	分		百	十	万	千	百	十	元	角	分
5	1		期初余额											☐										☐					8	0	0	0	
5	5	收字1号	报销差旅费	其他应收款					5	9	5	0	0	☐										☐				1	3	9	5	0	0
5	9	收字2号	销售产品	主营业务收入			1	0	0	0	0	0	0	☐										☐				2	3	9	5	0	0
5	9	收字2号	销售产品	应交税费				1	3	0	0	0	0	☐										☐				2	5	2	5	0	0
														☐										☐									
														☐										☐									
														☐										☐									

图 2 – 20　库存现金日记账

支票登记簿

年		支票号码	用途	金 额									经办人	收回日期	备注
月	日			千	百	十	万	千	百	十	元	角 分			

图 2 – 21　支票登记簿(空白)

（2）现金支票（空白），如图 2-22 所示。

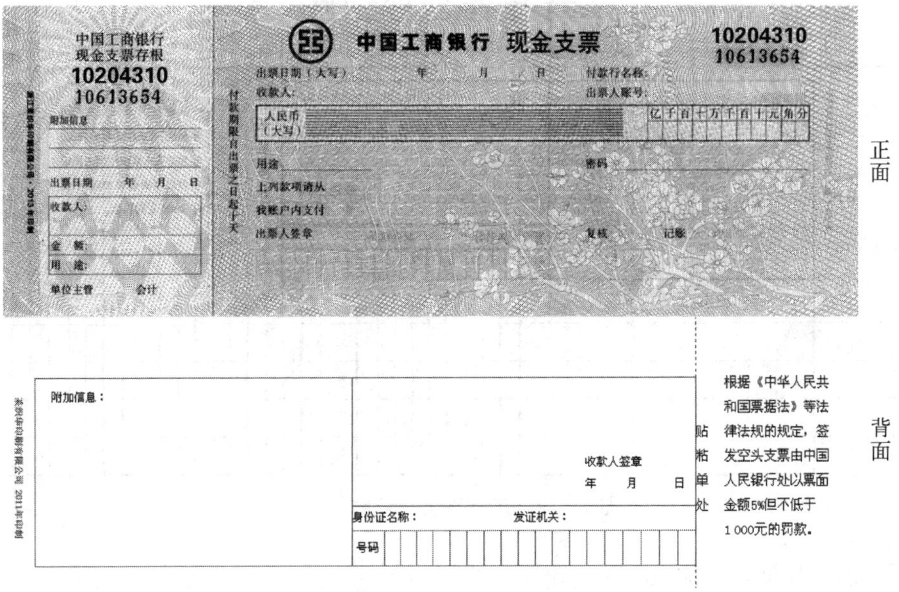

图 2-22　现金支票（空白）

（3）付款凭证（空白），如图 2-23 所示。

付　款　凭　证

付字　第＿＿＿号

贷方科目＿＿＿＿＿＿＿　　　　　　年　月　日　　　　　　附件＿＿＿＿＿张

对方单位	摘　要	借　方　科　目		金　额										记账
		总账科目	明细科目	千	百	十	万	千	百	十	元	角	分	符号
														□
														□
														□
														□
														□

会计主管　　　　　记账　　　　　稽核　　　　　出纳　　　　　制证

图 2-23　付款凭证（空白）

（4）库存现金日记账（空白），如图 2-24 所示。

库存现金日记账

年 月 日	凭证编号	摘要	对方科目	收入（借方） 百十万千百十元角分	√	支出（贷方） 百十万千百十元角分	√	余 额 百十万千百十元角分

图 2-24　库存现金日记账（空白）

（5）银行存款日记账（空白），如图 2-25 所示。

银行存款日记账

年 月 日	凭证编号	摘要	结算凭证 种类 号码	对方科目	收入（借方） 千百十万千百十元角分	√	支出（贷方） 千百十万千百十元角分	√	余 额 千百十万千百十元角分	

图 2-25　银行存款日记账（空白）

2. 实训流程

(1) 填写"支票登记簿",填写完并经财务主管审核同意后,领取现金支票。

(2) 填制现金支票及存根,并加盖预留印鉴。

(3) 将现金支票正联剪下,送交开户银行,办理提现手续。

(4) 将现金支票存根交给会计填制付款凭证。

(5) 依据审核无误的付款凭证,登记库存现金日记账和银行存款日记账。

3. 实训任务

(1) 填写支票登记簿。

(2) 填制现金支票。

(3) 审核付款凭证。

(4) 登记库存现金日记账和银行存款日记账。

4. 实训成果

业务完成后,凭证如图 2-26 至图 2-30 所示。

支票登记簿

2023年		支票号码	用途	金额								经办人	收回日期	备注
月	日			千	百	十	万	千	百	十	元	角	分			
5	15	10613654	提现备用					2	0	0	0	0	0	钱洁		

图 2-26　支票登记簿

图 2-27 现金支票

付 款 凭 证

付字 第 1 号

贷方科目 银行存款   2023 年 5 月 15 日   附件 2 张

对方单位	摘 要	借 方 科 目		金 额									记账
		总账科目	明细科目	千	百	十	万	千	百	十	元	角	分	符号
	提现备用	库存现金						2	0	0	0	0	0	☐
														☐
														☐
														☐
银行结算方式及票号：10613654		合 计				¥	2	0	0	0	0	0		☐

会计主管 高清   记账   稽核   出纳 钱清   制证 陈一民

图 2-28 付款凭证

库存现金日记账

2023年		凭证编号	摘要	对方科目	收入（借方）									√	支出（贷方）									√	余额								
月	日				百	十	万	千	百	十	元	角	分		百	十	万	千	百	十	元	角	分		百	十	万	千	百	十	元	角	分	
5	1		期初余额											☐										☐			8	0	0	0	0		
5	5	收字1号	报销差旅费	其他应收款					5	9	5	0	0	☐										☐		1	3	9	5	0	0		
5	9	收字2号	销售产品	主营业务收入			1	0	0	0	0	0		☐										☐		2	3	9	5	0	0		
5	9	收字2号	销售产品	应交税费				1	3	0	0	0		☐										☐		2	5	2	5	0	0		
5	15	付字1号	提现备用	银行存款			2	0	0	0	0	0		☐										☐		4	5	2	5	0	0		
														☐										☐									
														☐										☐									

图 2-29　库存现金日记账

银行存款日记账

2023年		凭证编号	摘要	结算凭证		对方科目	收入（借方）									√	支出（贷方）									√	余额									
月	日			种类	号码		千	百	十	万	千	百	十	元	角	分		千	百	十	万	千	百	十	元	角	分		千	百	十	万	千	百	十	元	角	分
5	1		期初余额													☐										☐		1	0	0	0	0	0	0	
5	15	付字1号	提现备用	现支	10613654	库存现金										☐			2	0	0	0	0	0	☐			8	0	0	0	0	0	

图 2-30　银行存款日记账

【任务考核】

任务考核表

实训任务				
实训目标				
实训收获				
评价主体	评价项目		分值	评价得分	加权得分
组员评价	职业素养	考勤	5		
		课堂表现	15		

续　表

组员评价	职业技能	任务完成度	25		
		任务完成质量	30		
	职业团队	沟通能力	10		
		协调能力	15		
小　　计			100		
组长评价	职业素养	考勤	5		
		课堂表现	15		
	职业技能	任务完成度	25		
		任务完成质量	30		
	职业团队	沟通能力	10		
		协调能力	15		
小　　计			100		
教师评价	职业素养	考勤	5		
		课堂表现	15		
	职业技能	任务完成度	25		
		任务完成质量	30		
	职业团队	沟通能力	10		
		协调能力	15		
小　　计			100		
合　　计					

学生签字：　　　　　　　　　　　　　　日期：

实训任务二　库存现金支出业务的办理

【任务导入】

2023 年 5 月 16 日,长沙信达有限责任公司行政人员王芳从超市购买办公用品 500 元,前来财务部出纳处办理报销手续,出纳员该如何办理此项报销业务?

【任务目标】

一、技能目标

能熟练办理库存现金支出业务。

二、素养目标

培养严谨认真的工作态度。

【任务准备】

库存现金支出是指出纳将库存现金支付给收款单位或个人的业务,是企业货币资金的运动过程,这个运动过程表现为出纳库存现金的减少。企业一般会发生如下库存现金支付业务:预借差旅费、支付办公用品费用与员工工资等。

一、库存现金支出的处理流程

(1)受理付款业务,审核有关原始凭证,确定付款金额。

(2)与收款人当面清点库存现金,确保付款依据和付款金额相等。

(3)付款完毕后,在审核无误的原始凭证上加盖"现金付讫"印章。

(4)根据原始凭证和付款依据,填制付款凭证。

(5)根据审核无误的付款凭证登记库存现金日记账。

二、库存现金支出的主要业务

公司涉及库存现金支出的业务比较多,但主要的业务包括预借差旅费和支付办公用品费用。下面详细对这两种主要业务进行讲解。

【任务实施】

业务 1:预借差旅费。

2023 年 5 月 17 日,长沙信达有限责任公司销售科张光外出洽谈业务,借支差旅费2 500 元,以现金支付。

1. 实训资料

(1)借款单(空白),如图 2-31 所示。

借 款 单

年　　　月　　　　日

资金性质：

部门：		借款人：	
借款理由：			
金额：	大写：	小写：¥	
领导批示：		财务主管：	
部门主管： 出纳： 领款人签收：			

图 2-31　借款单(空白)

(2) 付款凭证(空白)，如图 2-32 所示。

付 款 凭 证

付字 第____号

贷方科目_____　　　　年　月　日　　　　附件_____张

对方单位	摘 要	借 方 科 目		金 额										记账
		总账科目	明细科目	千	百	十	万	千	百	十	元	角	分	符号
														☐
														☐
														☐
														☐
														☐

会计主管　　　　记账　　　　稽核　　　　出纳　　　　制证

图 2-32　付款凭证(空白)

(3) 库存现金日记账(空白)，如图 2-33 所示。

库存现金日记账

年		凭证编号	摘要	对方科目	收入（借方）									√	支出（贷方）									√	余　额								
月	日				百	十	万	千	百	十	元	角	分		百	十	万	千	百	十	元	角	分		百	十	万	千	百	十	元	角	分	
														☐										☐										
														☐										☐										
														☐										☐										
														☐										☐										
														☐										☐										
														☐										☐										
														☐										☐										

图 2-33　库存现金日记账(空白)

2．实训流程

(1) 审核借款人填制的借款单。

(2) 审核无误后支付现金 2 500 元，要求借款人当面复核，并在借款单上加盖"现金付讫"章。

(3) 将已加盖"现金付讫"章的借款单交给会计填制付款凭证。

(4) 根据审核无误的付款凭证登记库存现金日记账。

3．实训任务

(1) 审核借款单。

(2) 审核付款凭证。

(3) 登记库存现金日记账。

4．实训结果

业务完成后，相关凭证如图 2-34 至图 2-36 所示。

借　款　单

2023 年 5 月 17 日

资金性质：现金

部门：	销售科		借款人：	张光	
借款理由：	外出洽谈业务				
金额：	大写：贰仟伍佰元整		小写：¥ 2 500.00		现金付讫
领导批示：	同意借支　陈铭		财务主管：	高清	
部门主管：		出纳：　钱清		领款人签收：　张光	

图 2-34　借款单

付 款 凭 证

付字 第 _2_ 号

贷方科目 _库存现金_　　　　　2023 年 5 月 17 日　　　　　附件 _1_ 张

对方单位	摘 要	借 方 科 目		金 额										记账
		总账科目	明细科目	千	百	十	万	千	百	十	元	角	分	符号
	预借差旅费	其他应收款	张光					2	5	0	0	0	0	☐
														☐
														☐
														☐
								¥	2	5	0	0	0	0	☐

会计主管 高清　　　记账　　　　　稽核　　　　　出纳 钱清　　　制证 陈一民

图 2-35　付款凭证

库存现金日记账

2023年		凭证编号	摘要	对方科目	收入（借方）								√	支出（贷方）								√	余 额								
月	日				百	十	万	千	百	十	元	角	分		百	十	万	千	百	十	元	角	分		百	十	万	千	百	十	元	角	分
5	1		期初余额											☐										☐				8	0	0	0	0	0
5	5	收字1号	报销差旅费	其他应收款					5	9	5	0	0	☐										☐			1	3	9	5	0	0
5	9	收字2号	销售产品	主营业务收入			1	0	0	0	0	0	☐										☐			2	3	9	5	0	0
5	9	收字2号	销售产品	应交税费				1	3	0	0	0	☐										☐			2	5	2	5	0	0
5	15	付字1号	提现备用	银行存款			2	0	0	0	0	0	☐										☐			4	5	2	5	0	0
5	17	付字2号	预借差旅费	其他应收款										☐				2	5	0	0	0	0	☐			2	0	2	5	0	0
5	17		过次页				3	7	2	5	0	0	☐				2	5	0	0	0	0	☐			2	0	2	5	0	0

图 2-36　库存现金日记账

业务 2：支付办公用品费用。

2023 年 5 月 21 日，长沙信达有限责任公司行政人员罗婷持一张普通发票，报销由其个人垫支的办公用品费用 185 元。

1. 实训资料

（1）购货发票（空白），如图 2-37 所示。

增值税普通发票　　　No.
国家税务总局
湖南省税务局

开票日期：

| 购买方 | 名　　称：
纳税人识别号：
地址、电话：
开户行及账号： | | | | 密码区 | 67/*＋3*0/611*＋＋0/＋0*/*＋3＋2/9
11＋66666**066611*＋66666*
1**＋216***6000*261*2*4/*547
203994＋-42*64151*6915361/3* | | | |

货物或应税劳务、服务名称	规格型号	单位	数量	单价	金额	税率	税额
合　　计					¥		¥
价税合计(大写)					(小写) ¥		

| 销售方 | 名　　称：
纳税人识别号：
地址、电话：
开户行及账号： | 备注 | |

收款人：　　　　复核：　　　　开票人：　　　　销售方：章

国税函〔2023〕257号浙江印刷厂

第二联：发票联　购买方记账凭证

图 2 - 37　购货发票(空白)

(2) 费用报销单(空白)，如图 2 - 38 所示。

费 用 报 销 单

报销部门：　　　　　　年　月　日　　　　　　附件共_____张

用　　　途	金　额(元)	备注		
		部门领导审批		
		财务部经理审批		总经理审批
合　　　计				
合计人民币(大写)：　　　万　　千　　佰　　拾　　元　　角　　分				

出纳　　　　　　　　复核　　　　　　　　报销人

图 2 - 38　费用报销单(空白)

(3) 付款凭证(空白),如图 2-39 所示。

付　款　凭　证

付字 第＿＿号

贷方科目＿＿＿＿＿　　　　　年　月　日　　　　　附件＿＿＿＿张

对方单位	摘　要	借方科目		金　额										记账
		总账科目	明细科目	千	百	十	万	千	百	十	元	角	分	符号
														☐
														☐
														☐
														☐
														☐

会计主管　　　　　记账　　　　　稽核　　　　　出纳　　　　制证

图 2-39　付款凭证(空白)

(4) 库存现金日记账(空白),如图 2-40 所示。

库存现金日记账

年		凭证编号	摘要	对方科目	收入（借方）								✓	支出（贷方）								✓	余　额								
月	日				百	十	万	千	百	十	元	角	分		百	十	万	千	百	十	元	角	分		百	十	万	千	百	十	元	角	分
													☐										☐									
													☐										☐									
													☐										☐									
													☐										☐									
													☐										☐									
													☐										☐									

图 2-40　库存现金日记账(空白)

2. 实训流程

(1) 行政人员罗婷持购货发票和已填好的费用报销单,办理报销手续。

(2) 审核费用报销单及所附购货发票。

(3) 审核无误后,清点现金185元当面交付罗婷,并在费用报销单上盖"现金付讫"章。

(4) 将费用报销单及所附发票交给会计填制付款凭证。

(5) 根据审核无误的付款凭证登记库存现金日记账。

3. 实训任务

(1) 审核购货发票及费用报销单。

(2) 审核付款凭证。

(3) 登记库存现金日记账。

4. 实训结果

业务完成后，相关凭证如图 2－41 至图 2－44 所示。

湖南增值税普通发票　　NO

（全国统一发票监制章　国家税务总局　湖南省税务局）

开票日期：2023年5月21日

购买方	名　称：长沙信达有限责任公司 纳税人识别号：914305896523012589 地址、电话：长沙市开福区蔡鄂北路118号 开户行及账号：中国工商银行长沙开福区支行 432000654223588			密码区	67/*+3*0/611*++0/+0*/*+3+2/9 *11*+66666**066611*+66666* 1**+216***6000*261*2*4/*547 203994+-42*64151*6915361/3*		
货物或应税劳务、服务名称	规格型号	单位	数量	单价	金额	税率	税额
办公用品费					163.72	13%	21.28
合　计					¥ 163.72		¥ 21.28
价税合计（大写）	壹佰捌拾伍元整				（小写）　¥ 185.00		
销售方	名　称：光华用品有限公司 纳税人识别号：914301125495628121 地址、电话：湖南省长沙市望城区杨建街孟立路24号 开户行及账号：中国建设银行长沙市望城区支行 41622124530130			备注	（光华用品有限公司 914301125495628121 发票专用章）		

国税函（2023）257号湘江印钞厂

第二联：发票联　购买方记账凭证

收款人：陈嘉　　复核：　　开票人：贾民　　销售方：章

图 2－41　购货发票

费 用 报 销 单

报销部门：行政部门　　2023 年 5 月 21 日　　附件共 1 张

用　　途	金　额（元）	备注		
购买办公用品费用	185.00	部门领导审批		
		财务部经理审批	同意　高清	总经理审批
合　　计	¥185.00			
合计人民币（大写）：⊗万 ⊗仟 壹 佰 捌 拾 伍 元 零 角 零 分				

（现金付讫）

出纳　钱清　　复核　　报销人　罗婷

图 2－42　费用报销单

付 款 凭 证

付字 第 _3_ 号

贷方科目 _库存现金_   2023 年 5 月 21 日   附件 ___2___ 张

对方单位	摘 要	借 方 科 目		金 额										记账
		总账科目	明细科目	千	百	十	万	千	百	十	元	角	分	符号
	支付办公用品费用	管理费用						1	8	5	0	0		□
														□
														□
														□
								¥	1	8	5	0	0	□

会计主管 高清   记账   稽核   出纳 钱清   制证 陈一民

图 2 - 43   付款凭证

库存现金日记账

2023年		凭证编号	摘要	对方科目	收入（借方）								√	支出（贷方）								√	余 额							
月	日				百	十	万	千	百	十	元	角	分		百	十	万	千	百	十	元	角	分		百	十	万	千	百	十	元	角	分
5	17		承前页					3	7	2	5	0	0	▢					2	5	0	0	0	0	▢				2	0	2	5	0	0
5	21	付字3号	支付办公用品费用	管理费用										▢						1	8	5	0	0	▢				1	8	4	0	0	0
														▢										▢									
														▢										▢									
														▢										▢									
														▢										▢									

图 2 - 44   库存现金日记账

【任务考核】

任务考核表

实训任务					
实训目标					
实训收获					
评价主体		评价项目	分值	评价得分	加权得分
组员评价	职业素养	考勤	5		
		课堂表现	15		
	职业技能	任务完成度	25		
		任务完成质量	30		
	职业团队	沟通能力	10		
		协调能力	15		
小 计			100		

续　表

组长评价	职业素养	考勤	5		
		课堂表现	15		
	职业技能	任务完成度	25		
		任务完成质量	30		
	职业团队	沟通能力	10		
		协调能力	15		
小　　计			100		
教师评价	职业素养	考勤	5		
		课堂表现	15		
	职业技能	任务完成度	25		
		任务完成质量	30		
	职业团队	沟通能力	10		
		协调能力	15		
小　　计			100		
合　　计					

学生签字：　　　　　　　　　　　日期：

实训任务三　库存现金送存业务的办理

【任务导入】

2023 年 5 月 22 日，出纳员钱清当日收到一笔销售收入为 4 100 元的现金，其中包含 40 张 100 元、1 张 50 元、2 张 20 元、1 张 10 元。她是否应该将这些现金存入银行？

【任务目标】

一、技能目标

能熟练办理库存现金送存业务。

二、素养目标

培养严谨认真的工作态度。

【任务准备】

一、库存现金送存业务的处理流程

（1）将需要交存的现金清点整理，合计出存款金额。

（2）填写现金缴款单，金额合计数应与需要缴存的现金金额一致。

（3）送存现金和现金缴款单到银行，取回现金缴款单的回单联。

（4）将取回的回单联交给会计填制付款凭证。

（5）根据审核无误的付款凭证登记库存现金日记账和银行存款日记账。

二、库存现金送存的主要业务

当公司当日库存现金超过限额时，就需要把超额的库存现金送存银行，即出纳需要办理库存现金送存业务。

【任务实施】

2023年5月23日，长沙信达有限责任公司出纳员钱清将超过库存现金使用限额的1 500元送存其开户银行（中国工商银行长沙开福区支行）。

1. 实训资料

（1）现金缴款单（空白），如图2-45所示。

中国工商银行 (现金存款凭条)

日期： 年 月 日

存款人	全 称		款项来源												第一联 客户核对联
	账 号		交款人												
	开户行			亿	千	百	十	万	千	百	十	元	角	分	
金额（大写）			金额（小写）												

票面	张数	十	万	千	百	十	元	票面	张数	千	百	十	元	角	分	备注
壹佰元								伍角								
伍拾元								贰角								
贰拾元								壹角								
拾元								伍分								
伍元								贰分								
贰元								壹分								
壹元								其他								

注：此联不作为入账依据

图2-45 现金缴款单（空白）

（2）付款凭证（空白），如图 2-46 所示。

付　款　凭　证

付字 第＿＿号

贷方科目＿＿＿＿＿　　　年　月　日　　　附件＿＿＿＿张

对方单位	摘　要	借方科目		金　额										记账
		总账科目	明细科目	千	百	十	万	千	百	十	元	角	分	符号
														☐
														☐
														☐
														☐
														☐

会计主管　　　　　记账　　　　　稽核　　　　　出纳　　　　　制证

图 2-46　付款凭证（空白）

（3）库存现金日记账（空白），如图 2-47 所示。

库存现金日记账

图 2-47　库存现金日记账（空白）

（4）银行存款日记账（空白），如图 2-48 所示。

银行存款日记账

图 2-48　银行存款日记账（空白）

2. 实训流程

(1) 将要送存的现金清点整理,按照币别和币种分开。

(2) 填写现金存款凭条,并将其与待存的现金一并送交银行。

(3) 将从银行取回并加盖了"现金付讫"章的现金存款凭条的回单联交给会计填制付款凭证。

(4) 根据审核无误的付款凭证,登记库存现金日记账和银行存款日记账。

3. 实训任务

(1) 审核现金存款凭条。

(2) 审核付款凭证。

(3) 登记库存现金日记账和银行存款日记账。

4. 实训结果

业务完成后,相关凭证如图 2‑49 至图 2‑52 所示。

中国工商银行 (现金存款凭条)

日期: 2023 年5 月23 日

存款人	全 称	长沙信达有限责任公司		款项来源	零星收入										
	账 号	432000654223588		交款人	钱清										
	开户行	工商银行长沙开福区支行													

金额(大写) 壹仟伍佰元整				金额(小写)	亿	千	百	十	万	千	百	十	元	角	分
									¥	1	5	0	0	0	0

票面	张数	十	万	千	百	十	元	票面	张数	千	百	十	元	角	分	备注
壹佰元	10		1	0	0	0	0	伍角								
伍拾元	5			2	5	0	0	贰角								
贰拾元	8			1	6	0	0	壹角								
拾元	5				5	0	0	伍分								
伍元	8				4	0	0	贰分								
贰元								壹分								
壹元								其他								

注:此联不作为入账依据

图 2‑49 现金存款凭条

付 款 凭 证

付字 第_4_号

贷方科目_库存现金_   2023 年 5 月 23 日   附件_1_张

对方单位	摘 要	借 方 科 目		金 额									记账
		总账科目	明细科目	千	百	十	万	千	百	十	元	角	分	符号
	将现金送存银行	银行存款					1	5	0	0	0	0	☐
													☐
													☐
													☐
						¥	1	5	0	0	0	0	☐

会计主管 高清   记账   稽核   出纳 钱清   制证 陈一民

图 2‑50 付款凭证

库存现金日记账

2023年		凭证编号	摘要	对方科目	收入（借方）									√	支出（贷方）									√	余 额								
月	日				百	十	万	千	百	十	元	角	分		百	十	万	千	百	十	元	角	分		百	十	万	千	百	十	元	角	分
5	17		承前页				3	7	2	5	0	0						2	5	0	0	0	0				2	0	2	5	0	0	
5	21	付字3号	支付办公费用	管理费用														1	8	5	0	0				1	8	4	0	0	0	
5	23	付字4号	将现金送存银行	银行存款													1	5	0	0	0	0					3	4	0	0	0	

图 2-51　库存现金日记账

银行存款日记账

2023年		凭证编号	摘要	结算凭证		对方科目	收入（借方）									√	支出（贷方）									√	余 额								
月	日			种类	号码		千	百	十	万	千	百	十	元	角	分		千	百	十	万	千	百	十	元	角	分		千	百	十	万	千	百	十	元	角	分
5	1		期初余额																										1	0	0	0	0	0	0	0	0
5	15	付字1号	提现备用	现支	10613645	库存现金														2	0	0	0	0	0					8	0	0	0	0	0	0
5	23	付字4号	将现金送存银行			库存现金			1	5	0	0	0	0															9	5	0	0	0	0	0

图 2-52　银行存款日记账

【任务考核】

任务考核表

实训任务					
实训目标					
实训收获					
评价主体		评价项目	分值	评价得分	加权得分
组员评价	职业素养	考勤	5		
		课堂表现	15		
	职业技能	任务完成度	25		
		任务完成质量	30		
	职业团队	沟通能力	10		
		协调能力	15		
小　计			100		
组长评价	职业素养	考勤	5		
		课堂表现	15		
	职业技能	任务完成度	25		
		任务完成质量	30		
	职业团队	沟通能力	10		
		协调能力	15		
小　计			100		
教师评价	职业素养	考勤	5		
		课堂表现	15		
	职业技能	任务完成度	25		
		任务完成质量	30		
	职业团队	沟通能力	10		
		协调能力	15		
小　计			100		
合　计					

学生签字：　　　　　　　　　　　　　　日期：

实训任务四　库存现金清查业务的办理

【任务导入】

2023 年 5 月 25 日,出纳员钱清登完账,结出当日库存现金日记账余额 560 元;公司清查小组清点库存现金实有数为 410 元;将清点的库存现金与库存现金日记账余额核对,发现短款 150 元。如果你是出纳员,该怎么办?

【任务目标】

一、技能目标

(1) 能熟练办理库存现金清查业务。
(2) 能掌握库存现金清查结果的处理方法。

二、素养目标

培养严谨认真的工作态度。

【任务准备】

库存现金的清查包括两种情况:一种是由出纳员每日清点库存现金实有数,并与库存现金日记账结余额核对;第二种是由清查小组对库存现金进行定期或不定期清查。本任务主要针对第二种情况进行讲解。

一、库存现金清查的处理流程

(1) 盘点前,出纳将库存现金收、付凭证全部登记入账,并结出余额。

(2) 盘点时,出纳必须在场,现金由出纳经手盘点,清查人员从旁监督。除查明账实是否相符之外,还要查明有无违反现金管理规定,如有无以"白条"抵冲现金,库存现金是否超过核定的限额,有无坐支现金等。

(3) 盘点结束后,根据结果编制"库存现金盘点单",并由检查人员和出纳签名盖章,作为重要的原始凭证。

二、库存现金清查的主要业务

公司清查小组应定期或不定期对库存现金进行清点,发现与库存现金日记账不符时需要进行处理,不符的情况主要包括库存现金短缺和库存现金溢余两种。下面详细对这两种主要业务进行讲解。

【任务实施】

业务 1:库存现金短缺。

2023 年 5 月 25 日,长沙信达有限责任公司清查小组在检查库存现金时,发现库存现金小于账面余额,短缺 150 元。经查明,属于员工李红的责任,应由其赔款。

1. 实训资料

(1) 库存现金盘点单(空白),如图 2-53 所示。

库存现金盘点单

年　月　日

票面额	张数	金额	票面额	张数	金额
壹佰元			伍角		
伍拾元			贰角		
贰拾元			壹角		
拾元			伍分		
伍元			贰分		
贰元			壹分		
壹元			合计		
加:收入凭证未记账					
减:付出凭证未记账					
加:跨日收入					
加:跨日借条					
调整后实际账面金额					
现金日记账账面余额					
差额					
处理意见					

图 2-53　库存现金盘点(空白)

(2) 付款凭证(空白),如图 2-54 所示。

付 款 凭 证

付字 第____ 号

贷方科目_____　　　　年　月　日　　　　附件_____张

对方单位	摘 要	借 方 科 目		金 额										记账
		总账科目	明细科目	千	百	十	万	千	百	十	元	角	分	符号
														☐
														☐
														☐
														☐
														☐

会计主管　　　　记账　　　　　稽核　　　　　出纳　　　　　制证

图 2-54　付款凭证(空白)

（3）转账凭证（空白），如图 2 - 55 所示。

转 账 凭 证

<table>
<tr><td colspan="2"></td><td colspan="2">年　　月　　日</td><td colspan="13"></td><td>转字第
附件</td><td>号
张</td></tr>
<tr><td rowspan="8">杭州青联印刷厂印制</td><td rowspan="2">摘　　要</td><td rowspan="2">总账科目</td><td rowspan="2">明细科目</td><td colspan="9">借方金额</td><td rowspan="2">记账
符号</td><td colspan="9">贷方金额</td><td rowspan="2">记账
符号</td></tr>
<tr><td>千</td><td>百</td><td>十</td><td>万</td><td>千</td><td>百</td><td>十</td><td>元</td><td>角</td><td>分</td><td>千</td><td>百</td><td>十</td><td>万</td><td>千</td><td>百</td><td>十</td><td>元</td><td>角</td><td>分</td></tr>
<tr><td></td><td></td><td></td><td></td><td></td><td></td><td></td><td></td><td></td><td></td><td></td><td>☐</td><td></td><td></td><td></td><td></td><td></td><td></td><td></td><td></td><td></td><td></td><td>☐</td></tr>
<tr><td></td><td></td><td></td><td></td><td></td><td></td><td></td><td></td><td></td><td></td><td></td><td>☐</td><td></td><td></td><td></td><td></td><td></td><td></td><td></td><td></td><td></td><td></td><td>☐</td></tr>
<tr><td></td><td></td><td></td><td></td><td></td><td></td><td></td><td></td><td></td><td></td><td></td><td>☐</td><td></td><td></td><td></td><td></td><td></td><td></td><td></td><td></td><td></td><td></td><td>☐</td></tr>
<tr><td></td><td></td><td></td><td></td><td></td><td></td><td></td><td></td><td></td><td></td><td></td><td>☐</td><td></td><td></td><td></td><td></td><td></td><td></td><td></td><td></td><td></td><td></td><td>☐</td></tr>
<tr><td></td><td></td><td></td><td></td><td></td><td></td><td></td><td></td><td></td><td></td><td></td><td>☐</td><td></td><td></td><td></td><td></td><td></td><td></td><td></td><td></td><td></td><td></td><td>☐</td></tr>
<tr><td colspan="2" align="center">合　　计</td><td></td><td></td><td></td><td></td><td></td><td></td><td></td><td></td><td></td><td></td><td>☐</td><td></td><td></td><td></td><td></td><td></td><td></td><td></td><td></td><td></td><td></td><td>☐</td></tr>
</table>

会计主管　　　　　　记账　　　　　　复核　　　　　　　　制证

图 2 - 55　转账凭证（空白）

（4）库存现金日记账（空白），如图 2 - 56 所示。

库存现金日记账

<table>
<tr><td colspan="2">年</td><td rowspan="2">凭证编号</td><td rowspan="2">摘　要</td><td rowspan="2">对方科目</td><td colspan="7">收入（借方）</td><td rowspan="2">√</td><td colspan="7">支出（贷方）</td><td rowspan="2">√</td><td colspan="8">余　额</td></tr>
<tr><td>月</td><td>日</td><td>百</td><td>十</td><td>万</td><td>千</td><td>百</td><td>十</td><td>元</td><td>角</td><td>分</td><td>百</td><td>十</td><td>万</td><td>千</td><td>百</td><td>十</td><td>元</td><td>角</td><td>分</td><td>百</td><td>十</td><td>万</td><td>千</td><td>百</td><td>十</td><td>元</td><td>角</td><td>分</td></tr>
<tr><td></td><td></td><td></td><td></td><td></td><td></td><td></td><td></td><td></td><td></td><td></td><td></td><td></td><td></td><td>☐</td><td></td><td></td><td></td><td></td><td></td><td></td><td></td><td>☐</td><td></td><td></td><td></td><td></td><td></td><td></td><td></td><td></td></tr>
<tr><td></td><td></td><td></td><td></td><td></td><td></td><td></td><td></td><td></td><td></td><td></td><td></td><td></td><td></td><td>☐</td><td></td><td></td><td></td><td></td><td></td><td></td><td></td><td>☐</td><td></td><td></td><td></td><td></td><td></td><td></td><td></td><td></td></tr>
<tr><td></td><td></td><td></td><td></td><td></td><td></td><td></td><td></td><td></td><td></td><td></td><td></td><td></td><td></td><td>☐</td><td></td><td></td><td></td><td></td><td></td><td></td><td></td><td>☐</td><td></td><td></td><td></td><td></td><td></td><td></td><td></td><td></td></tr>
<tr><td></td><td></td><td></td><td></td><td></td><td></td><td></td><td></td><td></td><td></td><td></td><td></td><td></td><td></td><td>☐</td><td></td><td></td><td></td><td></td><td></td><td></td><td></td><td>☐</td><td></td><td></td><td></td><td></td><td></td><td></td><td></td><td></td></tr>
<tr><td></td><td></td><td></td><td></td><td></td><td></td><td></td><td></td><td></td><td></td><td></td><td></td><td></td><td></td><td>☐</td><td></td><td></td><td></td><td></td><td></td><td></td><td></td><td>☐</td><td></td><td></td><td></td><td></td><td></td><td></td><td></td><td></td></tr>
<tr><td></td><td></td><td></td><td></td><td></td><td></td><td></td><td></td><td></td><td></td><td></td><td></td><td></td><td></td><td>☐</td><td></td><td></td><td></td><td></td><td></td><td></td><td></td><td>☐</td><td></td><td></td><td></td><td></td><td></td><td></td><td></td><td></td></tr>
<tr><td></td><td></td><td></td><td></td><td></td><td></td><td></td><td></td><td></td><td></td><td></td><td></td><td></td><td></td><td>☐</td><td></td><td></td><td></td><td></td><td></td><td></td><td></td><td></td><td></td><td></td><td></td><td></td><td></td><td></td><td></td><td></td></tr>
</table>

图 2 - 56　库存现金日记账（空白）

2．实训流程

（1）清查小组对库存现金进行盘点，并与账面余额核对，账实不符则填写库存现金盘点单，并由主管审核。

（2）将审核无误的原始凭证交由会计填制付款凭证和转账凭证。

（3）根据审核无误的付款凭证登记库存现金日记账。

3．实训任务

（1）审核库存现金盘点单。

（2）审核付款凭证和转账凭证。

（3）登记库存现金日记账。

4．实训结果

业务完成后，相关凭证如图 2-57 至图 2-60 所示。

库存现金盘点单

2023 年 5 月 25 日

票面额	张数	金额	票面额	张数	金额
壹佰元	2	200	伍角		
伍拾元	2	100	贰角		
贰拾元	5	100	壹角		
拾元			伍分		
伍元	2	10	贰分		
贰元			壹分		
壹元			合计		410 元
加：收入凭证未记账					
减：付出凭证未记账					
加：跨日收入					
加：跨日借条					
调整后实际账面金额：					
现金日记账账面余额：					560 元
差额：					150 元
处理意见：经查明，属于员工李红的责任，应由其赔偿。					

图 2-57 库存现金盘点单

付 款 凭 证

付字 第 5 号

贷方科目 库存现金　　　　　2023 年 5 月 25 日　　　　　附件 1 张

对方单位	摘 要	借 方 科 目		金 额										记账
		总账科目	明细科目	千	百	十	万	千	百	十	元	角	分	符号
	现金盘亏	待处理财产损溢						1	5	0	0	0	□
													□
													□
													□
								￥	1	5	0	0	0	□

会计主管 高清　　　记账　　　　稽核　　　　出纳 钱清　　　制证 陈一民

图 2-58 付款凭证

转账凭证

2023 年 5 月 25 日

转字第1号
附件1张

摘　要	总账科目	明细科目	借方金额 千百十万千百十元角分	记账符号	贷方金额 千百十万千百十元角分	记账符号
现金盘亏处理	其他应收款	李红	1 5 0 0 0	☐		☐
	待处理财产损溢			☐	1 5 0 0 0	☐
				☐		☐
				☐		☐
				☐		☐
合　　计			￥1 5 0 0 0	☐	￥1 5 0 0 0	☐

会计主管 高洁　　　　记账　　　　　　复核　　　　　　　　制证 陈一民

（左侧竖排）杭州青联印刷厂印制

图 2-59　转账凭证

库存现金日记账

2023年 月 日	凭证编号	摘要	对方科目	收入（借方） 百十万千百十元角分	√	支出（贷方） 百十万千百十元角分	√	余　额 百十万千百十元角分
5 17		承前页		3 7 2 5 0 0	☐	2 5 0 0 0 0	☐	2 0 2 5 0 0
5 21	付字3号	支付办公用品费	管理费用		☐	1 8 5 0 0	☐	1 8 4 0 0 0
5 23	付字4号	将现金送存银行	银行存款		☐	1 5 0 0 0 0	☐	3 4 0 0 0
5 25	付字5号	现金盘亏	待处理财产损溢		☐	1 5 0 0 0	☐	1 9 0 0 0
					☐		☐	
					☐		☐	
					☐		☐	
					☐		☐	

图 2-60　库存现金日记账

业务 2：库存现金溢余。

2023 年 5 月 31 日，长沙信达有限责任公司清查小组例行清点库存现金，发现库存现金大于账面余额，溢余 260 元，经批准后列入营业外收入。

1. 实训资料

（1）库存现金盘点单（空白），如图 2-61 所示。

库存现金盘点单

年　月　日

票面额	张数	金额	票面额	张数	金额
壹佰元			伍角		
伍拾元			贰角		
贰拾元			壹角		
拾元			伍分		
伍元			贰分		
贰元			壹分		
壹元			合计		
加：收入凭证未记账					
减：付出凭证未记账					
加：跨日收入					
加：跨日借条					
调整后实际账面金额					
现金日记账账面余额					
差额					
处理意见					

图 2-61　库存现金盘点单(空白)

(2) 收款凭证(空白),如图 2-62 所示。

收　款　凭　证

收字 第___号

借方科目_____　　　　　年　月　日　　　　　附件_____张

对方单位	摘要	贷方科目		金额										记账
		总账科目	明细科目	千	百	十	万	千	百	十	元	角	分	符号
														☐
														☐
														☐
														☐
														☐
银行结算方式及票号:		合　　计												☐

会计主管　　　　　记账　　　　　稽核　　　　　　　出纳　　　　　制证

图 2-62　收款凭证(空白)

(3) 库存现金日记账(空白),如图 2-63 所示。

库存现金日记账

年		凭证编号	摘要	对方科目	收入（借方）								√	支出（贷方）								√	余 额								
月	日				百	十	万	千	百	十	元	角	分		百	十	万	千	百	十	元	角	分		百	十	万	千	百	十	元	角	分
														☐										☐									
														☐										☐									
														☐										☐									
														☐										☐									
														☐										☐									
														☐										☐									
														☐										☐									

图 2-63 库存现金日记账（空白）

2. 实训流程

（1）清查小组进行盘点与账面余额核对,账实不符则填写库存现金盘点报告单,并由主管审核。

（2）将审核无误的原始凭证交由会计填制收款凭证。

（3）根据审核无误的收款凭证登记库存现金日记账。

3. 实训任务

（1）审核库存现金盘点单。

（2）审核收款凭证。

（3）登记库存现金日记账。

4. 实训成果

业务完成后,相关凭证如图 2-64 至图 2-66 所示。

库存现金盘点单

2023 年 5 月 31 日

票面额	张数	金额	票面额	张数	金额
壹佰元	3	300	伍角		
伍拾元	3	150	贰角		
贰拾元	1	20	壹角		
拾元	3	30	伍分		
伍元			贰分		
贰元			壹分		
壹元			合计		500 元
加：收入凭证未记账					
减：付出凭证未记账					
加：跨日收入					
加：跨日借条					
调整后实际账面金额					
现金日记账账面余额					240 元
差额					260 元
处理意见：经批准后列入营业外收入。					

图 2-64 库存现金盘点单

收 款 凭 证

借方科目 库存现金   2023 年 5 月 31 日   附件 1 张

| 对方单位 | 摘 要 | 贷 方 科 目 | | 金 额 | | | | | | | | | | 记账 |
		总账科目	明细科目	千	百	十	万	千	百	十	元	角	分	符号
	现金盘盈	营业外收入						2	6	0	0	0		☐
														☐
														☐
														☐
														☐
银行结算方式及票号:			合 计					¥	2	6	0	0	0	☐

会计主管 高清   记账   稽核   出纳 钱清   制证 陈一民

图 2 - 65　收款凭证

库存现金日记账

| 2023年 | | 凭证编号 | 摘要 | 对方科目 | 收入（借方） | | | | | | | | | √ | 支出（贷方） | | | | | | | | | √ | 余 额 | | | | | | | | |
月	日				百	十	万	千	百	十	元	角	分		百	十	万	千	百	十	元	角	分		百	十	万	千	百	十	元	角	分
5	17		承前页				3	7	2	5	0	0		☐				2	5	0	0	0	0	☐			2	0	2	5	0	0	
5	21	付字3号	支付办公用品费	管理费用										☐				1	8	5	0	0		☐			1	8	4	0	0	0	
5	23	付字4号	将现金送存银行	银行存款										☐			1	5	0	0	0	0		☐				3	4	0	0	0	
5	25	付字5号	现金盘亏	待处理财产损溢										☐				1	5	0	0	0		☐				1	9	0	0	0	
5	31	收字3号	现金盘盈	营业外收入					2	6	0	0	0	☐										☐				4	5	0	0	0	
														☐										☐									
														☐										☐									

图 2 - 66　库存现金日记账

【任务考核】

任务考核表

实训任务	
实训目标	
实训收获	

续　表

评价主体	评价项目		分值	评价得分	加权得分
组员评价	职业素养	考勤	5		
		课堂表现	15		
	职业技能	任务完成度	25		
		任务完成质量	30		
	职业团队	沟通能力	10		
		协调能力	15		
小　计			100		
组长评价	职业素养	考勤	5		
		课堂表现	15		
	职业技能	任务完成度	25		
		任务完成质量	30		
	职业团队	沟通能力	10		
		协调能力	15		
小　计			100		
教师评价	职业素养	考勤	5		
		课堂表现	15		
	职业技能	任务完成度	25		
		任务完成质量	30		
	职业团队	沟通能力	10		
		协调能力	15		
小　计			100		
合　计					

学生签字：　　　　　　　　　　　　　　日期：

实训任务五　库存现金日记账的登记与核对业务的办理

【任务导入】

5月的最后一天下午,出纳员钱清准备核对当月逐日逐笔按顺序登记的库存现金日记账,请问她应如何应对呢?

【任务目标】

一、技能目标

能够熟练登记和核算库存现金日记账。

二、素养目标

培养严谨认真的工作态度。

【任务准备】

库存现金日记账是专门用来记录现金收支业务的一种特种日记账。库存现金日记账必须采用订本式账簿,其账页格式一般采用"借方""贷方"和"余额"三栏式。通常由出纳人员根据审核后的库存现金收款凭证和库存现金付款凭证,逐日逐笔顺序登记。但需要注意的是,从银行提取现金的业务,只填制银行存款付款凭证。

一、库存现金日记账的登记

出纳员应根据经济业务发生和完成时间的先后顺序,逐日逐笔登记库存现金日记账。在登记时,必须遵守下列规则:

(1) 根据审核无误的收、付款凭证记账。

(2) 所记载的内容必须同会计凭证相一致,不得随意增减。

(3) 逐笔、序时登记库存现金日记账,做到日清月结。

(4) 必须连续登记,不得跳行或隔页,不得随意更换和撕去账页。

(5) 文字和数字必须整洁清晰,准确无误。

(6) 每一张账页登记完毕结转下页时,应结出本页发生额合计数及余额。

(7) 记录发生错误时,必须按规定方法更正。

二、库存现金日记账的核对

(一) 库存现金日记账与库存现金收付款凭证的核对(账证核对)

收、付款凭证是登记库存现金日记账的依据,账目和凭证应该是完全一致的。但是在记账的过程中,由于工作粗心等原因,往往会发生重记、漏记、记错方向或记错数字等情况。账证核对要按照业务发生的先后顺序一笔一笔地进行。检查的项目主要是:核对凭证编号；复查记账凭证与原始凭证，看两者是否完全相符；查对账证金额与方向的一致性；检查时如发现差错，应立即按规定方法更正，确认账证完全一致。

（二）库存现金日记账与库存现金总分类账的核对（账账核对）

库存现金日记账是根据收、付款凭证逐笔登记的，库存现金总分类账是根据收、付款凭证汇总登记的，它们记账的依据相同，记录的结果应该完全一致。但是，由于两种账簿是由不同人员分别记账的，而且库存现金总分类账一般是汇总登记，在汇总和登记过程中，都有可能发生差错；库存现金日记账是一笔一笔地记录的，记录的次数很多，也难免发生差错。因此，出纳应定期出具“出纳报告单”与总账会计进行核对。

（三）库存现金日记账与库存现金的核对（账实核对）

出纳员每天业务终了以后，应自行清查账款是否相符。即先结出当天库存现金日记账的账面余额，再盘点库存现金的实有数，看两者是否完全相符。

【任务实施】

业务1：登记库存现金日记账。

2023年5月中旬，长沙信达有限责任公司根据库存现金日记账期初数和收付款凭证，登记库存现金日记账，并进行月结。

1. 实训资料

库存现金日记账（空白），如图2-67所示。

库存现金日记账

年		凭证编号	摘要	对方科目	收入（借方）									√	支出（贷方）									√	余额								
月	日				百	十	万	千	百	十	元	角	分		百	十	万	千	百	十	元	角	分		百	十	万	千	百	十	元	角	分

图2-67　库存现金日记账（空白）

2. 实训流程

根据公司提供的库存现金日记账期初数和库存现金收付款凭证进行逐步登记。

3. 实训任务

登记库存现金日记账。

4. 实训结果

业务完成后,相关凭证如图 2-68、图 2-69 所示。

库存现金日记账

2023年 月	日	凭证编号	摘要	对方科目	收入（借方）	√	支出（贷方）	√	余 额
5	1		期初余额			☐		☐	8 0 0 0 0
5	5	收字1号	报销差旅费	其他应收款	5 9 5 0 0	☐		☐	1 3 9 5 0 0
5	9	收字2号	销售产品	主营业务收入	1 0 0 0 0 0	☐		☐	2 3 9 5 0 0
5	9	收字2号	销售产品	应交税费	1 3 0 0 0	☐		☐	2 5 2 5 0 0
5	15	付字1号	提现备用	银行存款	2 0 0 0 0 0	☐		☐	4 5 2 5 0 0
5	17	付字2号	预借差旅费	其他应收款		☐	2 5 0 0 0 0	☐	2 0 2 5 0 0
5	17		过次页		3 7 2 5 0 0	☐	2 5 0 0 0 0	☐	2 0 2 5 0 0

图 2-68　登记库存现金日记账(一)

库存现金日记账

2023年 月	日	凭证编号	摘要	对方科目	收入（借方）	√	支出（贷方）	√	余 额
5	1		承前页		3 7 2 5 0 0	☐	2 5 0 0 0 0	☐	2 0 2 5 0 0
5	21	付字3号	支付办公用品费	管理费用		☐	1 8 5 0 0	☐	1 8 4 0 0 0
5	23	付字4号	将现金送存银行	银行存款		☐	1 5 0 0 0 0	☐	3 4 0 0 0
5	25	付字5号	现金盘亏	待处理财产损溢		☐	1 5 0 0 0	☐	1 9 0 0 0
5	31	收字3号	现金盘盈	营业外收入	2 6 0 0 0	☐		☐	4 5 0 0 0
5	31		本月合计		3 9 8 5 0 0		4 3 3 5 0 0		4 5 0 0 0

图 2-69　登记库存现金日记账(二)

业务 2：核对库存现金日记账。

2023 年 5 月底,长沙信达有限责任公司的库存现金日记账余额为 450 元,出纳清点公司库存现金实有数为 450 元,这属于库存现金日记账核对中的账实核对。

1. 实训资料

库存现金日记账,如图 2-70、图 2-71 所示。

库存现金日记账

2023年		凭证编号	摘要	对方科目	收入（借方）									√	支出（贷方）									√	余额								
月	日				百	十	万	千	百	十	元	角	分		百	十	万	千	百	十	元	角	分		百	十	万	千	百	十	元	角	分
5	1		期初余额																										8	0	0	0	0
5	5	收字1号	报销差旅费	其他应收款					5	9	5	0	0															1	3	9	5	0	0
5	9	收字2号	销售产品	主营业务收入				1	0	0	0	0	0															2	3	9	5	0	0
5	9	收字2号	销售产品	应交税费					1	3	0	0	0															2	5	2	5	0	0
5	15	付字1号	提现备用	银行存款				2	0	0	0	0	0															4	5	2	5	0	0
5	17	付字2号	预借差旅费	其他应收款														2	5	0	0	0	0						2	0	2	5	0	0
5	17		过次页					3	7	2	5	0	0					2	5	0	0	0	0						2	0	2	5	0	0

图 2-70　库存现金日记账（一）

库存现金日记账

2023年		凭证编号	摘要	对方科目	收入（借方）									√	支出（贷方）									√	余额								
月	日				百	十	万	千	百	十	元	角	分		百	十	万	千	百	十	元	角	分		百	十	万	千	百	十	元	角	分
5	1		承前页					3	7	2	5	0	0					2	5	0	0	0	0						2	0	2	5	0	0
5	21	付字3号	支付办公用品费	管理费用															1	8	5	0	0						1	8	4	0	0	0
5	23	付字4号	将现金送存银行	银行存款														1	5	0	0	0	0							3	4	0	0	0
5	25	付字5号	现金盘亏	待处理财产损溢															1	5	0	0	0							1	9	0	0	0
5	31	收字3号	现金盘盈	营业外收入					2	6	0	0	0																	4	5	0	0	0
5	31		本月合计					3	9	8	5	0	0					4	3	3	5	0	0							4	5	0	0	0

图 2-71　库存现金日记账（二）

库存现金盘点单如图 2-72 所示。

库存现金盘点单

2023 年 5 月 31 日

票面额	张数	金额	票面额	张数	金额
壹佰元	3	300	伍角		
伍拾元	2	100	贰角		
贰拾元	1	20	壹角		
拾元	2	20	伍分		
伍元	2	10	贰分		
贰元			壹分		
壹元			合计	10	450 元
加：收入凭证未记账					
减：付出凭证未记账					
加：跨日收入					
加：跨日借条					
调整后实际账面金额					
现金日记账账面余额					450 元
差额					0
处理意见					

图 2-72　库存现金盘点单

2．实训流程

根据出纳登记的库存现金日记账期末数和库存现金盘点单中的金额进行核对。

3．实训任务

核对库存现金日记账。

4. 实训结果

库存现金日记账的核对中账实相符。

【任务考核】

任务考核表

实训任务					
实训目标					
实训收获					
评价主体		评价项目	分值	评价得分	加权得分
组员评价	职业素养	考勤	5		
		课堂表现	15		
	职业技能	任务完成度	25		
		任务完成质量	30		
	职业团队	沟通能力	10		
		协调能力	15		
小　计			100		
组长评价	职业素养	考勤	5		
		课堂表现	15		
	职业技能	任务完成度	25		
		任务完成质量	30		
	职业团队	沟通能力	10		
		协调能力	15		
小　计			100		
教师评价	职业素养	考勤	5		
		课堂表现	15		
	职业技能	任务完成度	25		
		任务完成质量	30		
	职业团队	沟通能力	10		
		协调能力	15		
小　计			100		
合　　计					

学生签字：　　　　　　　　　　　　日期：

出纳银行存款业务技能

实训任务一　银行卡与网银业务的办理

【任务导入】

2023 年 3 月 20 日,长沙信达有限责任公司出纳员钱清要去办理一张中国建设银行的单位结算卡。请问要准备哪些材料? 有哪些规则和注意事项? 假设该公司已经在中国建设银行的一般存款账户开通了网银业务,2023 年 5 月 4 日有一笔款项要支付,请问使用网银付款如何操作? 有哪些注意事项?

【任务目标】

一、技能目标

(1) 能完整准备开户资料。

(2) 能准确填写开立银行结算账户的申请书。

(3) 能熟练使用网银。

二、素养目标

培养严谨的工作态度。

【任务准备】

单位结算卡是银行为提升企业客户支付结算效率而推出的借记卡产品。其面向企业客户发行,与企业的银行结算账户相关联,具备账户查询、转账汇款、现金存取、消费及投资理财等多种金融功能。该卡支持企业多账户管理,通过境内银联网络的所有渠道,企业客户可以全天候办理支付结算业务,极大地提升了企业资金结算及财务管理效率。

网上银行又称为网络银行、在线银行,是指银行通过计算机和互联网为客户提供账户查询、转账结算、在线支付等金融服务的业务处理系统,是一种全新的电子银行服务平台。随着经济的发展和科技的进步,网上银行因其高效、便捷、安全的特性满足了企业的结算要求,得到了广泛的应用。企业网上银行适合需要实时掌握账户及财务信息、不涉及资金转入和转出的广大中小企业客户。

一、单位结算卡开立的流程

单位结算卡开立的流程如下:

(1)提出申请,提交开立单位结算账户申请书。

(2)预留银行印鉴。

(3)领卡激活。

二、企业网银支付结算的程序

客户在银行网点开通企业电话银行或办理企业普通卡证书后,就可在柜面或在线自助注册企业网上银行普及版。客户凭普通卡证书卡号和密码即可登录企业网上银行普及版,获得基本的网上银行服务。以办理中国工商银行的企业网银为例,其支付结算的程序如下:

(1)阅读企业网银操作指南,如图 3-1 所示。

(2)登录中国工商银行企业网银。

(3)网上提交付款指令,复核确认。

(4)打印电子回单。

(5)编制记账凭证。

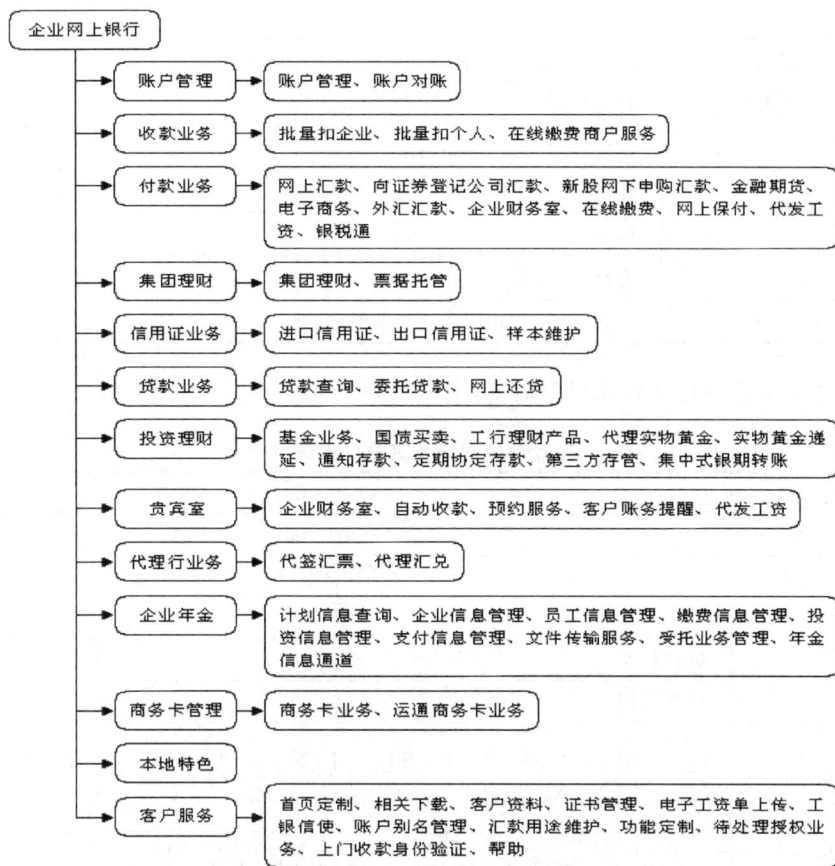

图 3-1　企业网银操作指南

【任务实施】

业务 1：单位结算卡的开立。

2023 年 3 月 20 日,长沙信达有限责任公司由于业务需要,指定办理一张中国建设银行的单位结算卡,出纳员钱清去办理开卡业务。

1. 实训资料

(1) 企业基本信息表,如表 3-1 所示。

表 3-1　企业基本信息表

公司名称	长沙信达有限责任公司
注册地址	长沙市开福区蔡锷北路 118 号
企业类型	有限责任公司
注册资本	人民币 100 万元
基本存款账户	中国工商银行长沙开福区支行
基本户账号	432000654223588

续　表

法人代表、身份证号码	陈铭、身份证号码 430102197107015641
经营范围及主要产品	日常用品
经营方式	批发、零售日用品、食品
财务主管	高清
出纳员	钱清
会计部门人员	会计主管：陈一民
纳税人识别号、类型	914305896523012589，一般纳税人

（2）开立单位银行结算账户申请书（空白），如图 3-2 所示。

开立单位银行结算账户申请书

存款人名称			电　话		
地　　址			邮　编		
存款人类别			组织机构代码		
法定代表人（ ） 单位负责人（ ）	姓　　名				
	证件种类				
	证件号码				
行业分类	A□　B□　C□　D□　E□　F□　G□　H□　I□　J□ K□　L□　M□　N□　O□　P□　Q□　R□　S□　T□				
注册资金			地区代码		
经营范围					
证明文件种类			证明文件编号		
国税登记证号			地税登记证号		
关联企业					
账户性质	基本存款账户□　　一般存款账户□　　专用存款账户□　　临时存款账户□				
资金性质			有效日期	年　　月　　日	

以下为存款人上级法人或主管单位信息：

上级法人或主管单位名称			
基本存款账户开户登记证核准号		组织机构代码	
法定代表人（ ） 单位负责人（ ）	姓　　名		
	证件种类		
	证件号码		

以下栏目由开户银行审核后填写：

开户银行名称				
开户银行代码		账号		
基本存款账户开户登记证核准号		开户日期		

本存款人申请开立银行结算账户，并承诺所提供的开户资料真实、有效，若有伪造、欺诈，承担法律责任。
 	
存款人(公章)：
    年   月   日
	开户银行审核意见：
	
	经办人(签章)：
	开户银行(签章)：
	    年 月 日
			开户银行审核意见(非核准类账户除外)：
			
			经办人(签章)：
			开户银行(签章)：
			    年 月 日	

填表说明：

1. 申请开立临时存款账户，必须填列有效日期。

2. "行业分类"中各字母代表的行业种类由中国人民银行统一规定并由银行在营业场所公告。

3. 申请开立基本存款账户、临时存款账户(因注册验资开立的除外)、预算单位专用存款账户和 QFII 专用存款账户的，必须填写本申请一式三份，其中：一份存款人留存，一份开户银行留存，一份由开户银行报送中国人民银行当地分支行；申请开立一般存款账户、其他专用存款账户的，必须填写本申请书一式两份，其中：一份存款人留存，一份开户银行留存。

图 3-2 开立单位银行结算账户申请书(空白)

(3) 印鉴卡片(空白)，如图 3-3 所示。

图 3-3 印鉴卡片(空白)

2. 实训流程

(1) 了解申办条件和步骤。申请办理单位结算卡的企业,需要在该行开立单位银行结算账户且年检合法有效,并同意使用密码办理支付结算等业务。

(2) 提出申请、提交材料。企业与银行签订《单位结算卡使用协议》,并提供相关材料。

(3) 领卡激活。在银行审核资料无误后,收到单位结算卡并激活。领卡后须在柜面修改初始密码,如果初始密码未经修改,只能办理存款业务。

(4) 签约信息维护。领卡激活后,可在银行网点申请办理结算卡基本信息、关联账户、交易对手、支付限额等签约信息的维护。

3. 实训任务

(1) 填写申请表。

(2) 填制印鉴卡片。

4. 实训成果

(1) 填写完毕的开立单位银行结算账户申请书,如图 3-4 所示。

开立单位银行结算账户申请书

存款人名称	长沙信达有限责任公司		电话	0731-88888296
地　　址	长沙市开福区蔡鄂北路 118 号	邮编		
存款人类别	有限责任公司		组织机构代码	
法定代表人（ ✓ ） 单位负责人（ ）	姓　名	陈铭		
	证件种类	身份证		
	证件号码	430102197107015641		
行业分类	A□　B□　C☑　D□　E□　F□　G□　H□　I□　J□ K□　L□　M□　N□　O□　P□　Q□　R□　S□　T□			
注册资金	100 万元		地区代码	073101
经营范围	日常用品			
证明文件种类	企业法人营业执照		证明文件编号	914305896523012589
国税登记证号	914305896523012589			

关联企业	
账户性质	基本存款账户□　一般存款账户☑　专用存款账户□　临时存款账户□
资金性质	（空）　　　　　　有效日期　　　　年　月　日

以下为存款人上级法人或主管单位信息：

上级法人或主管单位名称		
基本存款账户开户登记证核准号		组织机构代码
法定代表人（　　） 单位负责人（　　）	姓　名	
	证件种类	
	证件号码	

以下栏目由开户银行审核后填写：

开户银行名称		
开户银行代码		账号
基本存款账户开户登记证核准号		开户日期
本存款人申请开立银行结算账户，并承诺所提供的开户资料真实、有效，若有伪造概由本人承担法律责任。 存款人（公章）： 2023年3月26日	开户银行审核意见： 经办人（签章）： 开户银行（签章）： 　　年　月　日	开户银行审核意见（非核准类账户除外）： 经办人（签章）： 开户银行（签章）： 　　年　月　日

填表说明：

1. 申请开立临时存款账户，必须填列有效日期。

2. "行业分类"中各字母代表的行业种类由中国人民银行统一规定并由银行在营业场所公告。

3. 申请开立基本存款账户、临时存款账户（因注册验资开立的除外）、预算单位专用存款账户和 QFII 专用存款账户的，必须填写本申请一式三份，其中：一份存款人留存，一份开户银行留存，一份由开户银行报送中国人民银行当地分支行；申请开立一般存款账户、其他专用存款账户的，必须填写本申请书一式两份，其中：一份存款人留存，一份开户银行留存。

图 3-4　开立单位银行结算账户申请书

（2）填制后的印鉴卡片，如图3-5所示。

图3-5 印鉴卡片

文本：基本存款账户年检

（3）办理后得到单位结算卡，如图3-6所示。

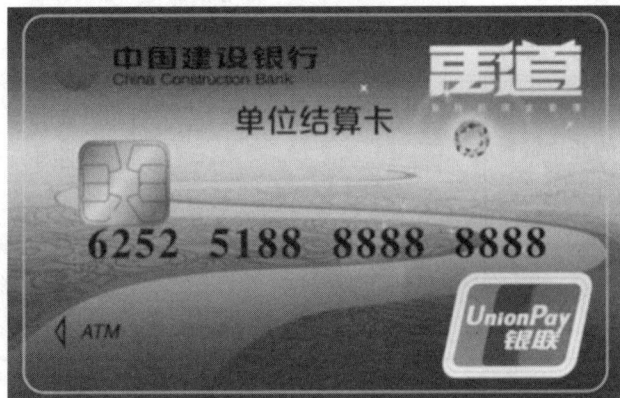

图3-6 单位结算卡

业务2：企业网银的开通与使用。

2023年5月4日，长沙信达有限责任公司通过中国建设银行网上银行支付湖南文华科技有限公司前欠货款20 000元及增值税2 600元，共计22 600元。湖南文华科技有限公司开户行为中国工商银行长沙岳麓区支行，账号为432000654222355。

1. 实训资料

（1）中国建设银行企业网上银行，如图3-7所示。

图 3-7 中国建设银行企业网上银行

(2) 网上银行电子回单(空白),如图 3-8 所示。

中国建设银行 电子银行业务回单(付款)

交易渠道：　　　　　　日期：　年　月　日　　　　No.

付款人名称		收款人名称	
付款人账号		收款人账号	
付款行名		收款行名	
人民币			
用途		业务类型	
备注			

已打印001次　　　　　　打印时间：

图 3-8 网上银行电子回单(空白)

(3) 付款凭证(空白),如图 3-9 所示。

付　款　凭　证

付字 第＿＿＿号

贷方科目＿＿＿＿＿　　　年　月　日　　　附件＿＿＿＿＿张

对方单位	摘 要	借 方 科 目		金 额										记账符号
		总账科目	明细科目	千	百	十	万	千	百	十	元	角	分	☐
														☐
														☐
														☐
														☐

会计主管　　　记账　　　稽核　　　出纳　　　制证

图 3-9 付款凭证(空白)

2. 实训流程

(1) 登录企业网上银行。

第一步：打开网上银行登录页面，点击"如果您是在银行柜台开通网上银行首次登录，请点击这里进入"，进入首次登录页面后，输入证件号码、姓名。

第二步：选择任意签约账户，并输入签约账户取款密码、附加码。

第三步：设置网上银行登录密码和交易密码，如果您使用的是非预制网银盾客户，则提示您继续下载数字证书。

第四步：点击"进入网上银行"，登录成功。

(2) 网上提交付款指令，复核确认。

拔出制单员的网银盾，关闭所有的浏览器，再插入复核员的网银盾，登录企业网银完成复核。

(3) 打印电子回单。

(4) 编制记账凭证。

3. 实训任务

(1) 登录企业网上银行。

(2) 网上提交付款指令，复核确认。

(3) 打印电子回单。

(4) 编制记账凭证。

4. 实训成果

(1) 登录企业网上银行。

插入网银盾并输入密码，如图 3-10 所示。

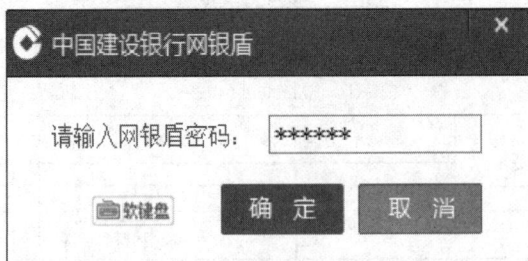

图 3-10 输入网银盾密码

输入登录密码，登录中国建设银行企业网上银行，如图 3-11 所示。

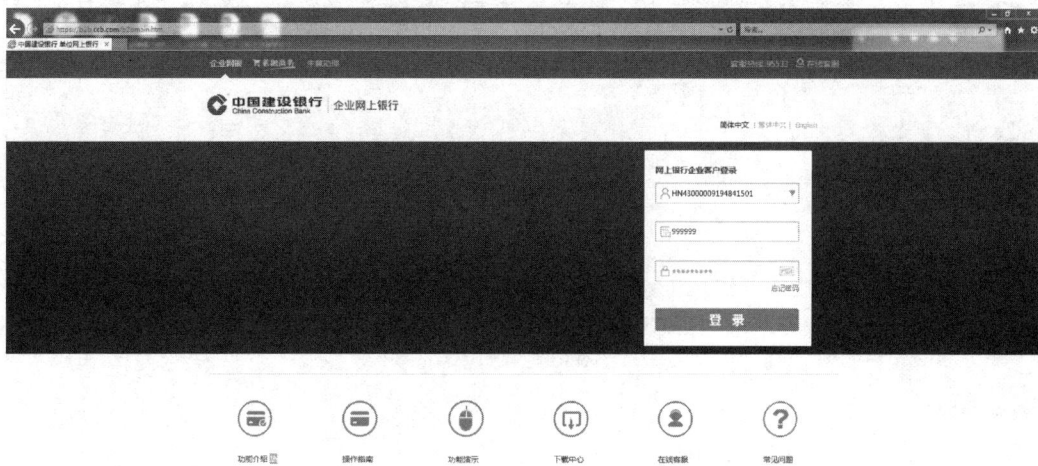

图 3‑11 登录企业网上银行

进入本公司企业网上银行页面,如图 3‑12 所示。

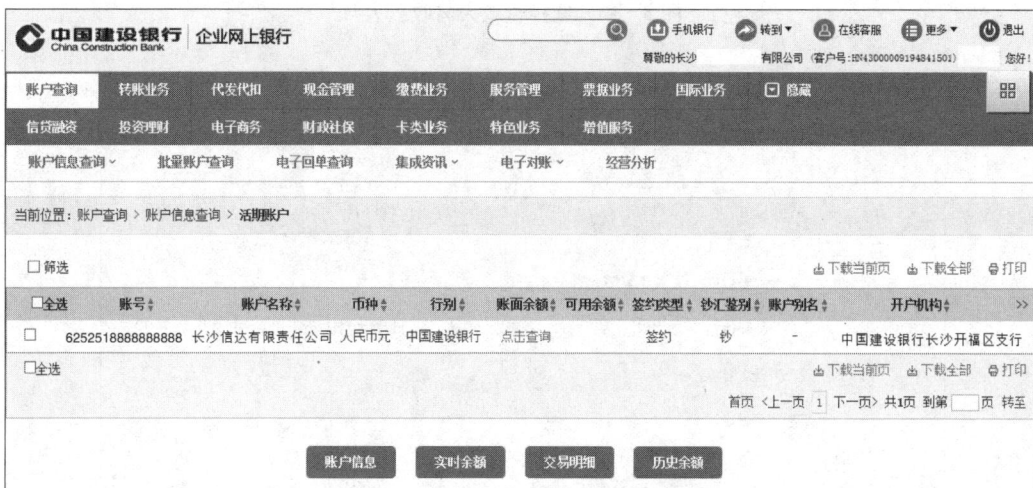

图 3‑12 进入企业网上银行界面

(2)选择付款人与收款人、输入支付金额及用途,如图 3‑13、图 3‑14 所示。

图 3-13 选择付款人与收款人

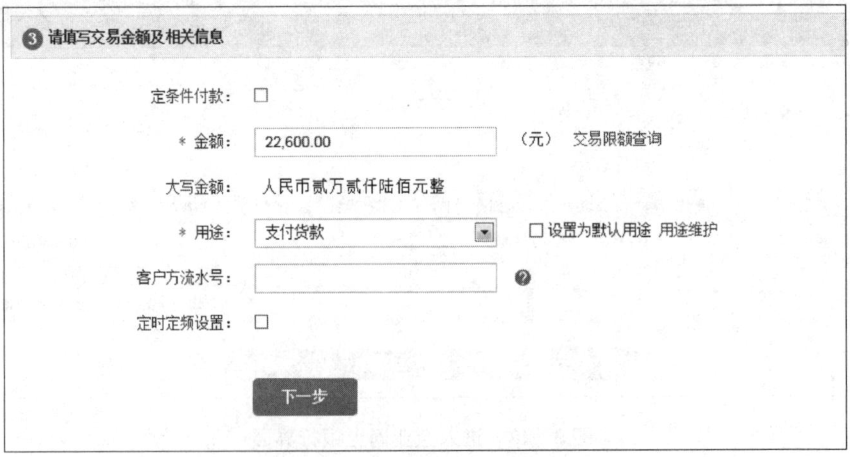

图 3-14 输入支付金额及用途

（3）交易信息复核并确认支付，如图 3-15、图 3-16、图 3-17 所示。

中国建设银行 China Construction Bank | 企业网上银行　　　🔍　📱手机银行　🔄转到▼　🎧在线客服　☰更多▼　⏻退出

尊敬的长沙　　　　有限公司（客户号:H043000009194841501）·您好！

| 账户查询 | 转账业务 | 代发代扣 | 现金管理 | 缴费业务 | 服务管理 | 票据业务 | 国际业务 | ⊟隐藏 | ⊞ |
| 信贷融资 | 投资理财 | 电子商务 | 财政社保 | 卡类业务 | 特色业务 | 增值服务 | | | |

转账审批 ∨　　单据维护 ∨　　流水查询 ∨　　常用账户管理

当前位置：转账业务 > 转账审批 > 按笔审批

□ 筛选　　　　　　　　　　　　　　　　　　　　　　　　　　　　　　　　　☑编辑列

通过	不通过	凭证号⇕	付款人		收款人		开户行	定条件⇕	金额(元)⇕	用途	定时正频	交易类型⇕
			户名⇕	账号⇕	户名⇕	账号⇕						
☑	□	104409133608	长沙信达有限责任公司	6252518888888888	湖南文华科技有限公司	432000654222355	中国工商银行长沙岳麓区支行	定金额	26600.00		实时	单笔付款
☑	□											

⬛待复核记录下载

全选 全选

总笔数：1笔　总金额（元）：22600.00　复核通过总笔数：1 笔　复核通过总金额（元）：22600.00　复核不通过总笔数：0 笔　复核不通过总金额（元）：0.00

首页 <上一页 [1] 下一页> 共1页 到第 ____ 页 转至

[下一步]

当前位置：转账业务 > 转账制单 > 单笔付款

付款人	户名：	长沙信达有限责任公司	收款人	户名：	湖南文华科技有限公司
	账号：	6252518888888888		账号：	432000654222355
	开户行：	中国建设银行长沙开福区支行		开户行：	中国工商银行长沙岳麓区支行
	金额（大写）：	贰万贰仟陆佰元整		金额（小写）：	22,600.00（元）
	用途：	支付货款		参考手续费：	1.00

跟单信息：　[　　　　　　　　　]　❓

短信通知下级复核员：　□

邮件通知下级复核员：　□

短信通知收款人：　□

邮件通知收款人：　□

[上一步]　[确认]

图 3 - 15　交易信息复核

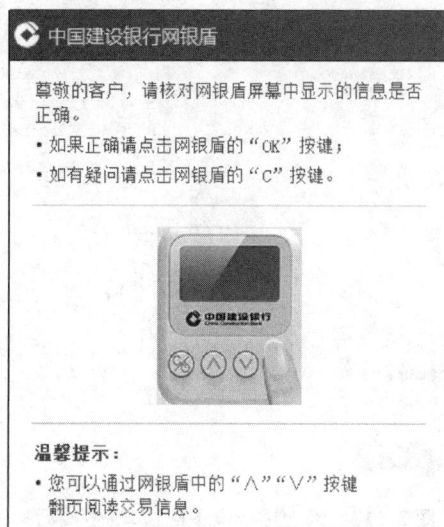

中国建设银行网银盾

尊敬的客户，请核对网银盾屏幕中显示的信息是否正确。

• 如果正确请点击网银盾的"OK"按键；

• 如有疑问请点击网银盾的"C"按键。

中国建设银行

温馨提示：

• 您可以通过网银盾中的"∧""∨"按键翻页阅读交易信息。

账户查询	转账业务	代发代扣	现金管理	缴费业务	票据业务	国际业务	信贷融资	☐ 隐藏
投资理财	电子商务	财政社保	卡类业务	服务管理	特色业务	增值服务		

转账制单 ∨　　单据维护 ∨　　流水查询 ∨　　常用账户管理

当前位置：转账业务 > 转账制单 > 单笔付款

☑ **尊敬的客户：您的单笔付款单据提交成功！**
凭证号：104409133608
等待下一级复核员　　**999999**　　复核。

[继续制单]　[保存为常用收款账户]

猜你想去

转账按笔流水查询　　转账按批流水查询　　转账单据收回　　转账单据复核员变更

图 3-16　确认支付

（4）生成网上银行电子回执单并填制付款凭证，如图 3-17、图 3-18 所示。

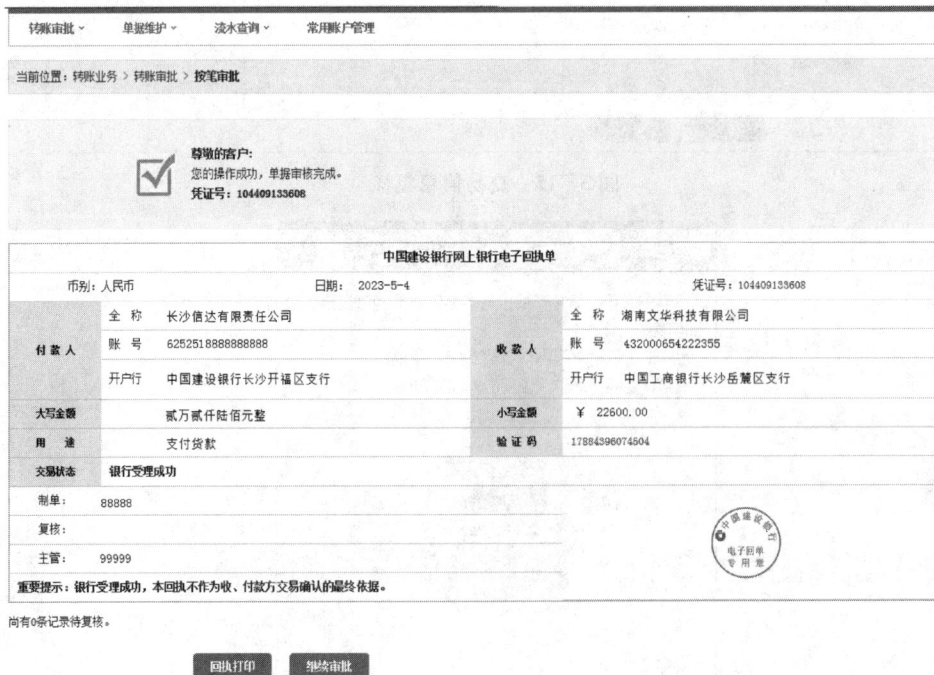

转账审批 ∨　　单据维护 ∨　　流水查询 ∨　　常用账户管理

当前位置：转账业务 > 转账审批 > 按笔审批

☑ **尊敬的客户：**
您的操作成功，单据审核完成。
凭证号：104409133608

中国建设银行网上银行电子回执单

币别：人民币		日期：2023-5-4		凭证号：104409133608	
付款人	全　称　长沙信达有限责任公司		收款人	全　称　湖南文华科技有限公司	
	账　号　6252518888888888			账　号　432000654222355	
	开户行　中国建设银行长沙开福区支行			开户行　中国工商银行长沙岳麓区支行	
大写金额	贰万贰仟陆佰元整		小写金额	¥ 22600.00	
用　途	支付货款		验证码	178843960745004	
交易状态	银行受理成功				
制单：	88888				
复核：					
主管：	99999				

重要提示：银行受理成功，本回执不作为收、付款方交易确认的最终依据。

尚有0条记录待复核。

[回执打印]　[继续审批]

图 3-17　网上银行电子回执单（生成后）

付　款　凭　证

付字 第 _5_ 号

贷方科目 _银行存款_　　　　2023 年 5 月 4 日　　　　附件 _2_ 张

对方单位	摘　要	借　方　科　目		金　额										记账符号
		总账科目	明细科目	千	百	十	万	千	百	十	元	角	分	
湖南文华科技有限公司	网银支付货款	应付账款	湖南文华科技有限公司			2	2	6	0	0	0	0	0	☐
														☐
														☐
														☐
					¥	2	2	6	0	0	0	0	0	☐

会计主管 高清　　　记账　　　　　稽核 陈一民　　　　出纳 钱清　　　　制证 钱清

图 3-18　付款凭证(填制后)

【任务考核】

任务考核表

实训任务				
实训目标				
实训收获				
评价主体	评价项目		分值	评价得分	加权得分
组员评价	职业素养	考勤	5		
		课堂表现	15		
	职业技能	任务完成度	25		
		任务完成质量	30		
	职业团队	沟通能力	10		
		协调能力	15		
小　计			100		

续　表

组长评价	职业素养	考勤	5	
		课堂表现	15	
	职业技能	任务完成度	25	
		任务完成质量	30	
	职业团队	沟通能力	10	
		协调能力	15	
小　计			100	
教师评价	职业素养	考勤	5	
		课堂表现	15	
	职业技能	任务完成度	25	
		任务完成质量	30	
	职业团队	沟通能力	10	
		协调能力	15	
小　计			100	
合　计				

学生签字：　　　　　　　　　　　　　　日期：

实训任务二　支票业务的办理

【任务导入】

长沙信达有限责任公司出纳员钱清手上有三张支票，第一张是为了本公司提取备用金准备的，第二张是为了给湖南文华科技有限公司支付材料款而准备的，还有一张是收到北京万达公司支付货款的支票。请问：这几张应分别是什么类型的支票？适用范围是否合理？记录的事项是否全面？如果去银行，该如何办理进账手续？你知道填写支票应有哪些规则和注意事项？

【任务目标】

一、技能目标

（1）能熟练完成支票的领用与填写。

（2）能熟练完成进账单的填写。

二、素养目标

培养严谨的工作态度。

【任务准备】

支票是由出票人签发的，委托办理支票存款业务的银行或者其他金融机构在见票时，无条件支付确定金额给收款人或者持票人的票据。凡在银行设立账户的单位、个体工商户及个人，经开户行的同意均可使用支票进行结算业务。2007年7月8日开始，中国人民银行宣布支票可以在全国范围内互通使用。支票按照支付票款的方式不同，可以分为现金支票、转账支票和普通支票。

一、现金支票取现的流程

（1）查询银行存款余额。

（2）提出申请并填写现金支票使用登记簿。

（3）填写支票。

（4）审批盖章。

（5）生成密码并填入。

（6）银行取现并清点现金。

二、开具转账支票的流程

（1）查询银行存款余额。

（2）提出申请并登记现金支票使用登记簿。

（3）填写支票。

（4）审批盖章。

（5）生成密码并填入。

（6）银行转账或将支票正联交给收款人。

三、转账支票结算的流程

（1）检查支票各项目是否符合规定。

（2）到收款人自己开户行（或付款人开户行）办理进账。

（3）收到加盖银行章的回单。

（4）收到收账通知。

单位将转账支票送存开户行进行进账、汇款,或将现金送存开户行时,均应填写进账单向银行办理进账手续。进账单第一联为回单或收款通知联,是收款人开户行交给收款人的回单;第二联为收入凭证联,此联由收款人开户行作为收入传票。

【任务实施】

业务 1：提现备用。

2023 年 5 月 5 日,长沙信达有限责任公司出纳员钱清开具一张现金支票,从银行提取 10 000 元备用。

1. 实训资料

(1) 现金支票(正面),如图 3-19 所示。

文本：同城票据交换

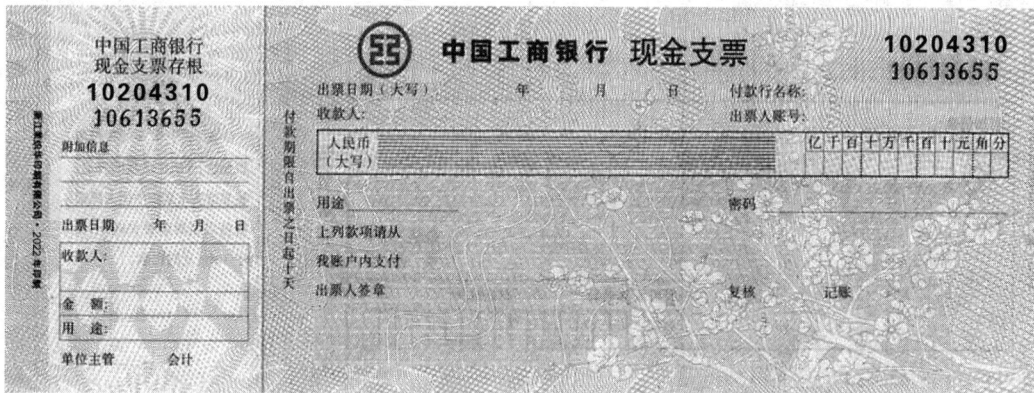

图 3-19　现金支票(正面)

(2) 现金支票(背面),如图 3-20 所示。

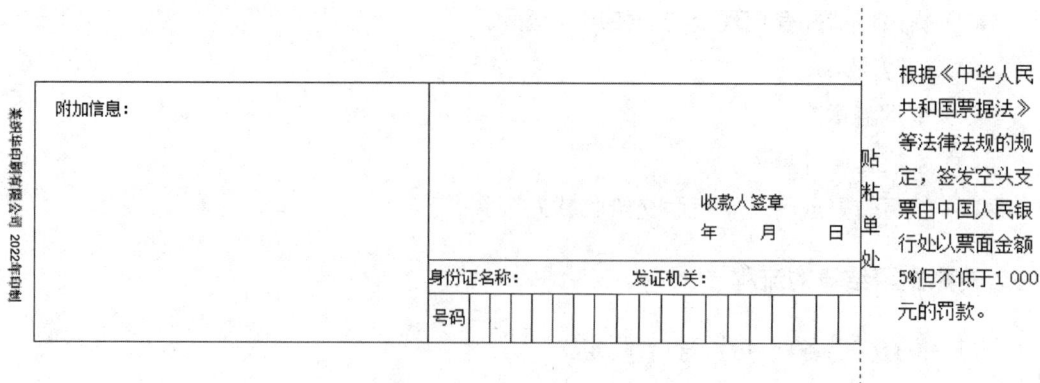

图 3-20　现金支票(背面)

(3) 付款凭证(空白),如图 3-21 所示。

付 款 凭 证

付字 第＿＿号

贷方科目＿＿＿＿＿　　　　年 月 日　　　　　附件＿＿＿＿张

对方单位	摘要	借方科目		金额										记账符号
		总账科目	明细科目	千	百	十	万	千	百	十	元	角	分	
														☐
														☐
														☐
														☐
														☐

会计主管　　　记账　　　稽核　　　出纳　　　制证

图 3-21　付款凭证(空白)

2. 实训流程

(1) 致电开户行或者登录企业网上银行查询企业银行存款的余额。

(2) 出纳使用现金支票提现时,须告知财务经理或者其他相关领导,同时做好现金支票使用情况的登记。

(3) 严谨规范地填写现金支票的正面与背面。

(4) 现金支票填写好后,必须在支票的正面和背面盖上预留银行的印鉴,盖章时,要保证印章清晰,不得重叠。

(5) 将支付密码器生成的支付密码,填在支票上。

(6) 从银行取现并清点现金。

3. 实训任务

(1) 填写现金支票正、反面。

(2) 审批盖章。

(3) 填制记账凭证。

4. 实训成果

(1) 填制的现金支票(正面),如图 3-22 所示。

图 3-22　现金支票(正面)(填制后)

（2）填制的现金支票（背面），如图 3-23 所示。

右侧竖排文字：根据《中华人民共和国票据法》等法律法规的规定，签发空头支票由中国人民银行处以票面金额5%但不低于1 000元的罚款。

附加信息：

收款人签章

2023 年05 月 05 日

身份证名称：钱清　　发证机关：长沙市公安局

号码 4 3 0 1 0 2 1 9 9 1 0 1 0 1 6 6 5 0

图 3-23　现金支票（背面）（填制后）

（3）填制后的付款凭证，如图 3-24 所示。

付　款　凭　证

付字　第 012 号

贷方科目 银行存款　　　　2023 年 5 月 5 日　　　　附件　　1　 张

对方单位	摘要	借方科目		金额										记账符号
		总账科目	明细科目	千	百	十	万	千	百	十	元	角	分	
长沙信达有限责任公司	提现备用	库存现金				1	0	0	0	0	0	0	0	□
														□
														□
														□
						¥	1	0	0	0	0	0	0	□

会计主管 高清　　　记账　　　　稽核 陈一民　　　　出纳 钱清　　　　制证 钱清

图 3-24　付款凭证（填制后）

业务2：开具转账支票结算材料款。

2023 年 5 月 6 日，长沙信达有限责任公司开出转账支票一张，出纳员钱清去银行办理转账手续，支付湖南文华科技有限公司前欠货款 50 000 元及增值税 6 500 元，共计 56 500 元。湖南文华科技有限公司开户行为中国工商银行长沙岳麓区支行，账号为 432000654222355。

1．实训资料

（1）转账支票，如图 3-25、图 3-26 所示。

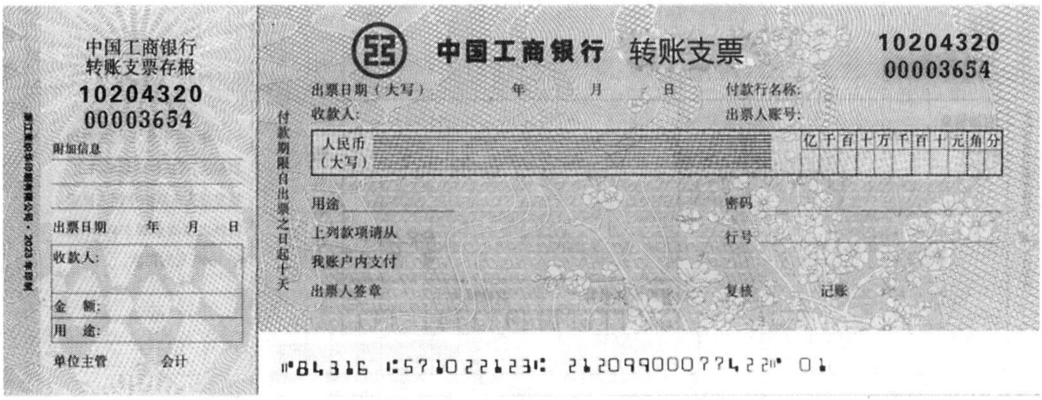

图 3-25　转账支票(正面)

图 3-26　转账支票(背面)

(2) 进账单(回单)(空白),如图 3-27 所示。

图 3-27　进账单(回单)(空白)

(3) 付款凭证(空白),如图 3-28 所示。

付　款　凭　证

付字　第____号

贷方科目_____　　　　　年　月　日　　　　　附件_____张

对方单位	摘　要	借方科目		金　额										记账
		总账科目	明细科目	千	百	十	万	千	百	十	元	角	分	符号
														☐
														☐
														☐
														☐
														☐

会计主管　　　　　记账　　　　　稽核　　　　　出纳　　　　　制证

图 3－28　付款凭证(空白)

2. 实训流程

(1) 致电开户行或者登录企业网上银行查询企业银行存款的余额。

(2) 提出申请,同时做好转账支票使用情况的登记。

(3) 严谨规范地填写转账支票。

(4) 转账支票填写好后,必须在支票上盖上预留银行的印鉴,盖章时,要保证印章清晰,不得重叠。

(5) 将支付密码器生成的支付密码,填在支票上。

(6) 到银行转账或将支票正联直接交给收款人。出纳到银行办理付款时,需要填写一张辅助单据进账单,该进账单能够全面记载出票人和收款人的相关信息与结算金额。

3. 实训任务

(1) 开具转账支票。

(2) 审批盖章。

(3) 填写进账单。

4. 实训成果

(1) 填制的转账支票,如图 3－29 所示。

图 3－29　转账支票(填制后)

（2）收到进账单（回单），如图 3－30、图 3－31 所示。

附加信息：	被背书人	被背书人	根据《中华人民共和国票据法》等法律法规的规定，签发空头支票由中国人民银行处以票面金额5%但不低于1 000元的罚款。
	背书人签章 年　月　日	背书人签章 年　月　日	

图 3－30　转账支票（背面）

中国工商银行进账单　　（回单）

2023 年 5 月 6 日　　　　　　　　　1

出票人	全　称	长沙信达有限责任公司	收款人	全　称	湖南文华科技有限公司
	账　号	432000654223588		账　号	432000654222355
	开户银行	中国工商银行长沙开福区支行		开户银行	中国工商银行长沙岳麓区支行

金额	人民币（大写）	伍万陆仟伍佰元整	千 百 十 万 千 百 十 元 角 分
			¥ 5 6 5 0 0 0 0

票据种类	转账支票	票据张数	1
票据号码	00003654		

复核　　　　　记账

收款人开户银行盖章

图 3－31　进账单（回单）（填制后）

（3）填制的付款凭证，如图 3－32 所示。

付　款　凭　证

付字　第 013 号

贷方科目 银行存款　　　　　2023 年 5 月 6 日　　　　　　附件　2 张

对方单位	摘　要	借方科目		金　额									记账
		总账科目	明细科目	千	百	十	万	千	百	十	元	角 分	符号
湖南文华科技有限公司	支付前欠货款	应付账款	湖南文华科技有限公司			5	6	5	0	0	0	0 0	□
													□
													□
													□
				¥		5	6	5	0	0	0	0 0	□

会计主管　高清　　　记账　　　　稽核　陈一民　　　出纳　钱清　　　制证　钱清

图 3－32　付款凭证（填制后）

业务 3：收到转账支票支付预付货款。

2023 年 5 月 7 日，收到武汉万达商贸公司转账支票一张，用于预付货款，金额为 30 000 元。

1. 实训资料

(1) 转账支票，如图 3-33 所示。

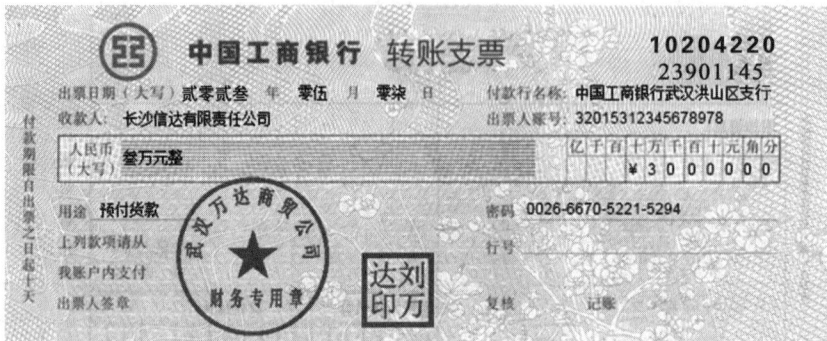

图 3-33 转账支票

(2) 进账单(回单)(空白)，如图 3-34 所示。

图 3-34 进账单(回单)(空白)

(3) 进账单(收账通知)(空白)，如图 3-35 所示。

图 3-35 进账单(收账通知)(空白)

（4）收款凭证（空白），如图 3-36 所示。

收　款　凭　证

收字 第＿＿号

借方科目＿＿＿＿＿＿　　　　　年　月　日　　　　　附件＿＿＿＿张

对方单位	摘　要	贷　方　科　目		金　额										记账
		总账科目	明细科目	千	百	十	万	千	百	十	元	角	分	符号
														☐
														☐
														☐
														☐
														☐
银行结算方式及票号：		合　　计												☐

会计主管　　　　记账　　　　稽核　　　　　　出纳　　　　　制证

图 3-36　收款凭证（空白）

2. 实训流程

（1）检查收到的转账支票中填写的各项目是否符合规定，如收款人的名称是否为本单位的全称，日期是否正确、是否在 10 天有效期之内、金额数字书写是否正确、签章是否清晰等。

（2）持该转账支票到收款人的开户行办理进账手续。填写进账单后，收到加盖银行印章的回单。

（3）转账成功，收到收账通知。

3. 实训任务

（1）填制进账单。

（2）填制记账凭证。

4. 实训成果

（1）收到进账单（回单），如图 3-37 所示。

图 3-37　进账单（回单）（填制后）

（2）收到进账单（收账通知），如图 3-38 所示。

中国工商银行进账单(收账通知)　　　3

2023 年 5 月 7 日

出票人	全　称	武汉万达商贸公司	收款人	全　称	长沙信达有限责任公司
	账　号	32015312345678978		账　号	432000654223588
	开户银行	中国工商银行武汉洪山区支行		开户银行	中国工商银行长沙开福区支行

金额	人民币(大写)	叁万元整			千 百 十 万 千 百 十 元 角 分 ¥ 3 0 0 0 0 0 0

票据种类	转账支票	票据张数	1
票据号码	23901145		

中国工商银行长沙
开福区支行
2 0 2 3 0 5 0 7
转 讫
收款人开户银行盖章

复核　　　　记账

图 3-38　进账单(收账通知)(填制后)

(3) 填制的收款凭证,如图 3-39 所示。

收 款 凭 证

收字 第 014 号

借方科目　银行存款　　　　　2023 年　5 月　7 日　　　　附件　2　张

对方单位	摘　要	贷方科目		金　额										记账
		总账科目	明细科目	千	百	十	万	千	百	十	元	角	分	符号
武汉万达商贸公司	收到预付款	预收账款	武汉万达商贸公司			3	0	0	0	0	0	0	0	□
														□
														□
														□
银行结算方式及票号:(略)		合　计			¥	3	0	0	0	0	0	0	0	□

会计主管　高清　　记账　　　　稽核　陈一民　　出纳　钱清　　制证　钱清

图 3-39　收款凭证(填制后)

【任务考核】

任务考核表

实训任务					
实训目标					
实训收获					
评价主体		评价项目	分值	评价得分	加权得分
组员评价	职业素养	考勤	5		
		课堂表现	15		
	职业技能	任务完成度	25		
		任务完成质量	30		
	职业团队	沟通能力	10		
		协调能力	15		
小　　计			100		

续　表

组长评价	职业素养	考勤	5	
		课堂表现	15	
	职业技能	任务完成度	25	
		任务完成质量	30	
	职业团队	沟通能力	10	
		协调能力	15	
小　计			100	
教师评价	职业素养	考勤	5	
		课堂表现	15	
	职业技能	任务完成度	25	
		任务完成质量	30	
	职业团队	沟通能力	10	
		协调能力	15	
小　计			100	
合　计				

学生签字：　　　　　　　　　　　　　日期：

实训任务三　银行汇票业务的办理

【任务导入】

长沙信达有限责任公司出纳员钱清因公司异地支付结算需要申请签发银行汇票,又因销售货物收到银行汇票一张,需要办理进账业务。出纳员钱清应如何办理这些手续?有哪些规则和注意事项?

【任务目标】

一、技能目标

(1) 能准确填写银行汇票业务委托书。

（2）能准确进行银行汇票付款业务的账务处理。

（3）能准确审核银行汇票。

（4）能准确填制银行进账单。

（5）能准确进行银行汇票收款业务的账务处理。

二、素养目标

（1）培养严谨的工作态度。

（2）培养团队协作精神。

【任务准备】

　银行汇票是指由出票银行签发的，由其在见票时按实际结算金额无条件付款给收款人或者持票人的票据。银行汇票多用于办理异地转账结算和现金支取，其具有使用灵活、票随人到、兑现性强等特点，适用于先收款后发货或者钱货两清的商品交易。银行汇票多用于转账支付，如果在汇票金额前多加了现金的字样，则可以用于支取现金；但是申请人或者收款人为单位的，不得申请签发现金银行汇票，并且现金银行汇票不得背书转让。

一、银行汇票付款的流程

（1）申请单位向本单位开户行提出签发银行汇票的申请。

（2）申请人的开户行审核通过申请，银行签发银行汇票。

（3）申请单位持银行汇票到异地结算，支付给收款单位。

（4）收款单位持银行汇票，到本单位的开户行办理解付。

（5）收款人开户行将汇票解付通知给申请人开户行。

（6）申请人开户行收到通知后，将款项划转给收款人开户行。

（7）收款人开户行将入账告知收款人单位。

（8）申请人开户行将结算汇票退还的多余款告知申请单位。

二、收到银行汇票时的注意事项

（1）收到银行汇票时，先要对银行汇票的内容进行审查。

（2）银行汇票审查无误后，再去银行办理进账，也可以直接背书转让给其他单位。

【任务实施】

业务 1：采购材料申请签发银行汇票，并持票结算。

2023 年 5 月 9 日，长沙信达有限责任公司采购部刘强完成采购任务，向财务部提交上海经贸公司开具的增值税专用发票，注明买价为 200 000 元，增值税为 26 000 元。出纳员钱清向开户行提出申请开具银行汇票 230 000 元。完成结算后收到多余款收账通知，金额为 4 000 元。上海经贸公司开户行为中国银行上海静安区支行，账号为 435221255654568。

1. 实训资料

（1）业务委托书（空白），如图 3-40 所示。

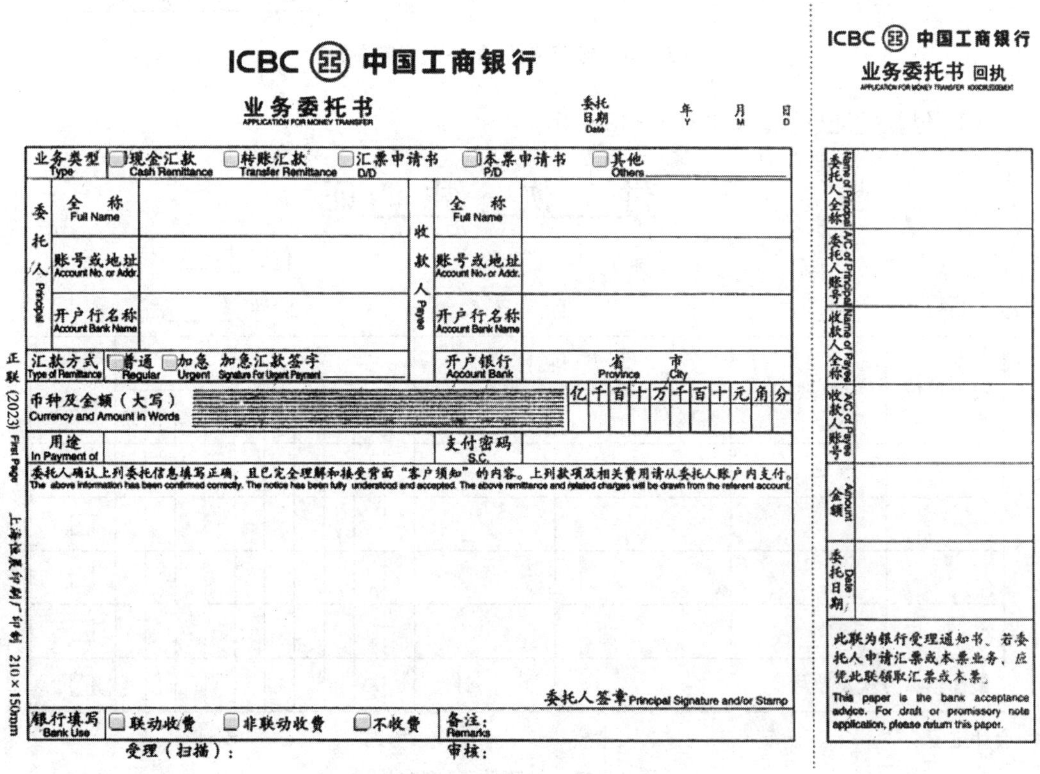
ICBC 中国工商银行

业务委托书 APPLICATION FOR MONEY TRANSFER　　委托日期 Date　年 Y　月 M　日 D

业务类型 Type　□现金汇款 Cash Remittance　□转账汇款 Transfer Remittance　□汇票申请书 D/D　□本票申请书 P/D　□其他 Others

委托人 Principal		收款人 Payee	
全称 Full Name		全称 Full Name	
账号或地址 Account No. or Addr.		账号或地址 Account No. or Addr.	
开户行名称 Account Bank Name		开户行名称 Account Bank Name	
汇款方式 Type of Remittance	□普通 Regular □加急 Urgent 加急汇款签字 Signature For Urgent Payment	开户银行 Account Bank	省 Province　市 City
币种及金额（大写） Currency and Amount in Words		亿 千 百 十 万 千 百 十 元 角 分	
用途 In Payment of		支付密码 S.C.	

委托人确认上列委托信息填写正确，且已完全理解和接受背面"客户须知"的内容。上列款项及相关费用请从委托人账户内支付。
The above information has been confirmed correctly. The notice has been fully understood and accepted. The above remittance and related charges will be drawn from the relevant account.

委托人签章 Principal Signature and/or Stamp

银行填写 Bank Use　□联动收费　□非联动收费　□不收费　备注：Remarks

受理（扫描）：　　审核：

正联（2023）First Page　上海证展印刷厂印制　210×150mm

ICBC 中国工商银行　业务委托书 回执 APPLICATION FOR MONEY TRANSFER ACKNOWLEDGEMENT

委托人全称 Name of Principal	
委托人账号 A/C of Principal	
收款人全称 Name of Payee	
收款人账号 A/C of Payee	
金额 Amount	
委托日期 Date	

此联为银行受理通知书。若委托人申请汇票或本票业务，应凭此联领取汇票或本票。
This paper is the bank acceptance advice. For draft or promissory note application, please return this paper.

图 3-40　业务委托书(空白)

（2）银行汇票第一联（空白），第一联如图 3-41 所示。

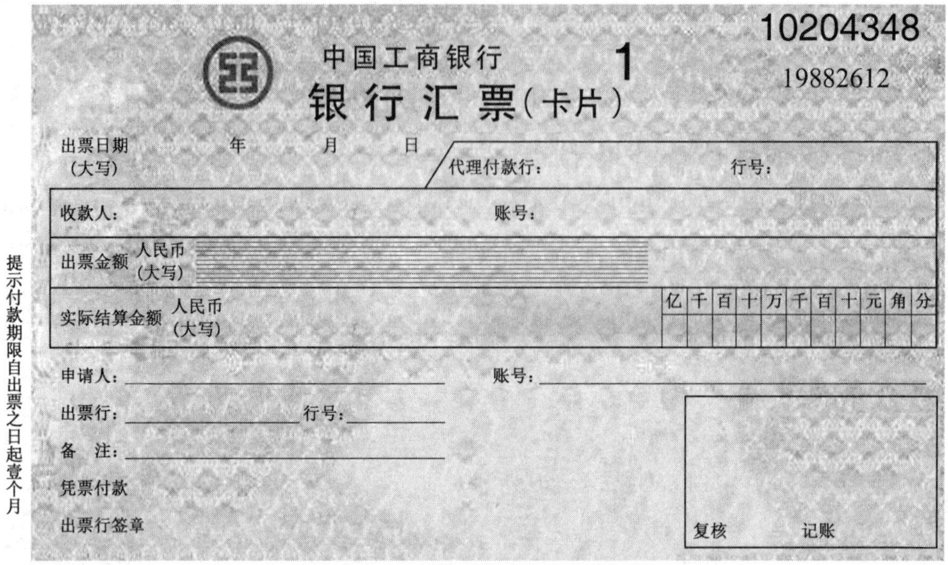
10204348
中国工商银行 1
19882612
银行汇票(卡片)
出票日期（大写） 年 月 日
代理付款行： 行号：
收款人： 账号：
出票金额 人民币（大写）
实际结算金额 人民币（大写） 亿 千 百 十 万 千 百 十 元 角 分
申请人： 账号：
出票行： 行号：
备 注：
凭票付款
出票行签章
复核 记账
提示付款期限自出票之日起壹个月

图 3-41 银行汇票(第一联)(空白)

(3) 付款凭证(空白),如图 3-42 所示。

付 款 凭 证

付字 第____号

贷方科目__________ 年 月 日 附件______张

对方单位	摘 要	借 方 科 目		金 额										记账符号
		总账科目	明细科目	千	百	十	万	千	百	十	元	角	分	
														□
														□
														□
														□
银行结算方式及票号:			合 计											□

会计主管 记账 稽核 出纳 制证

图 3-42 付款凭证(空白)

2. 实训流程

(1) 填写银行汇票业务委托书。

(2) 开户行签发银行汇票。

(3) 持该汇票前往异地办理结算。

(4) 编制记账凭证。

(5)登记银行存款日记账。

3．实训任务

(1)填写业务委托书。

(2)出纳收到银行签发的银行汇票(第二联)。

(3)持该汇票前往异地办理多余款收账结算(第三联、第四联)。

(4)填制记账凭证。

4．实训成果

(1)填制的业务委托书,如图3-43所示。

图3-43 业务委托书(填制后)

(2)填制的银行汇票(第二联),如图3-44所示(第三联同)。

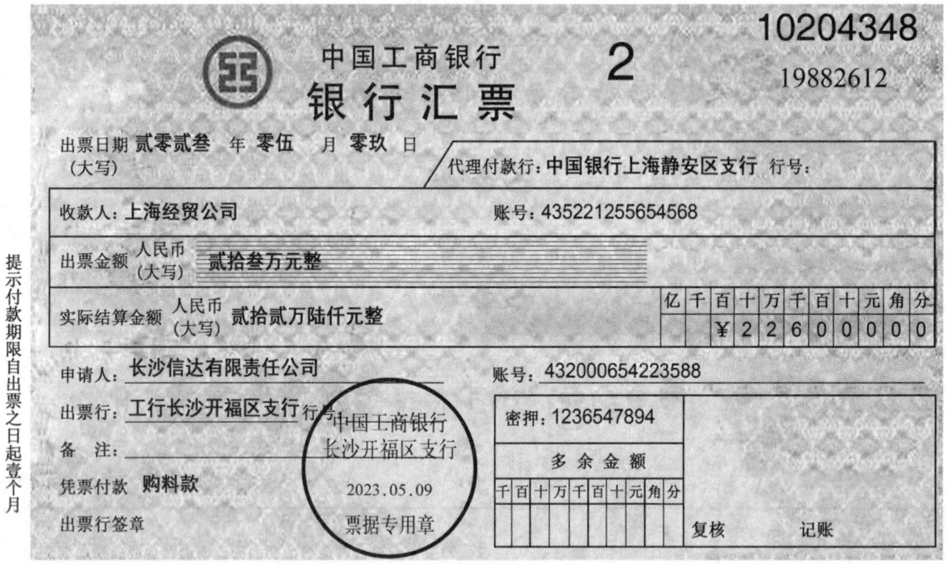
中国工商银行 2
银行汇票
10204348
19882612
出票日期（大写）贰零贰叁 年 零伍 月 零玖 日
代理付款行：中国银行上海静安区支行 行号：
收款人：上海经贸公司 账号：435221255654568
出票金额 人民币（大写） 贰拾叁万元整
实际结算金额 人民币（大写） 贰拾贰万陆仟元整

亿	千	百	十	万	千	百	十	元	角	分
		¥	2	2	6	0	0	0	0	0

申请人：长沙信达有限责任公司 账号：432000654223588
出票行：工行长沙开福区支行 行号：
备 注：
凭票付款 购料款
出票行签章
中国工商银行长沙开福区支行 2023.05.09 票据专用章
密押：1236547894
多余金额
千 百 十 万 千 百 十 元 角 分
复核 记账
提示付款期限自出票之日起壹个月

图 3-44 银行汇票(第二联)(填制后)

(3) 填制后的银行汇票(第四联)，如图 3-45 所示。

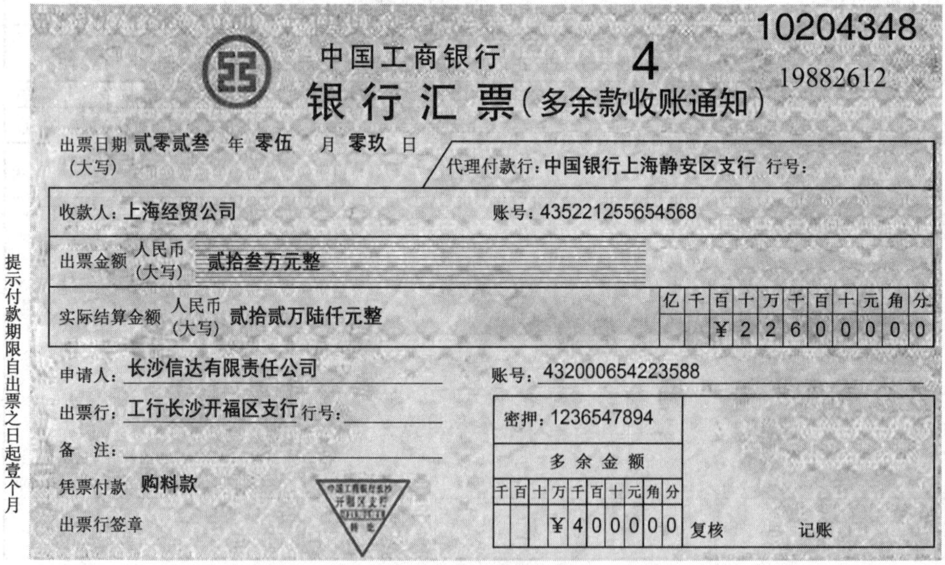
中国工商银行 4
银行汇票(多余款收账通知)
10204348
19882612
出票日期（大写）贰零贰叁 年 零伍 月 零玖 日
代理付款行：中国银行上海静安区支行 行号：
收款人：上海经贸公司 账号：435221255654568
出票金额 人民币（大写） 贰拾叁万元整
实际结算金额 人民币（大写） 贰拾贰万陆仟元整

亿	千	百	十	万	千	百	十	元	角	分
		¥	2	2	6	0	0	0	0	0

申请人：长沙信达有限责任公司 账号：432000654223588
出票行：工行长沙开福区支行 行号：
备 注：
凭票付款 购料款
出票行签章
密押：1236547894
多余金额

千	百	十	万	千	百	十	元	角	分
		¥	4	0	0	0	0	0	

复核 记账
提示付款期限自出票之日起壹个月

图 3-45 银行汇票(填制后)(第四联)

(4) 填制的付款凭证如图 3-46 所示，填制转账凭证和收款凭证分别如图 3-47 和图 3-48 所示。

付 款 凭 证

付字 第 017 号

贷方科目 银行存款   2023 年 5 月 9 日   附件 __2__ 张

对方单位	摘 要	借 方 科 目		金 额										记账
		总账科目	明细科目	千	百	十	万	千	百	十	元	角	分	符号
上海经贸公司	申请办理银行汇票	其他货币资金	银行汇票			2	3	0	0	0	0	0	0	☐
														☐
														☐
														☐
						¥	2	3	0	0	0	0	0	0	☐

会计主管 高清   记账   稽核 陈一民   出纳 钱清   制证 钱清

图 3-46 付款凭证(填制后)

转 账 凭 证

转字 第 026 号

2023 年 5 月 9 日   附件 __3__ 张

摘要	总账科目	明细科目		借 方 金 额									记账	贷 方 金 额									记账
				千	百	十	万	千	百	十	元	角	分	符号	千	百	十	万	千	百	十	元	角	分	符号
购买原材料	原材料	甲材料				2	0	0	0	0	0	0	0	☐											☐
	应交税费	应交增值税（进项税额）				2	6	0	0	0	0	0	☐											☐
	其他货币资金	银行汇票												☐			2	2	6	0	0	0	0	0	☐
														☐											☐
														☐											☐
	合 计			¥	2	2	6	0	0	0	0	0	☐	¥	2	2	6	0	0	0	0	0	☐

会计主管 高清   记账   复核 陈一民   制证

图 3-47 转账凭证(填制后)

收 款 凭 证

收字 第 018 号

借方科目 银行存款   2023 年 5 月 9 日   附件 __1__ 张

对方单位	摘 要	贷 方 科 目		金 额										记账
		总账科目	明细科目	千	百	十	万	千	百	十	元	角	分	符号
上海经贸公司	退回银行汇票余款	其他货币资金	银行汇票					4	0	0	0	0	0	☐
														☐
														☐
														☐
银行结算方式及票号：(略)		合 计					¥	4	0	0	0	0	0	☐

会计主管 高清   记账   稽核 陈一民   出纳 钱清   制证 钱清

图 3-48 收款凭证(填制后)

业务 2：银行汇票收款业务处理。

2023 年 5 月 10 日，销售产品一批，收到南昌科宇公司的银行汇票一张，金额为 50 000 元，实际结算金额为 47 520 元，南昌科宇公司的开户行为中国工商银行南昌东湖区支行，账号为 432000654254321。

1. 实训资料

(1) 银行汇票（第二联），如图 3-49 所示。

图 3-49　银行汇票（第二联）

(2) 进账单（回单）（空白），如图 3-50 所示。

图 3-50　进账单（回单）（空白）

(3) 收款凭证（空白），如图 3-51 所示。

收　款　凭　证

收字第____号

借方科目_____　　　　　　年　月　日　　　　　　附件_____张

对方单位	摘要	贷方科目		金额										记账符号
		总账科目	明细科目	千	百	十	万	千	百	十	元	角	分	
														☐
														☐
														☐
银行结算方式及票号：		合　计												☐

会计主管　　　　记账　　　稽核　　　　出纳　　　　制证

图 3－51　收款凭证(空白)

2. 实训流程

(1) 审核银行汇票。

(2) 填写实际结算金额。

(3) 填写进账单,办理进账手续。

(4) 银行通知收到款项。

(5) 编制记账凭证。

(6) 登记银行存款日记账。

3. 实训任务

(1) 填写实际结算金额。

(2) 填写进账单。

(3) 编制记账凭证。

4. 实训成果

(1) 填制的银行汇票(第三联),如图 3－52 所示。

图 3－52　银行汇票(第三联)(填制后)

（2）收到进账单（回单），如图 3-53 所示。

中国工商银行进账单　　（回单）　1

2023 年 5 月 10 日

出票人	全 称	南昌科宇公司	收款人	全 称	长沙信达有限责任公司										
	账 号	432000654254321		账 号	432000654223588										
	开户银行	中国工商银行南昌东湖区支行		开户银行	中国工商银行长沙开福区支行										
金额	人民币（大写）	肆万柒仟伍佰贰拾元整				千	百	十	万	千	百	十	元	角	分
								¥	4	7	5	2	0	0	0
票据种类	银行汇票		票据张数	1											
票据号码	19861234														
			复核		记账										
						收款人开户银行盖章									

图 3-53　进账单（回单）（填制后）

（3）填制的收款凭证，如图 3-54 所示。

收　款　凭　证

收字 第 019 号

借方科目　银行存款　　　　　2023 年 5 月 10 日　　　　　附件 1 张

对方单位	摘要	贷方科目		金额									记账符号
		总账科目	明细科目	千	百	十	万	千	百	十	元	角	分	
南昌科宇公司	收到货款	其他货币资金	银行汇票				4	7	5	2	0	0	0	☐
														☐
														☐
														☐
银行结算方式及票号：（略）		合　计		¥	4	7	5	2	0	0	0			☐

会计主管　高清　　记账　　　　稽核　陈一民　　　出纳　钱清　　　制证　钱清

图 3-54　收款凭证（填制后）

【任务考核】

任务考核表

实训任务	
实训目标	
实训收获	

续 表

评价主体	评价项目		分值	评价得分	加权得分
组员评价	职业素养	考勤	5		
		课堂表现	15		
	职业技能	任务完成度	25		
		任务完成质量	30		
	职业团队	沟通能力	10		
		协调能力	15		
小 计			100		
组长评价	职业素养	考勤	5		
		课堂表现	15		
	职业技能	任务完成度	25		
		任务完成质量	30		
	职业团队	沟通能力	10		
		协调能力	15		
小 计			100		
教师评价	职业素养	考勤	5		
		课堂表现	15		
	职业技能	任务完成度	25		
		任务完成质量	30		
	职业团队	沟通能力	10		
		协调能力	15		
小 计			100		
合 计					

学生签字： 日期：

实训任务四 银行本票业务的办理

【任务导入】

长沙信达有限责任公司出纳员钱清需要办理同城的结算业务,银行本票是个不错的选择。钱清去银行申请签发了银行本票支付金星装饰公司工程款,还收到了长沙恒泰公司的一张银行本票,办理了进账手续。如果你是钱清,什么情况可以使用银行本票?签发银行本票要注意些什么?如果要去银行办理进账手续该如何办理?

【任务目标】

一、技能目标

(1)能准确填写银行本票业务委托书。
(2)能准确进行银行本票付款业务的账务处理。
(3)能准确填写进账单及银行本票背面信息。
(4)能准确进行银行本票收款业务的账务处理。

二、素养目标

(1)培养严谨的工作态度。
(2)培养团队协作精神。

【任务准备】

银行本票是申请人将款项交存银行,由银行签发的承诺自己在见票时无条件支付确定的金额给收款人或者持票人的票据。银行本票按照其金额是否固定可分为不定额银行本票和定额银行本票两种。不定额银行本票是指凭证上的金额栏是空白的,签发时根据实际需要填写金额(起点金额为 100 元),并用压数机压印金额的银行本票;定额银行本票是指凭证上预先印有固定面额的银行本票。

银行本票可以用于转账,填明"现金"字样的银行本票,也可以用于支取现金,现金银行本票的申请人和收款人均为个人;银行本票也可以背书转让,但填明"现金"字样的银行本票不能背书转让;银行本票的提示付款期限自出票日起 2 个月,到期日遇到节假日顺延,超过付款期限的银行本票,银行不予受理。

一、申请签发银行本票的处理流程

申请人办理银行本票应向银行填写银行本票业务委托书,详细填明收款人的名称、金额、日期等内容,并加盖预留银行印鉴。银行本票业务委托书,一式三联,第一联记账联留存受理业务银行,据以记账;第二联发报或出票依据,传递给收款银行;第三联回单联退回申请人。

(1)填写银行本票委托书。
(2)申请签发银行本票。

（3）编制记账凭证。

（4）登记银行存款日记账。

二、银行本票收款业务的处理流程

（1）审核银行本票的真实性、完整性、合法性。

（2）填写银行本票背面信息和进账单。

（3）编制记账凭证。

（4）登记银行存款日记账。

【任务实施】

业务 1：申请签发银行本票。

2023 年 5 月 15 日，长沙信达有限责任公司出纳员钱清向开户行申请签发银行本票 15 万元，用于支付长沙金星装饰公司工程款。

1. 实训资料

（1）银行本票业务委托书（空白），如图 3－55 所示。

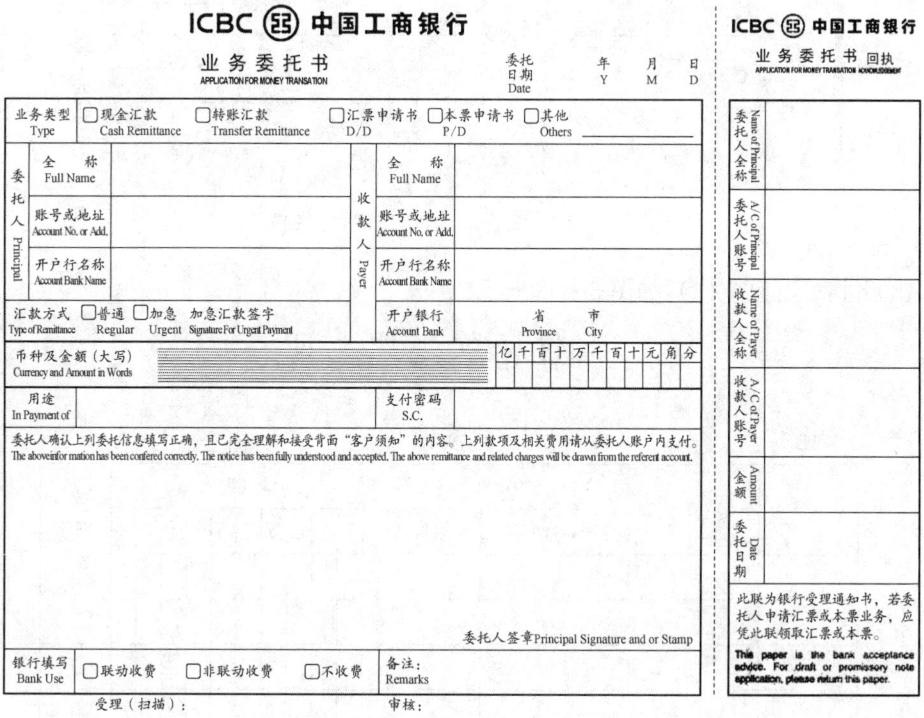
ICBC 中国工商银行

业务委托书 APPLICATION FOR MONEY TRANSATION

委托日期 Date　年 Y　月 M　日 D

业务类型 Type	□现金汇款 Cash Remittance　□转账汇款 Transfer Remittance　□汇票申请书 D/D　□本票申请书 P/D　□其他 Others		
委托人 Principal 全称 Full Name		收款人 Payer 全称 Full Name	
账号或地址 Account No. or Add.		账号或地址 Account No. or Add.	
开户行名称 Account Bank Name		开户行名称 Account Bank Name	
汇款方式 Type of Remittance	□普通 Regular　□加急 Urgent　加急汇款签字 Signature For Urgent Payment	开户银行 Account Bank	省 Province　市 City
币种及金额（大写） Currency and Amount in Words		亿 千 百 十 万 千 百 十 元 角 分	
用途 In Payment of		支付密码 S.C.	

委托人确认上列委托信息填写正确，且已完全理解和接受背面"客户须知"的内容。上列款项及相关费用请从委托人账户内支付。The aboveinfor mation has been confered correctly. The notice has been fully understood and accepted. The above remittance and related charges will be drawn from the referent account.

委托人签章 Principal Signature and or Stamp

银行填写 Bank Use　□联动收费　□非联动收费　□不收费　备注：Remarks

受理（扫描）：　审核：

正联(2023) Firgt Page　上海恒晨印刷厂印制　210×150 mm

ICBC 中国工商银行　业务委托书 回执 APPLICATION FOR MONEY TRANSATION ACKNOWLEDGEMENT

委托人全称 Name of Principal	
委托人账号 A/C of Principal	
收款人全称 Name of Payer	
收款人账号 A/C of Payer	
金额 Amount	
委托日期 Date	

此联为银行受理通知书，若委托人申请汇票或本票业务，应凭此联领取汇票或本票。

This paper is the bank acceptance advice. For draft or promissory note application, please return this paper.

图 3－55　银行本票业务委托书（空白）

（2）银行本票（第一联）（空白），如图3-56所示。

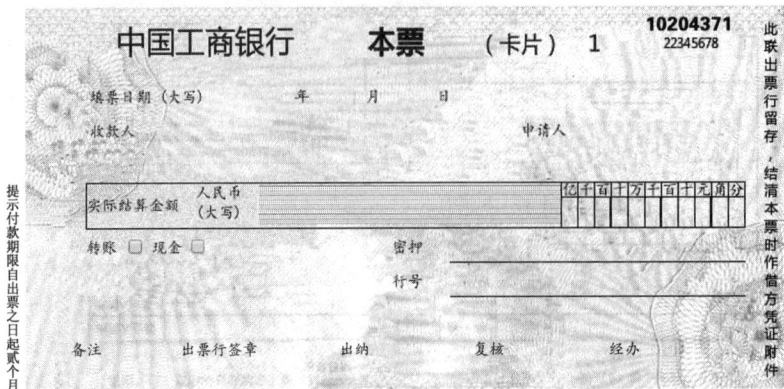

图3-56　银行本票（第一联）（空白）

（3）银行本票（第二联）（空白），如图3-57所示。

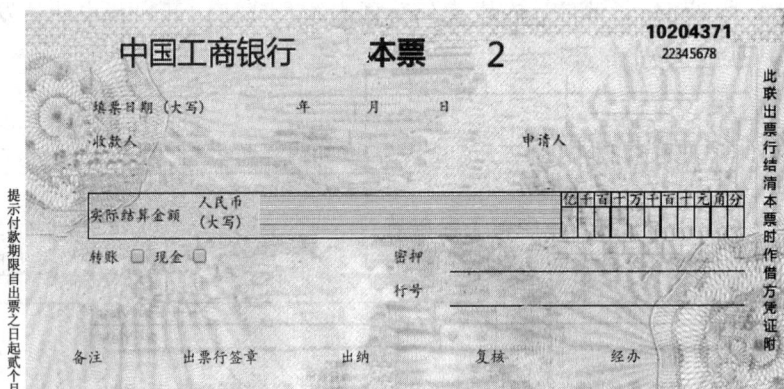

图3-57　银行本票（第二联）（空白）

（4）付款凭证（空白），如图3-58所示。

付 款 凭 证

付字 第____号

贷方科目_____　　　　　年　月　日　　　　　　附件_____张

对方单位	摘　要	借方科目		金　额										记账
		总账科目	明细科目	千	百	十	万	千	百	十	元	角	分	符号
														☐
														☐
														☐
														☐
银行结算方式及票号：		合　　计												☐

会计主管　　　　　记账　　　　　稽核　　　　　出纳　　　　　制证

图3-58　付款凭证（空白）

2. 实训流程

(1) 填写银行本票委托书。申请人办理银行本票,应向银行填写银行本票委托书,详细填明收款人的名称、金额、日期,并加盖预留银行印鉴。

(2) 申请办理银行本票。银行受理企业递交的一式三联的银行本票业务委托书,在收妥款项之后,据以签发银行本票。

(3) 持银行本票结算。

(4) 填制记账凭证。

3. 实训任务

(1) 填写银行本票业务委托书。

(2) 申请办理银行本票。

(3) 填制记账凭证。

4. 实训成果

(1) 填制的银行本票业务委托书,如图 3-59 所示。

ICBC 中国工商银行

业务委托书
APPLICATION FOR MONEY TRANSATION

委托日期 Date 2023 年 Y 5 月 M 15 日 D

业务类型 Type	□现金汇款 Cash Remittance	□转账汇款 Transfer Remittance	□汇票申请书 D/D	☑本票申请书 P/D	□其他 Others ______

委托人 Principal	全称 Full Name	长沙信达有限责任公司	收款人 Payer	全称 Full Name	长沙金星装饰公司
	账号或地址 Account No. or Add.	432000654223588		账号或地址 Account No. or Add.	432123456783569
	开户行名称 Account Bank Name	中国工商银行长沙开福区支行		开户行名称 Account Bank Name	中国建设银行长沙芙蓉区支行
汇款方式 Type of Remittance	☑普通 Regular □加急 Urgent 加急汇款签字 Signature For Urgent Payment			开户银行 Account Bank	湖南 省 Province 长沙 市 City

		亿	千	百	十	万	千	百	十	元	角	分
币种及金额(大写) Currency and Amount in Words	人民币壹拾伍万元整			¥	1	5	0	0	0	0	0	0

用途 In Payment of	支付工程款	支付密码 S.C.	

委托人确认上列委托信息填写正确,且已完全理解和接受背面"客户须知"的内容。上列款项及相关费用请从委托人账户内支付。
The above information has been confered correctly. The notice has been fully understood and accepted. The above remittance and related charges will be drawn from the referent account.

长沙信达有限责任公司 财务专用章　　陈铭之印

委托人签章 Principal Signature and or Stamp

银行填写 Bank Use	□联动收费	□非联动收费	□不收费	备注: Remarks

受理(扫描):　　审核:

正联(2023) First Page　上海恒晨印刷厂印制　210×150 mm

图 3-59　银行本票业务委托书(填制后)

(2) 银行签发银行本票(第一联),如图 3-60 所示。

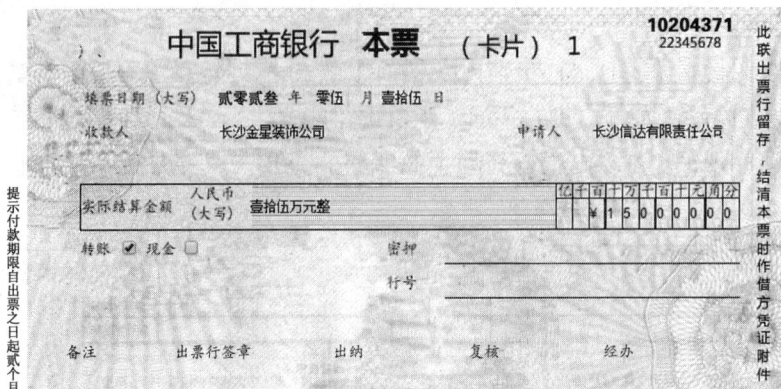

图 3-60 银行本票(第一联)

(3) 银行签发银行本票(第二联),如图 3-61 所示。

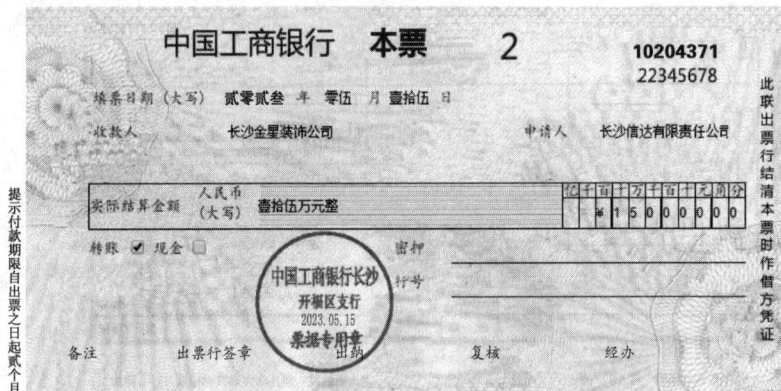

图 3-61 银行本票(第二联)

(4) 填制的付款凭证,如图 3-62 所示。

付 款 凭 证

付字 第_023_号

贷方科目 银行存款　　　　　2023 年 5 月 15 日　　　　　附件____2____张

对方单位	摘 要	借方科目		金 额											记账符号
		总账科目	明细科目	千	百	十	万	千	百	十	元	角	分	
长沙金星装饰公司	申请办理银行本票	其他货币资金	银行本票		1	5	0	0	0	0	0	0		☐
														☐
														☐
														☐
					¥	1	5	0	0	0	0	0	0	☐

会计主管 高清　　　记账　　　　稽核 陈一民　　　出纳 钱清　　　制证 钱清

图 3-62 付款凭证(填制后)

业务 2：银行本票收款业务处理。

2023 年 5 月 16 日，长沙信达有限责任公司收到长沙恒泰公司的银行本票一张，支付货款 100 000 元，增值税 13 000 元，共计 113 000 元，出纳员钱清去银行办理进账手续。长沙恒泰公司的开户行为中国交通银行长沙天心区支行，账号为 435648791234567。

1. 实训资料

（1）收到银行本票，如图 3－63 所示。

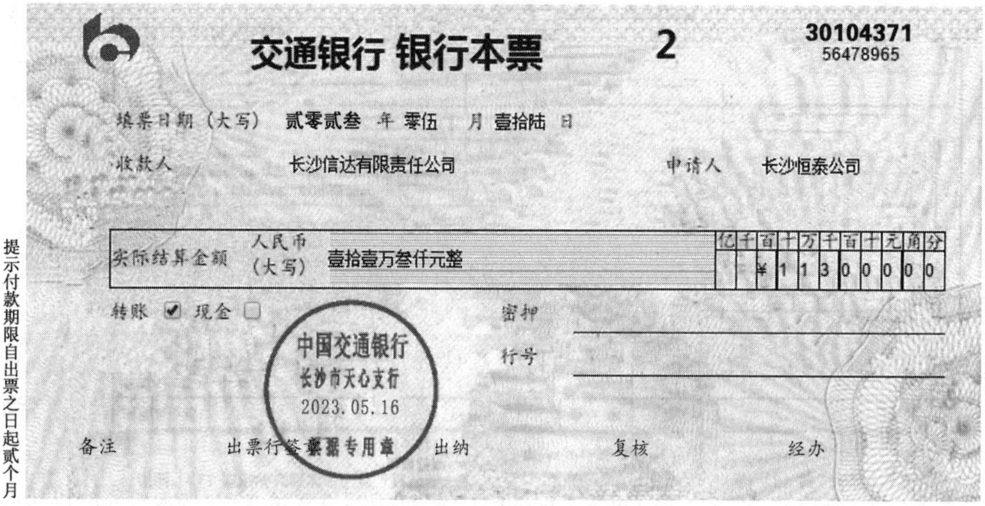
交通银行 银行本票　2　30104371 56478965

提示付款期限自出票之日起贰个月

出票日期（大写）贰零贰叁 年 零伍 月 壹拾陆 日

收款人 长沙信达有限责任公司　申请人 长沙恒泰公司

实际结算金额	人民币（大写）	壹拾壹万叁仟元整	亿	千	百	十	万	千	百	十	元	角	分
					¥	1	1	3	0	0	0	0	0

转账 ☑　现金 ☐　密押　行号

中国交通银行 长沙市天心支行 2023.05.16 票据专用章

备注　出票行签章　出纳　复核　经办

图 3－63　银行本票

（2）进账单（回单）（空白），如图 3－64 所示。

中国工商银行进账单　（回单）　1

年　　月　　日

出票人	全　称		收款人	全　称	
	账　号			账　号	
	开户银行			开户银行	
金额	人民币（大写）			千 百 十 万 千 百 十 元 角 分	
票据种类		票据张数			
票据号码					
复核　记账				收款人开户银行盖章	

图 3－64　进账单（回单）（空白）

（3）收款凭证（空白），如图 3－65 所示。

收　款　凭　证

收字 第＿＿号

借方科目＿＿＿＿＿　　　　　年 月 日　　　　　附件＿＿＿＿张

对方单位	摘　要	贷 方 科 目		金　额										记账
		总账科目	明细科目	千	百	十	万	千	百	十	元	角	分	符号
														□
														□
														□
银行结算方式及票号：			合　计											□

会计主管　　　记账　　　稽核　　　出纳　　　制证

图 3 - 65　收款凭证(空白)

2. 实训流程

(1) 审查银行本票。收款人持银行本票到本单位的开户银行办理收款进账手续,在办理收款进账时,收款人应审查下列事项:收款人是否为本单位;银行本票是否在提示付款期内;必须载明的事项是否齐全;出票行签章是否符合规定;大小写出票金额是否一致;出票金额和出票日期是否有更改等。收款人确定银行本票审核无误后,在银行本票背面,持票人向银行提示付款签章处,加盖预留银行印章。

(2) 填写进账单。收款人根据审核无误的银行本票,填写进账单,将银行本票连同进账单一并交给开户银行办理进账。经银行审核无误后在进账单的回单上加盖银行印章,退回收款人。

(3) 填制记账凭证。

3. 实训任务

(1) 审核银行本票。

(2) 填写进账单。

(3) 填制记账凭证。

4. 实训成果

(1) 收到进账单(回单),如图 3 - 66 所示。

中国工商银行进账单　　(回单)　　1
2023 年 5 月 16 日

出票人	全　称	长沙恒泰公司	收款人	全　称	长沙信达有限责任公司
	账　号	435648791234567		账　号	432000654223588
	开户银行	中国交通银行长沙天心区支行		开户银行	中国工商银行长沙开福区支行

| 金额 | 人民币(大写) | 壹拾壹万叁仟元整 | | | | | | | | 千 百 十 万 千 百 十 元 角 分 |

票据种类 银行本票　　　票据张数 1

票据号码 56478965

复核　　　记账

图 3 - 66　进账单(回单)(填制后)

（2）填制的收款凭证,如图3-67所示。

收　款　凭　证

收字 第 024 号

借方科目 银行存款　　　2023年 5 月 16 日　　　附件 2 张

对方单位	摘　要	贷 方 科 目		金　额										记账
		总账科目	明细科目	千	百	十	万	千	百	十	元	角	分	符号
长沙恒泰公司	办理银行本票进账	其他货币资金	银行本票		1	1	3	0	0	0	0	0	0	□
														□
														□
														□
银行结算方式及票号:（略）		合　计		¥	1	1	3	0	0	0	0	0	0	□

会计主管 高清　　记账　　　稽核 陈一民　　出纳 钱清　　制证 钱清

图3-67　收款凭证(填制后)

【任务考核】

任务考核表

实训任务					
实训目标					
实训收获					
评价主体		评价项目	分值	评价得分	加权得分
组员评价	职业素养	考勤	5		
		课堂表现	15		
	职业技能	任务完成度	25		
		任务完成质量	30		
	职业团队	沟通能力	10		
		协调能力	15		
	小　计		100		
组长评价	职业素养	考勤	5		
		课堂表现	15		
	职业技能	任务完成度	25		
		任务完成质量	30		
	职业团队	沟通能力	10		
		协调能力	15		
	小　计		100		

续　表

教师评价	职业素养	考勤	5	
		课堂表现	15	
	职业技能	任务完成度	25	
		任务完成质量	30	
	职业团队	沟通能力	10	
		协调能力	15	
小　计			100	
合　计				

学生签字：　　　　　　　　　　　日期：

实训任务五　商业汇票业务的办理

【任务导入】

长沙信达有限责任公司最近在资金周转上出现困难,账面资金不足以支付一笔较大的货款。出纳员钱清找到财务经理高清咨询这笔货款应该如何处理,高清告知钱清可以去申请一张银行承兑汇票。银行承兑汇票可以延缓支付货款,最长期限为6个月。于是钱清先打电话到开户银行咨询银行承兑汇票办理事宜,了解遇到什么情况才能够申请开具银行承兑汇票,以及需要携带和填写什么资料。

咨询完毕后,钱清对银行承兑汇票有了进一步了解。她同时思考一个问题:如果自己公司收到了一张银行承兑汇票,应该如何处理呢? 于是她想到了背书和贴现的办法。

【任务目标】

一、技能目标

(1)能准确签发银行承兑汇票。
(2)能准确进行银行承兑汇票付款业务的账务处理。
(3)能准确审核银行承兑汇票。
(4)能准确填制委托收款凭证。
(5)能准确进行银行承兑汇票收款业务的账务处理。

二、素养目标

(1) 培养严谨的工作态度。

(2) 培养团队协作精神。

【任务准备】

商业汇票是指由出票人签发的,委托付款人在指定日期无条件支付确定金额给收款人或者持票人的票据。在实际工作中,商业汇票是企业之间进行交易最普遍的一种结算方式,它促进了商业的发展。商业汇票的付款期间,最长不得超过 6 个月。商业汇票在同城和异地均可使用。根据承兑人的不同,商业汇票分为银行承兑汇票与商业承兑汇票(银行承兑汇票和商业承兑汇票的业务处理有很多相似之处,在本任务中只着重描述银行承兑汇票)。

银行承兑汇票属于商业汇票的一种,是由在承兑银行开立存款账户的存款人出票,向开户行申请并经银行审查同意承兑的,保证在指定日期无条件支付确定的金额给收款人或持票人的票据。

一、银行承兑汇票付款的处理流程

(1) 申请签发银行承兑汇票。向开户行提出申请,填写银行承兑汇票申请书,提供相应的申请资料。

(2) 转存保证金。提出申请后,经银行审核完成,出纳应向银行指定账户存入保证金或办理担保。存入保证金以转账支票的形式来支付,并填写进账单。

(3) 开户行签发银行承兑汇票。银行承兑汇票第一联,留承兑行备查。第二联,可作为支付结算的凭证由出纳暂时保管。出纳应及时将银行签发的银行承兑汇票登记到备查簿中。同时,将银行承兑汇票正联复印两份,一份用于做账,另一份用于留底备查。

(4) 兑付票款,编制记账凭证。银行承兑汇票交给收款方后,出纳应在票据到期前将足额的票款存入付款账号。到期后,出纳会收到银行的付款通知,出纳应将付款通知与银行承兑汇票内容进行核对,确认无误之后,通知银行把款项划给收款人。

当票据到期之后,若企业无力支付,银行会将账户余额与保证金一并扣除,再垫付企业不足支付部分的金额部分给收款人。由银行垫付的部分,银行要收取每日万分之五的利息,并且会给企业留下不良记录。

二、银行承兑汇票收款的处理流程

企业持有银行承兑汇票可有三种途径将其进行处置。如果银行承兑汇票已经到期,出纳应在到期日起 10 日之内向银行提示付款,办理托收手续。如果银行承兑汇票未到期,可以采用背书转让的方式或者办理贴现手续。

（一）到期托收

到期托收的处理流程如下：

（1）向银行提示付款。

（2）填制托收凭证。

（3）向银行提交资料。

（4）收到收账通知。

（二）背书转让

将银行承兑汇票背书即可用于支付结算。银行承兑汇票可以进行多次背书,但是背书一定要连续满足斜线一致的原则,即后一个背书人,一定是前一个的被背书人。如果多次背书,可使用粘单进行连续背书,但要在粘单的骑缝线处盖骑缝章。背书转让的处理流程如下：

（1）填写背书信息并盖章。

（2）持票结算。

（三）贴现

贴现是指汇票持有人将未到期的银行承兑汇票交给银行,银行按照票面金额扣除贴现息之后将剩余金额交给持票人的行为。贴现的处理流程如下：

（1）计算贴现息,填写贴现凭证。

（2）将银行承兑汇票转让给银行,银行审查无误后,将贴现金额直接划拨到公司账上。

【任务实施】

业务 1：申请签发银行承兑汇票。

2023 年 5 月 11 日,长沙信达有限责任公司支付武汉铭才有限责任公司一笔货款,金额为 113 万元。如果将这笔款项一次性支付,会影响后期的经营活动,于是钱清去开户行申请签发了一张银行承兑汇票,期限为 6 个月。武汉铭才有限责任公司开户银行为中国农业银行武汉江汉区支行,账号为 32015312345612345。5 月 13 日,长沙信达有限责任公司将 5 万元保证金存入指定账户,账号为 432000654123456。

1. 实训资料

（1）承兑汇票申请书（空白）,如图 3 - 68 所示。

中国工商银行长沙分行

<u>承兑汇票申请书</u>

我单位遵守中国人民银行《商业汇票管理办法》的一切规定,向贵行申请承兑。票据内容如下:

申请单位		开户银行		账号	
汇票号码					
汇票金额(大写)					
出票日期(大写)					
汇票到期日(大写)					
承兑银行					
收款人	收款人全称				
	开户行				
	账户				
申请承兑合计金额					
申请承兑的原因和用途:					
申请单位(公章)		法人代表: 签章: 年　月　日			

注:本申请书一式三份,两份提交银行,一份由申请单位自留。

图 3 - 68　承兑汇票申请书(空白)

(2) 转账支票(空白),如图 3 - 69 所示。

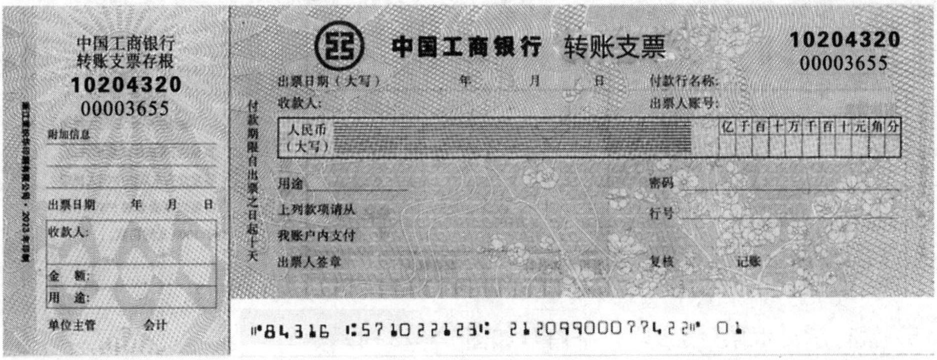

图 3 - 69　转账支票(空白)

（3）进账单（回单）（空白），如图 3 - 70 所示。

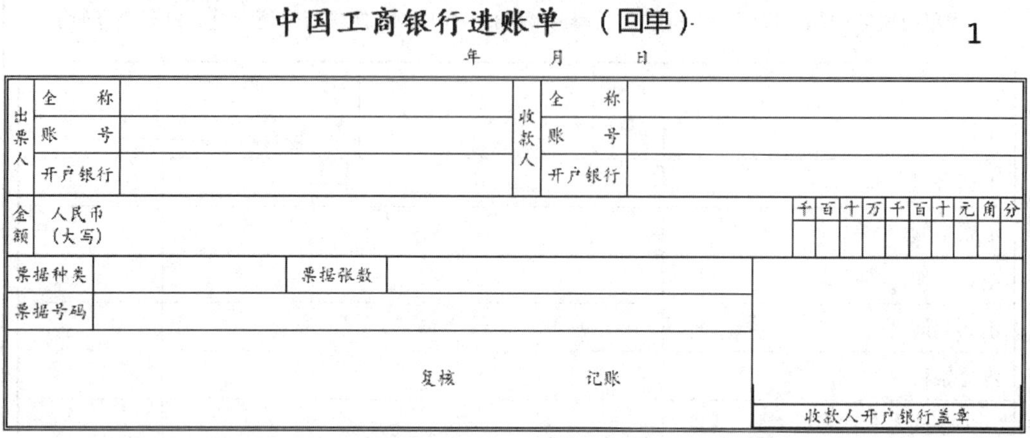

中国工商银行进账单　（回单）

年　月　日

出票人	全称		收款人	全称	
	账号			账号	
	开户银行			开户银行	

金额	人民币（大写）					千	百	十	万	千	百	十	元	角	分

票据种类		票据张数		
票据号码				

复核　　　　记账

收款人开户银行盖章

图 3 - 70　进账单（回单）（空白）

（4）银行承兑汇票（第一联）（空白），如图 3 - 71 所示。

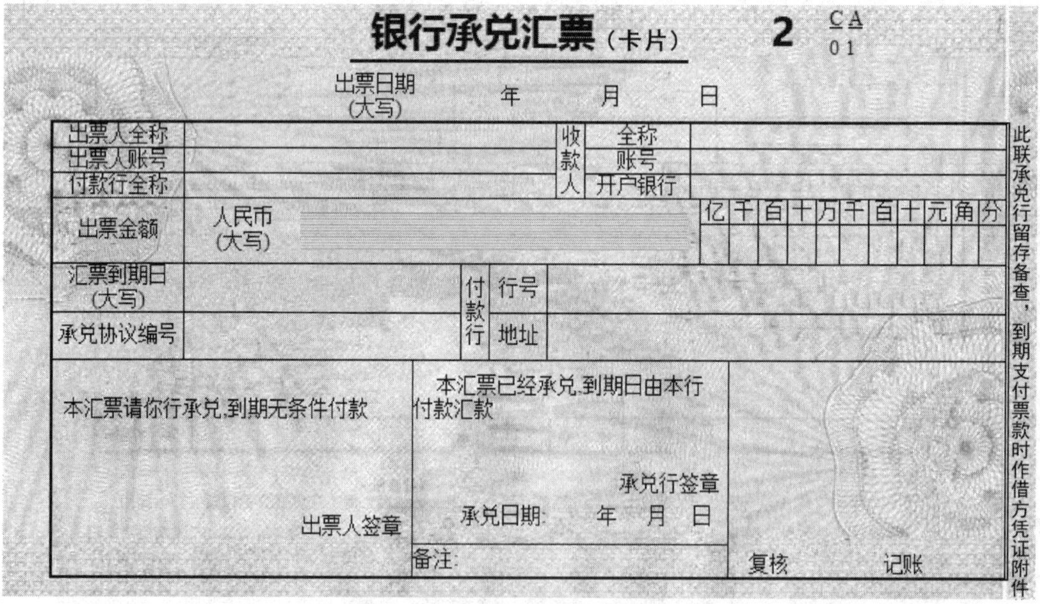

银行承兑汇票（卡片）　2　CA 01

出票日期（大写）　年　月　日

出票人全称		收款人	全称	
出票人账号			账号	
付款行全称			开户银行	

出票金额	人民币（大写）		亿	千	百	十	万	千	百	十	元	角	分

汇票到期日（大写）		付款行	行号	
承兑协议编号			地址	

本汇票请你行承兑,到期无条件付款	本汇票已经承兑,到期日由本行付款汇款
出票人签章	承兑行签章　承兑日期：年　月　日
	备注:

复核　　　记账

此联承兑行留存备查，到期支付票款时作借方凭证附件

图 3 - 71　银行承兑汇票（第一联）（空白）

（5）银行承兑汇票（第二联）（空白），如图 3 - 72 所示。

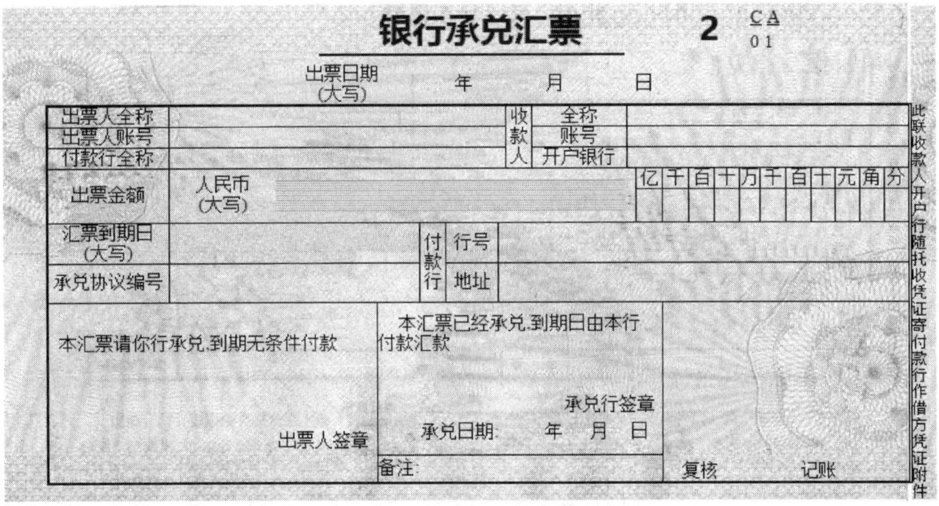

图 3-72 银行承兑汇票(第二联)(空白)

(6) 付款凭证(空白),如图 3-73 所示。

付 款 凭 证

付字 第___号

贷方科目_____   年 月 日   附件_____张

| 对方单位 | 摘要 | 借方科目 | | 金额 | | | | | | | | | 记账 |
		总账科目	明细科目	千	百	十	万	千	百	十	元	角	分	符号
														□
														□
														□
														□
银行结算方式及票号:			合 计											□

会计主管   记账   稽核   出纳   制证

图 3-73 付款凭证(空白)

2. 实训流程

(1) 申请签发银行承兑汇票。

(2) 开出转账支票,转存保证金至指定账户,并填写进账单。

(3) 开户行签发银行承兑汇票。

(4) 支付货款。

(5) 编制记账凭证。

3. 实训任务

(1) 填写承兑汇票申请书。

（2）填制转账支票和进账单。

（3）取得银行承兑汇票。

（4）填制记账凭证。

4. 实训成果

（1）填制的承兑汇票申请书，如图 3-74 所示。

中国工商银行长沙分行

承兑汇票申请书

我单位遵守中国人民银行《商业汇票管理办法》的一切规定，向贵行申请承兑。票据内容如下：

申请单位	长沙信达有限责任公司	开户银行	中国工商银行长沙开福区支行	账号	432000654223588	
汇票号码						
汇票金额（大写）		人民币壹佰壹拾叁万元整				
出票日期（大写）		贰零贰叁年零伍月壹拾壹日				
汇票到期日（大写）		贰零贰叁年壹拾壹月壹拾壹日				
承兑银行		中国工商银行长沙开福区支行				
收款人	收款人全称	武汉铭才有限责任公司				
	开户行	中国农业银行武汉江汉区支行				
	账户	32015312345612345				
申请承兑合计金额		人民币壹佰壹拾叁万元整				
申请承兑的原因和用途： 　　支付货款						
申请单位 　　（长沙信达有限责任公司财务专用章）		法人代表： 签章： （陈铭之印） 　　　　2023 年 5 月 11 日				

注：本申请书一式三份，两份提交银行，一份由申请单位自留。

图 3-74　承兑汇票申请书（填制后）

（2）填制的转账支票，如图 3-75 所示。

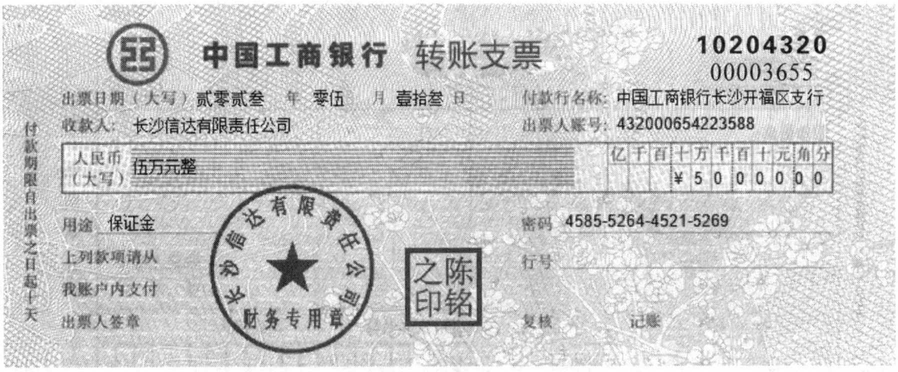

图 3-75　转账支票(填制后)

(3) 进账单(贷方凭证),如图 3-76 所示。

图 3-76　进账单(贷方凭证)

(4) 银行承兑汇票(第一联),如图 3-77 所示。

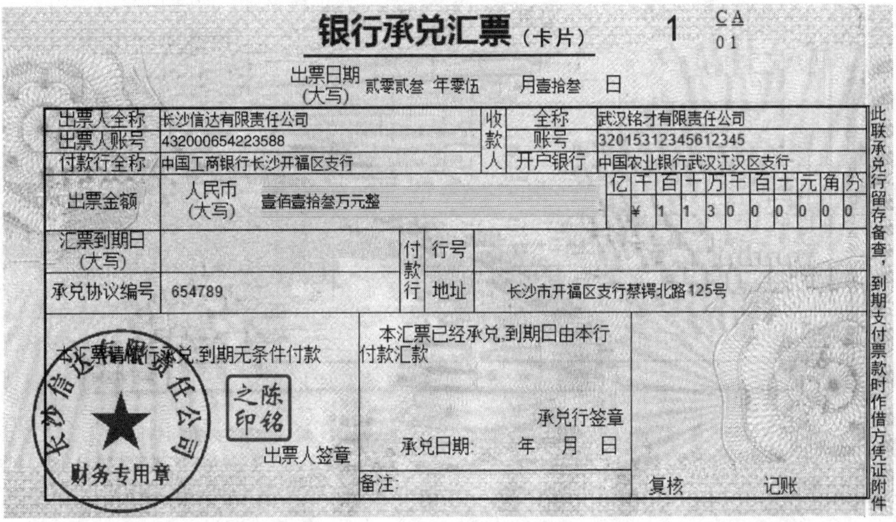

图 3-77　银行承兑汇票(第一联)(填制后)

(5) 填制的银行承兑汇票(第二联),如图 3-78 所示。

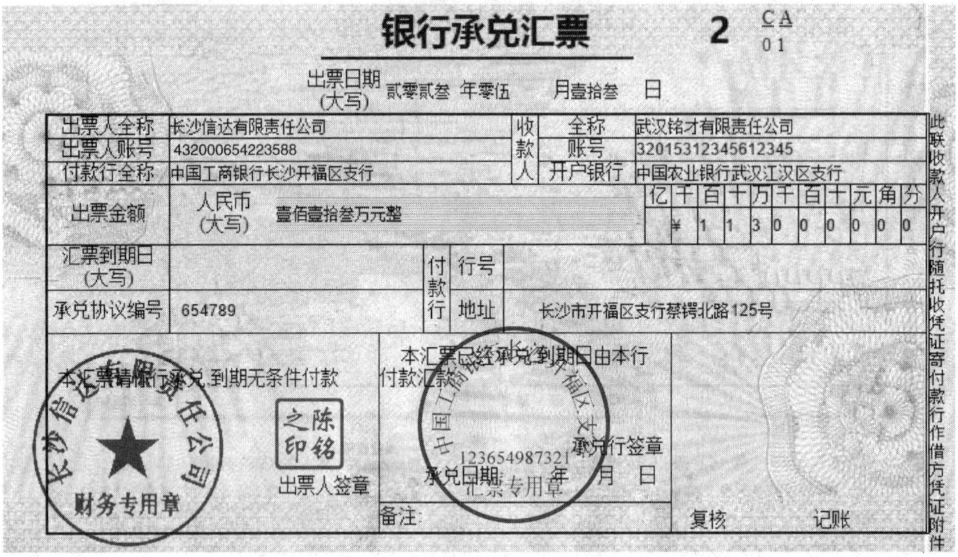

银行承兑汇票　2　CA 01

出票日期(大写) 贰零贰叁 年零伍 月壹拾叁 日

出票人全称	长沙信达有限责任公司	收款人	全称	武汉铭才有限责任公司
出票人账号	432000654223588		账号	32015312345612345
付款行全称	中国工商银行长沙开福区支行		开户银行	中国农业银行武汉江汉区支行
出票金额	人民币(大写) 壹佰壹拾叁万元整		亿千百十万千百十元角分	¥ 1 1 3 0 0 0 0 0 0
汇票到期日(大写)		付款行	行号	
承兑协议编号	654789		地址	长沙市开福区支行蔡锷北路125号

本汇票请你行承兑,到期无条件付款　出票人签章

本汇票已经承兑,到期日由本行付款　承兑行签章　承兑日期 年 月 日　123654987321

备注:　复核　记账

此联收款人开户行随托收凭证寄付款行作借方凭证附件

图 3-78　银行承兑汇票(第二联)(填制后)

(6) 到期支付货款的付款凭证(这张凭证不在 5 月份登记银行存款日记账),如图 3-79 所示。

付　款　凭　证

付字 第 241 号

贷方科目 银行存款　　2023 年 11 月 11 日　　附件 2 张

对方单位	摘要	借方科目		金额										记账符号
		总账科目	明细科目	千	百	十	万	千	百	十	元	角	分	
武汉铭才有限责任公司	支付货款	应付票据	武汉铭才有限责任公司		1	1	3	0	0	0	0	0	0	□
														□
														□
														□
				¥	1	1	3	0	0	0	0	0	0	□

会计主管 高清　记账　稽核 陈一民　出纳 钱清　制证 钱清

图 3-79　付款凭证(填制后)

文本:委托收款协议

业务 2:开具转账支票结算材料款。

2023 年 5 月 16 日,长沙信达有限责任公司向武汉万达商贸公司销售一批货物,合同编号为 773847,货款为 56 500 元,双方约定采用银行承兑汇票结算,协议编号为 587168。

武汉万达商贸公司于 2023 年 5 月 16 日，先委托银行签发一张银行承兑汇票，该汇票承兑期为 6 个月，于 2023 年 11 月 16 日到期。武汉万达商贸公司开户行为中国农业银行武汉洪山区支行，账号为 32015312345678978。

1. 实训资料

(1) 银行承兑汇票(第二联)(空白)，如图 3－80 所示。

银行承兑汇票 2 CA 01

出票日期(大写) 年 月 日

出票人全称		收款人	全称	
出票人账号			账号	
付款行全称			开户银行	
出票金额	人民币(大写)			亿 千 百 十 万 千 百 十 元 角 分
汇票到期日(大写)		付款行	行号	
承兑协议编号			地址	
本汇票请你行承兑,到期无条件付款 出票人签章	本汇票已经承兑,到期日由本行付款汇款 承兑行签章 承兑日期: 年 月 日			
	备注:			复核 记账

此联收款人开户行随托收凭证寄付款行作借方凭证附件

图 3－80 银行承兑汇票(第二联)

(2) 托收凭证(空白)，如图 3－81 所示。

托收凭证(受理回单) 1

委托日期: 年 月 日

业务类型	委托收款(□ 邮划、□ 电划)			托收承付(□ 邮划、□ 电划)		
付款人	全称		收款人	全称		
	账号			账号		
	地址 省 市县 开户行			地址 省 市县 开户行		
金额	人民币(大写)				千 百 十 万 千 百 十 元 角 分	
款项内容		托收凭据名称		附寄单证张数		
商品发运情况			合同名称号码			
备注: 复核 记账		款项收妥日期 年 月 日		收款人开户银行签章 年 月 日		

此联作收款人开户银行给收款人的受理回单

图 3－81 托收凭证(空白)

(3) 收款凭证(空白)，如图 3－82 所示。

收　款　凭　证

收字 第＿＿号

借方科目＿＿＿＿＿　　　年　月　日　　　　　　附件＿＿＿＿张

对方单位	摘要	贷方科目		金额										记账符号
		总账科目	明细科目	千	百	十	万	千	百	十	元	角	分	
														☐
														☐
														☐
														☐
														☐
银行结算方式及票号：			合　计											☐

会计主管　　　　　记账　　　　稽核　　　　　　　出纳　　　　　制证

图 3‑82　收款凭证（空白）

2．实训流程

（1）审核银行承兑汇票。

（2）填写委托收款凭证。

（3）银行受理委托收款的托收凭证。

（4）收到开户行收款通知。

（5）编制记账凭证。

3．实训任务

（1）审核银行承兑汇票。

（2）填写托收凭证（第一联、第四联）。

（3）编制记账凭证。

4．实训成果

（1）填制的银行承兑汇票（第二联），如图 3‑83 所示。

图 3‑83　银行承兑汇票（第二联）（填制后）

（2）填制的托收凭证(受理回单)和托收凭证(收账通知)，如图 3-84、图 3-85 所示。

托收凭证(受理回单)　　　1

委托日期：2023 年 11 月 16 日

业务类型	委托收款(☐ 邮划、☑ 电划)			托收承付(☐ 邮划、☐ 电划)												
付款人	全称	武汉万达商贸公司		收款人	全称	长沙信达有限责任公司										
	账号	32015312345678978			账号	432000654223588										
	地址	湖北 省武汉 市县 开户行 中国农业银行武汉洪山区支行			地址	湖南 省 长沙 市县 开户行 中国工商银行长沙开福区支行										
金额	人民币(大写)	伍万陆仟伍佰元整					千	百	十	万 ¥5	千6	百5	十0	元0	角0	分0
款项内容	货款		托收凭据名称	银行承兑汇票、销售发票		附寄单证张数	3									
商品发运情况	已发运			合同名称号码		773847										

备注：

款项收妥日期

复核　　记账　　　年 月 日

收款人开户银行签章　　年 月 日

图 3-84　托收凭证(受理回单)

托收凭证（收账通知）　　　4

委托日期：2023 年 11 月 16 日

业务类型	委托收款(☐ 邮划、☑ 电划)			托收承付(☐ 邮划、☐ 电划)												
付款人	全称	武汉万达商贸公司		收款人	全称	长沙信达有限责任公司										
	账号	32015312345678978			账号	432000654223588										
	地址	湖北 省武汉 市县 开户行 中国农业银行武汉洪山区支行			地址	湖南 省 长沙 市县 开户行 中国工商银行长沙开福区支行										
金额	人民币(大写)	伍万陆仟伍佰元整					千	百	十	万 ¥5	千6	百5	十0	元0	角0	分0
款项内容	货款		托收凭据名称	银行承兑汇票、销售发票		附寄单证张数	3									
商品发运情况	已发运			合同名称号码		773847										

备注：

款项收妥日期

中国工商银行长沙
开福区支行
2023.11.16
转账转讫

复核　　记账　　　年 月 日

收款人开户银行签章　　年 月 日

图 3-85　托收凭证(收账通知)

（3）到期收到货款的收款凭证（这张凭证不在 5 月份登记银行存款日记账），如图
3-86 所示。

收　款　凭　证

收字 第 _248_ 号

借方科目 _银行存款_　　　　　2023 年 11 月 16 日　　　　　附件 ___2___ 张

对方单位	摘要	贷方科目		金额										记账
		总账科目	明细科目	千	百	十	万	千	百	十	元	角	分	符号
武汉万达商贸公司	收到货款	应收票据	武汉万达商贸公司			5	6	5	0	0	0	0	0	□
														□
														□
														□
银行结算方式及票号：（略）		合　计			¥	5	6	5	0	0	0	0	0	□

会计主管 高清　　记账　　　　稽核 陈一民　　出纳 钱清　　制证 钱清

图 3-86　收款凭证（填制后）

【任务考核】

任务考核表

实训任务					
实训目标					
实训收获					
评价主体		评价项目	分值	评价得分	加权得分
组员评价	职业素养	考勤	5		
		课堂表现	15		
	职业技能	任务完成度	25		
		任务完成质量	30		
	职业团队	沟通能力	10		
		协调能力	15		
小　计			100		
组长评价	职业素养	考勤	5		
		课堂表现	15		
	职业技能	任务完成度	25		
		任务完成质量	30		
	职业团队	沟通能力	10		
		协调能力	15		
小　计			100		

续　表

教师评价	职业素养	考勤	5	
		课堂表现	15	
	职业技能	任务完成度	25	
		任务完成质量	30	
	职业团队	沟通能力	10	
		协调能力	15	
小　计			100	
合　计				

学生签字：　　　　　　　　　　日期：

实训任务六　支付宝、微信业务的办理

【任务导入】

长沙信达有限责任公司一直使用传统的支付结算方式,近几年支付宝、微信企业用户越来越多,钱清接到领导指示,为本公司办理企业支付宝和企业微信账户。

【任务目标】

一、技能目标

(1) 能熟练使用企业支付宝。
(2) 能熟练使用企业微信。

二、素养目标

培养严谨的工作态度。

【任务准备】

支付宝(中国)网络技术有限公司是国内的第三方支付平台,拥有快捷支付、条码支付、刷脸支付、二维码支付等技术,其产品适用于多种经营场景。

微信支付是集成在微信客户端的支付功能,用户可以通过手机完成快速的支付流程。微信支付(商户功能),指公众平台向有出售物品需求的公众号提供推广销售、支付收款、经营分析的整套解决方案。

一、企业支付宝的注册流程与使用

(1)登录支付宝官网。

(2)填写信息。

(3)上传企业营业执照和法人代表身份证。

二、企业微信的使用

详见业务 2。

【任务实施】

业务 1：支付宝的注册与使用。

2023 年 5 月 20 日,长沙信达有限责任公司正式启用企业支付宝结算,出纳员钱清负责办理相关手续。

1. 实训资料

(1)支付宝官网。

(2)法人代表身份证。

(3)公司的营业执照。

2. 实训流程

(1)登录支付宝官网。

(2)填写信息。

(3)上传企业营业执照和法人代表身份证。

(4)使用支付宝。

3. 实训任务

(1)登录支付宝官网。

(2)填写信息。

(3)上传企业营业执照和法人代表身份证。

(4)完成注册。

(5)企业支付宝的使用。

4. 实训成果

(1)登录支付宝网站(www.alipay.com),如图 3-87 所示。

图 8-87　登录支付宝官网

（2）选择"我是商家用户"，进入"商家平台"准备注册企业用户。如图 3-88 所示。

图 3-88　进入商家平台

（3）准备注册企业用户，注册前应确保需要准备的材料齐全。为了提高账号的安全性，先要用个人支付宝扫码刷脸进入平台注册管理员，管理员身份有权限注册企业支付宝用户，如图 3-89 和图 3-90 所示。

图 3-89　准备注册企业支付宝用户

图 3-90 手机扫码注册管理员身份

（4）注册企业支付宝用户，如图 3-91 至图 3-95 所示。

图 3-91 填写主体信息和上传营业执照

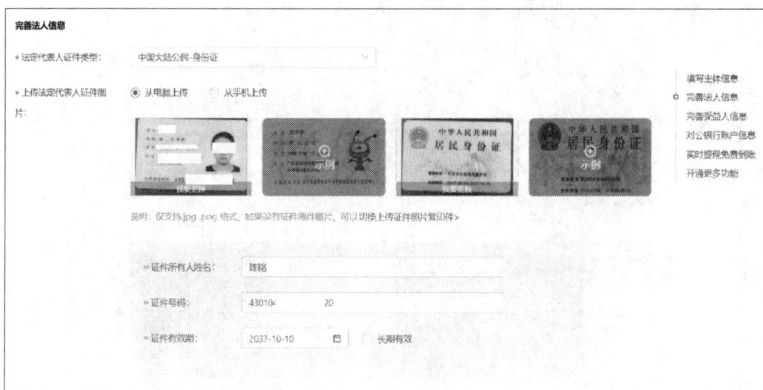

图 3-92 完善法人信息

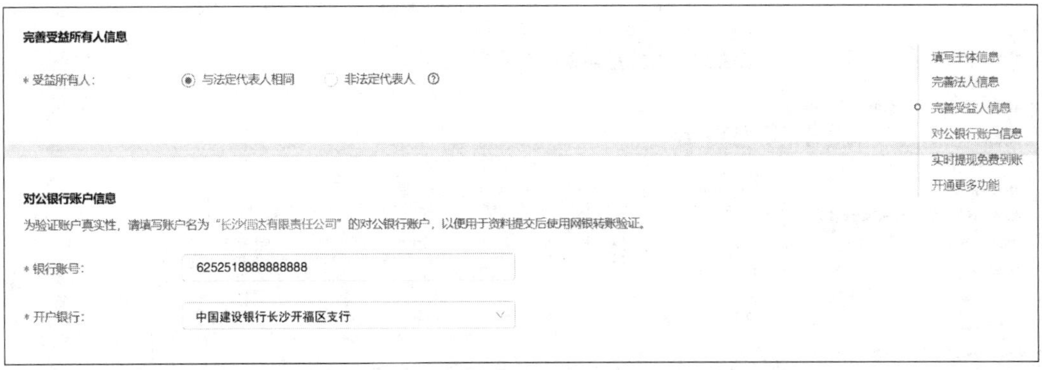

图 3-93 完善收益所有人信息和对公银行账户信息

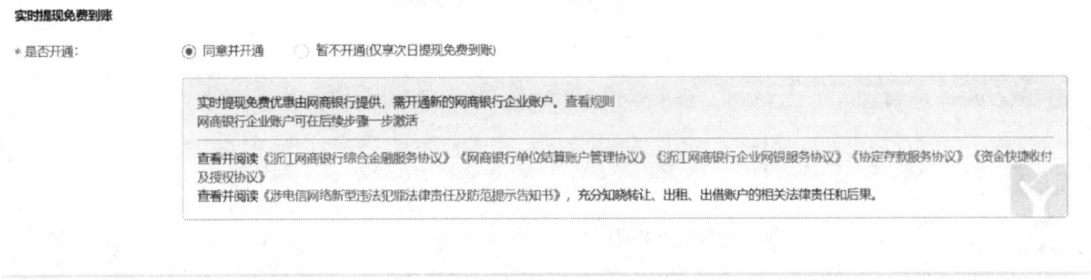

图 3-94 实时提现免费到账功能

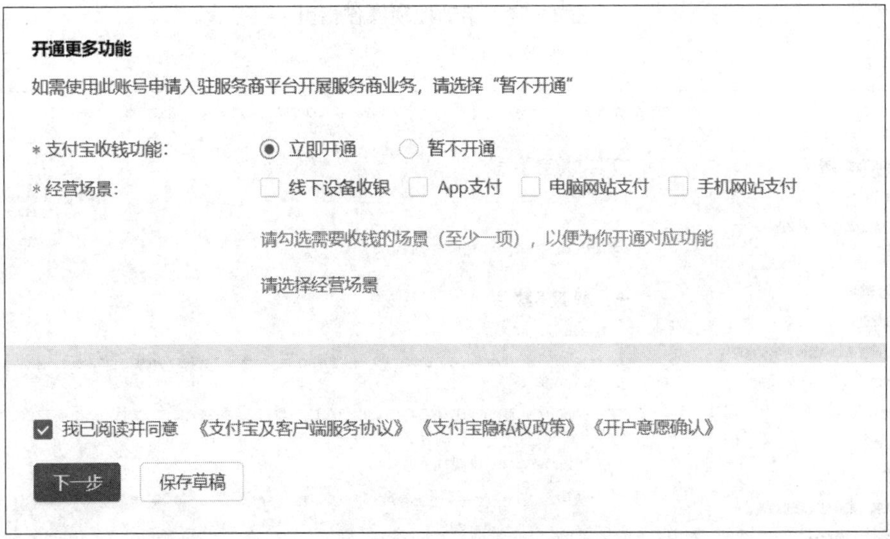

图 3-95 开通其他功能并提交信息

（5）了解部分企业支付宝的功能，如图 3-96 至图 3-98 所示。

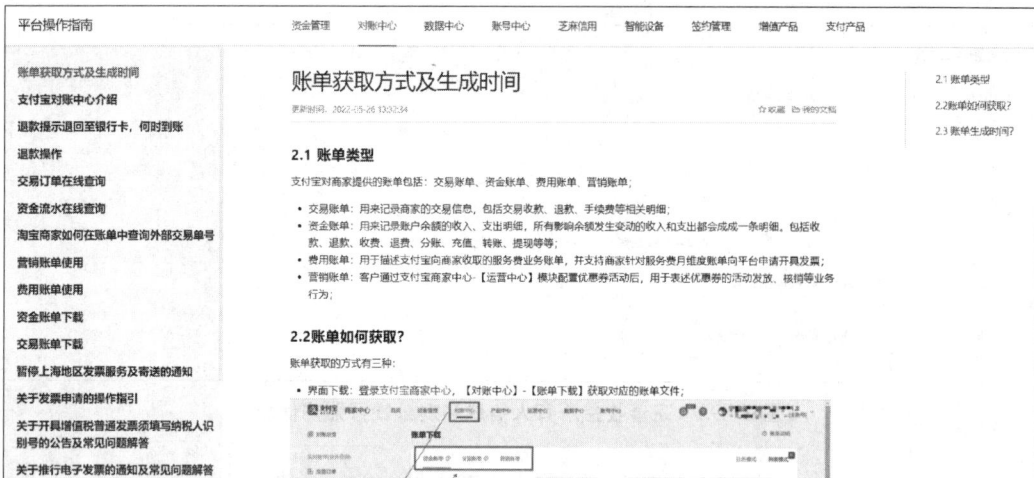

图 3－96　账单获取方式及生成时间

图 3－97　手动提现操作指引

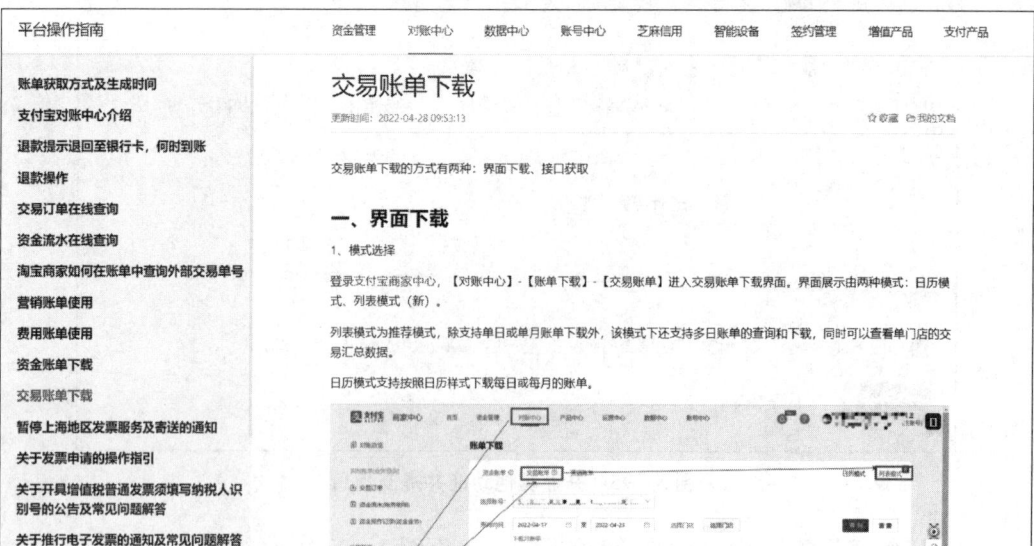

图 3－98　交易账单下载

业务 2：微信支付结算。

2023 年 5 月 20 日，长沙信达有限责任公司正式启用微信的结算，出纳员钱清负责办理相关手续。

1. 实训资料

（1）微信公众平台。

（2）法人代表身份证。

（3）公司的营业执照。

2. 实训流程

（1）资格审查。申请成为公众账号支付商户必须满足以下两个条件：

第一，拥有公众账号，且为服务号。

第二，公众账号须通过微信认证；微信认证资质审核通过后，即可申请微信支付功能。

（2）登录微信公众平台。

（3）填写信息并上传企业营业执照和法人代表身份证。

（4）使用微信支付结算。

3. 实训任务

（1）登录微信公众平台（mp. weixin. qq. com）。

（2）填写信息并上传企业营业执照和法人代表身份证。

（3）完成注册。

（4）企业微信的使用。

4. 实训成果

（1）登录微信支付商户平台（pay. weixin. qq. com），如图 3 - 99 所示。

图 3 - 99　登录微信支付商户平台

（2）创建申请单，注册超级管理员。

第一步，点击注册微信支付商户号，如图3-100所示。

图3-100　接入微信支付——注册微信支付商户号

第二步，打开微信扫码创建申请单（注：该微信号将作为商户号的超级管理员），如图3-101所示。

图3-101　微信扫码创建申请单

第三步，登录确认消息会发送到对应微信上，点击"允许登录"，图3-102所示。

图 3 - 102　手机验证允许登录

第四步,填写超级管理员信息,创建超级管理员,如图 3 - 103 所示。

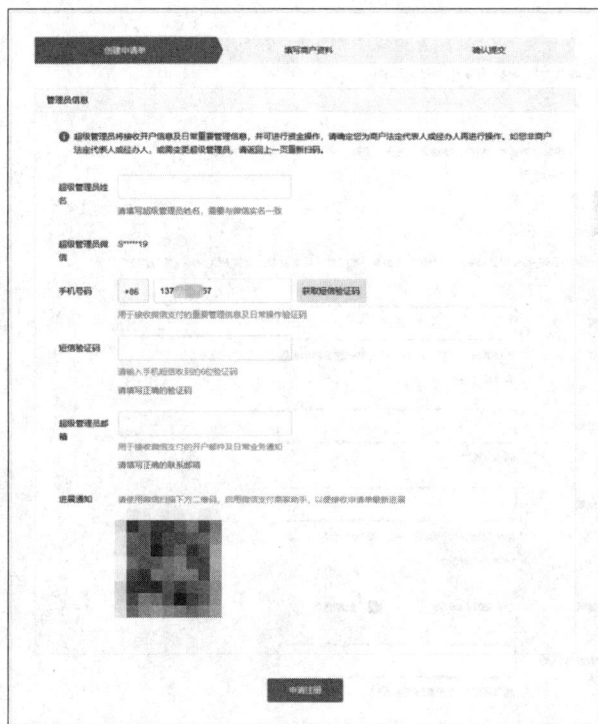

图 3 - 103　创建超级管理员

（3）填写商户资料。

第一步，选择主体身份，填写资料如图3-104和图3-105所示。

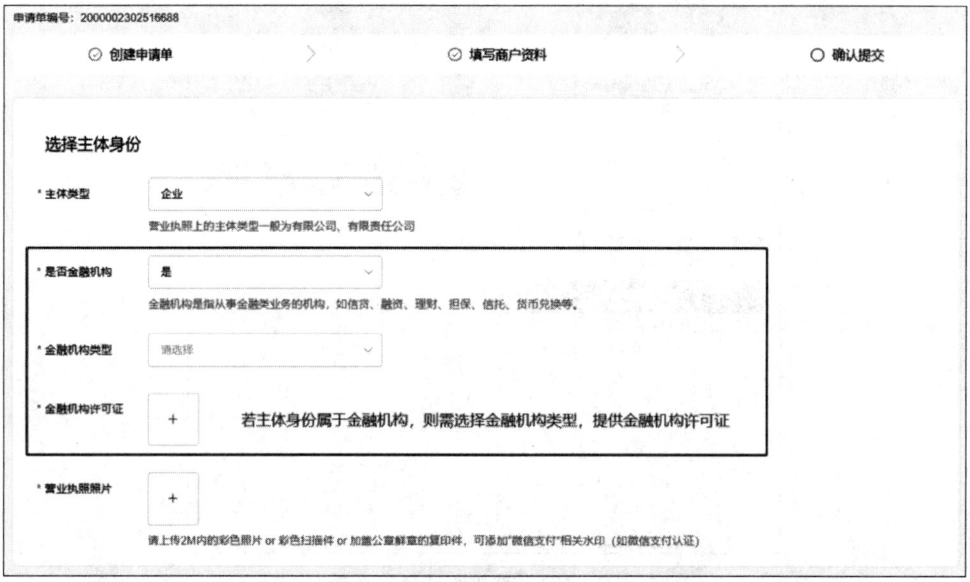

图3-104　选择主体身份和金融机构类型

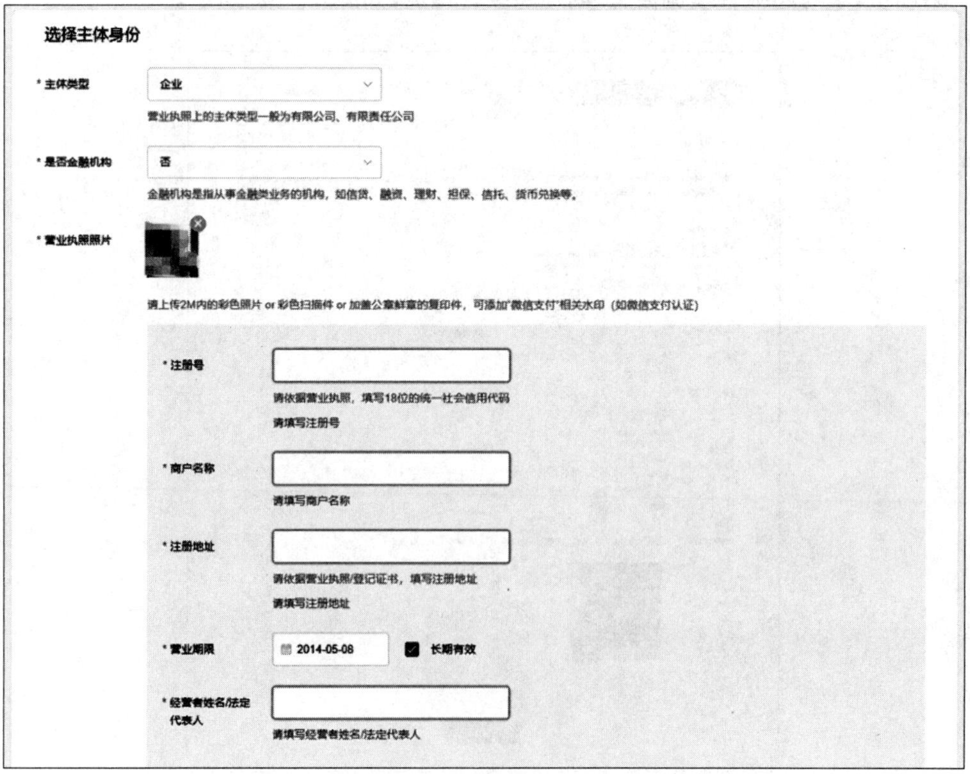

图3-105　上传营业执照信息

第二步，填写法人信息，如图 3 - 106 至图 3 - 108 所示。

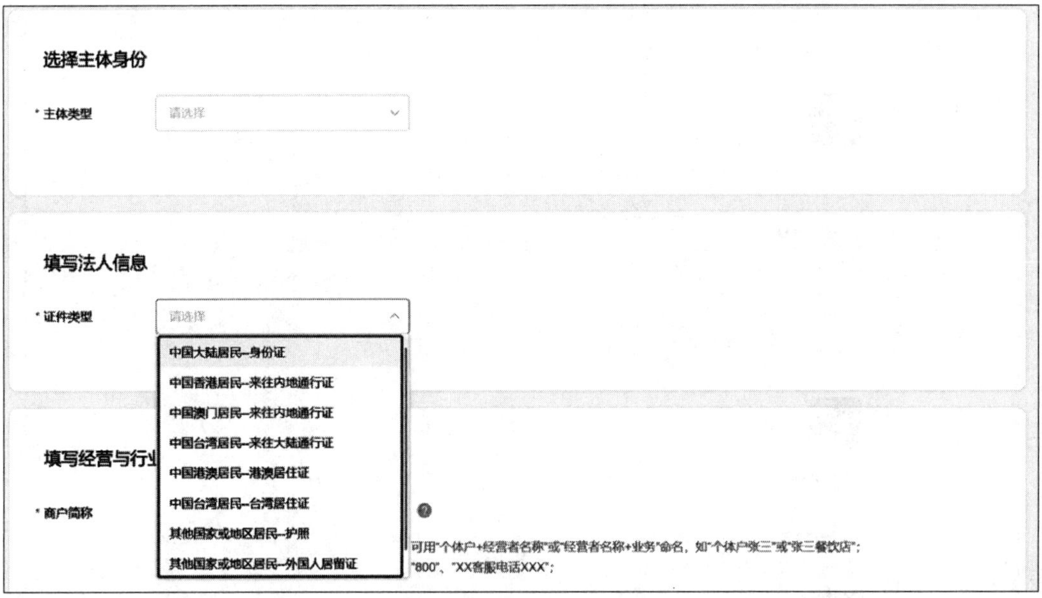

图 3 - 106　选择证件类型

图 3 - 107　上传证件正反面照片

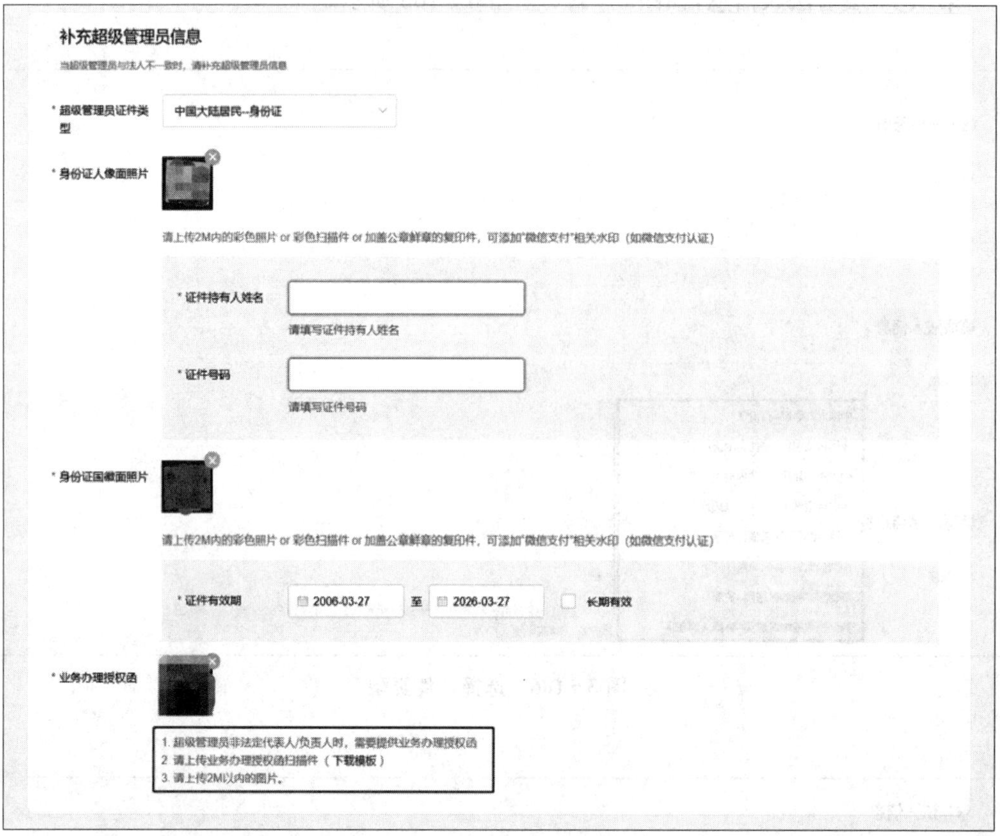

图 3-108 补充超级管理员信息

第三步,填写经营与行业信息,如图 3-109 所示。

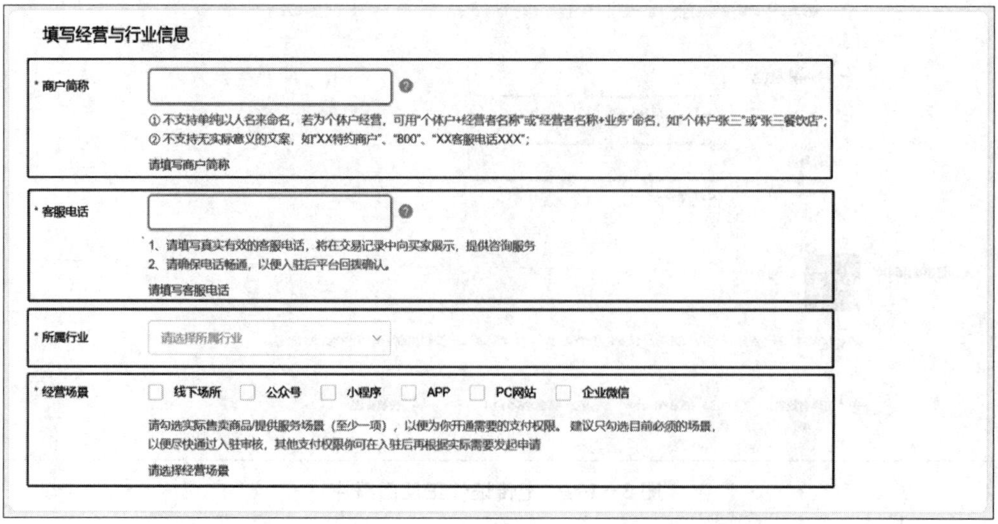

图 3-109 填写经营与行业信息

第四步,填写结算账户信息,如图 3 - 110 所示。

图 3 - 110　填写结算账户信息

第五步,填写补充信息,如图 3 - 111 所示。

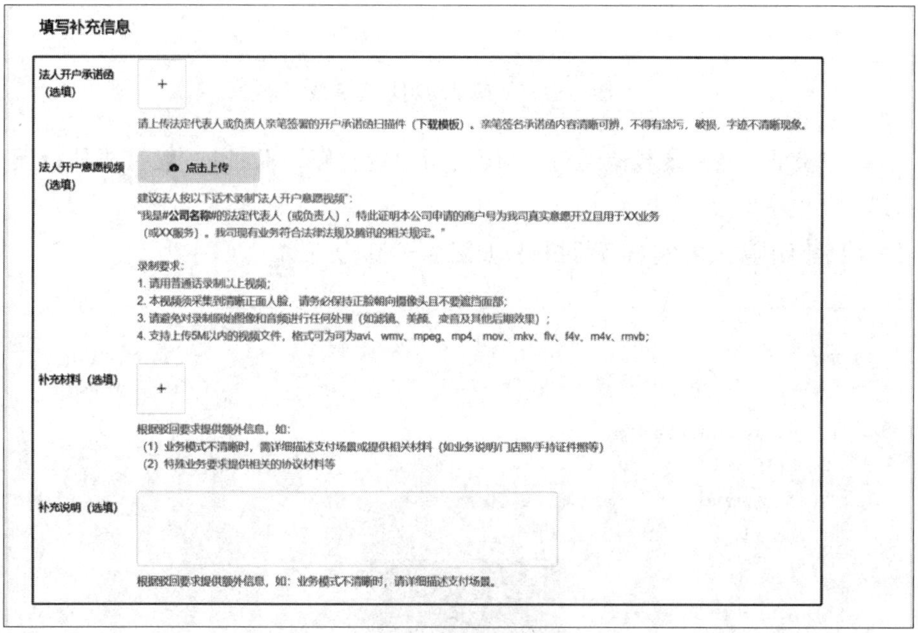

图 3 - 111　填写补充信息

第六步,确认资料填写完成。

(a) 保存草稿或保存进入下一步,预览申请单内容,并确认提交,如图 3 - 112 所示。

图 3 - 112　确认提交

（b）提交后，系统会先对资料进行校验，大约需要 3～15 秒，请耐心等待，如图 3-113 所示。

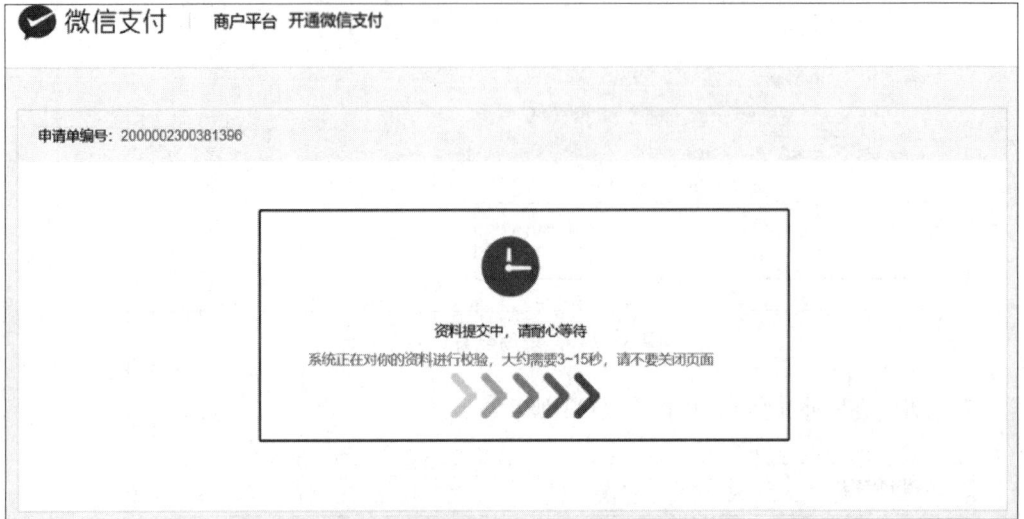

图 3-113 确认资料填写完成

（4）账户验证。若系统校验通过，页面会指引进行账户验证，一般有两种验证方式，可任选其一：

第一种是使用法人的实名微信扫码，如图 3-114 所示。

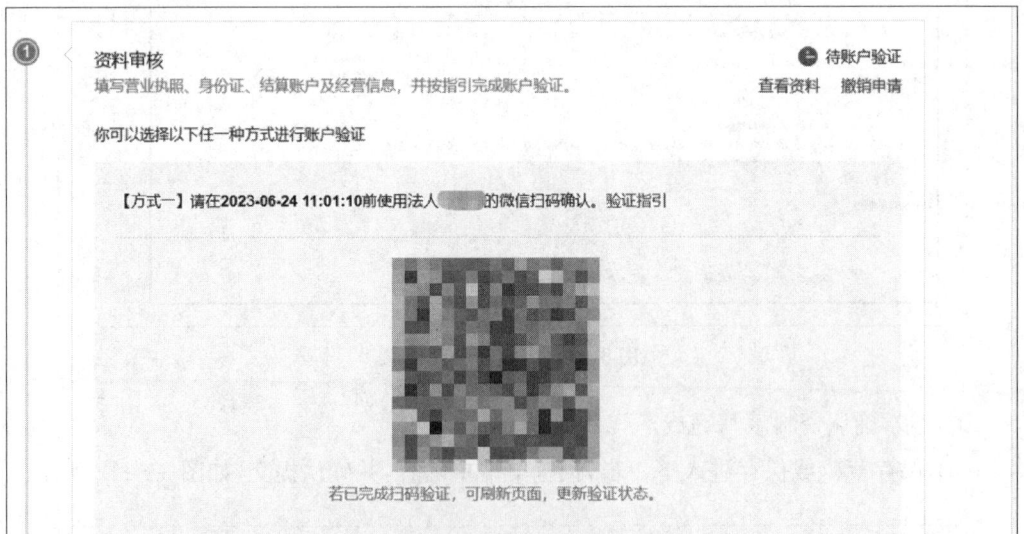

图 3-114 账户验证

第二种是使用结算账户向财付通指定账户汇入指定金额（通常为 0.01 元），如图 3-115 所示。

图 3‑115　汇入指定金额至财付通账户

账户验证通过后，即已完成申请资料提交，微信支付会在 3—7 个工作日内完成资料审核，并通过公众号、短信、邮件向超级管理员通知审核结果，如图 3‑116 所示。

图 3‑116　完成注册、签署协议

（5）了解微信商户平台的主要功能，如图 3‑117 所示。

图 3‑117　微信商户平台的主要功能

（6）微信收付功能的使用。

（a）微信收款，如图 3-118 所示。

图 3-118　微信收款

（b）微信付款。很多企业都直接使用企业微信进行报销，员工可以直接在手机上提交报销申请，免去了很多繁琐的过程。在企业审批通过后，报销的钱可以直接支付给员工。首先，企业需要开通企业支付功能。开通之后，企业管理员可以登录企业绑定的对应商户号后台，点击【产品中心】—【企业微信】—【前往功能】—【向员工付款】—【付款管理】—【从审批中发放】，选择要报销的员工即可付款，如图 3-119 所示。

图 3-119　使用企业微信进行报销

除了员工的出差和购买报销，逢年过节很多员工都会给客户发小红包沟通和活跃关系，这些钱可能也需要企业来报销。一个员工就可能会发几十个红包，而企业同时给很多个员工报销这些钱的话，统计起来其实非常不方便。使用微信助手的小红包功能，企业创建红包模板以后，员工可以直接在侧边栏把红包发给客户，并且企业还可以自由设置员工的发送红包上限,这样可以很好地把控员工的发送金额,防止违法违规,还可以免去单独给员工报销的麻烦,如图 3-120 所示。

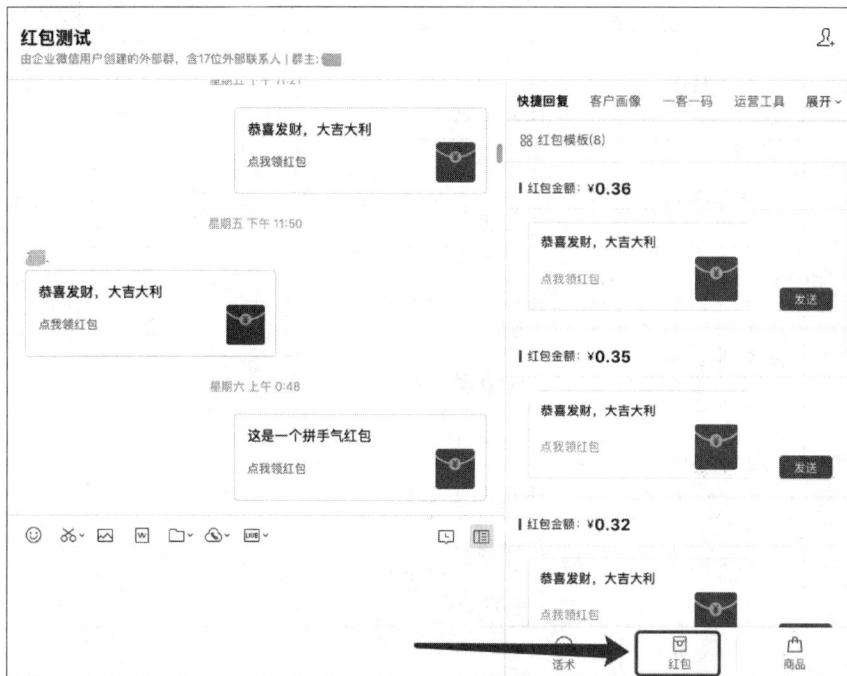

图 3-120　报销红包费用

【任务考核】

任务考核表

实训任务					
实训目标					
实训收获					
评价主体		评价项目	分值	评价得分	加权得分
组员评价	职业素养	考勤	5		
		课堂表现	15		
	职业技能	任务完成度	25		
		任务完成质量	30		
	职业团队	沟通能力	10		
		协调能力	15		
小　　计			100		

续 表

组长评价	职业素养	考勤	5	
		课堂表现	15	
	职业技能	任务完成度	25	
		任务完成质量	30	
	职业团队	沟通能力	10	
		协调能力	15	
小 计			100	
教师评价	职业素养	考勤	5	
		课堂表现	15	
	职业技能	任务完成度	25	
		任务完成质量	30	
	职业团队	沟通能力	10	
		协调能力	15	
小 计			100	
合 计				

学生签字：　　　　　　　　　　日期：

实训任务七　银行存款日记账的登记与清查业务的处理

【任务导入】

2023年4月末，长沙信达有限责任公司出纳员钱清把银行存款日记账和银行对账单进行核对，找出未达账项以及可能出现的错误，为5月份的出纳工作作准备。

2023年5月末，长沙信达有限责任公司出纳员钱清要结清本月的银行存款业务，该如何操作？有哪些注意事项？

【任务目标】

一、技能目标

（1）能准确进行银行对账。

（2）能准确填写银行存款余额调节表。

（3）能熟练登记银行存款日记账。

二、素养目标

培养严谨的工作态度。

【任务准备】

银行存款日记账，通常由出纳人员根据审核后的银行存款记账凭证，逐日逐笔进行登记，若一个单位开设若干个银行账户，应分别设户登记，便于与银行核对，也有利于银行存款的管理。银行存款日记账的借方栏一般根据银行存款的收款项目来登记，贷方一般根据银行存款的付款项目来登记。因为银行收付款业务比较频繁，收付结算方式比较多，所以登账时必须按照现金支票、转账支票，银行汇票、委托收款等不同的结算凭证字号登记清楚，便于与银行存款对账单进行核对，同时查明未达账项，编制银行存款余额调节表，使两者相符。

一、银行存款日记账的清查

（1）准备银行存款日记账和银行对账单。

（2）对账找出未达账项。

（3）编制银行存款余额调节表。

二、银行存款日记账的登记

（1）根据审核后的记账凭证，逐日逐笔进行登记。

（2）做到日清月结。

【任务实施】

业务 1：银行存款日记账的清查。

2023 年 4 月 30 日，长沙信达有限责任公司出纳员钱清进行银行存款日记账的清查。

1. 实训资料

（1）2023 年 4 月的银行存款日记账，如图 3 - 121 所示。

2023 年		凭 证		摘 要	结算凭证		借 方	贷 方	余 额
月	日	字	号		种类	号数			
4	1			月初余额					4 238 562.15
	5	付	1	支付差旅费	现支	2013330		1 000.00	4 237 562.15
	15	付	2	提现发薪	现支	2013331		45 000.00	4 192 562.15
	20	付	3	办公用品	转支	004038		320.00	4 192 242.15
	25	收	1	存销货款	进账单	00240	11 700.00		4 203 942.15
	26	收	1	收货款	支票	000315	95 000.00		4 298 942.15
	27	付	3	借支	支票	2013342		2 000.00	4 296 942.15

图 3－121　银行存款日记账

（2）2023 年 4 月的银行对账单，如图 3－122 所示。

中国工商银行长沙开福区支行

2023 年 4 月 30 日

单位：长沙信达有限责任公司　　　账号：432000654223588

2023 年		摘 要	凭证号		借 方	贷 方	余 额
月	日		支票	结算凭证			
3	1	月初余额					4 238 562.15
	6	现金支票	2013330		1 000.00		4 237 562.15
	6	现金支票	2013331		45 000.00		4 192 562.15
	8	转账支票	004038		320.00		4 192 242.15
	8	进账单		00240		11 700.00	4 203 942.15
	11	付税款			4 088.00		4 199 854.15
	18	现金支票	2013332		1 000.00		4 198 854.15
	19	进账单		00479		3 000.00	4 201 854.15
	20	转账支票	004039		1 170.00		4 200 684.15

图 3－122　银行对账单

（3）银行存款余额调节表（空白），如表 3－2 所示。

表 3-2 银行存款余额调节表(空白)

单位:长沙信达有限责任公司　　　账号:432000654223588　　　　2023 年 4 月 30 日止

企业银行存款日记账		银行对账单	
项　目	金　额	项　目	金　额
银行存款日记账余额		银行对账单余额	
加:银行已收,企业未收		加:企业已收,银行未收	
减:银行已付,企业未付		减:企业已付,银行未付	
调节后余额		调节后余额	

即:长沙信达有限责任公司可以真正动用的银行存款数额是＿＿＿＿＿＿＿＿＿＿＿＿＿＿。

2. 实训流程

(1) 准备银行存款日记账和银行对账单。

(2) 对账找出未达账项。

(3) 编制银行存款余额调节表。

3. 实训任务

(1) 对账。

(2) 填制银行存款余额调节表。

4. 实训成果

编制后的银行存款余额调节表,如表 3-3 所示。

表 3-3 银行存款余额调节表(编制后)

单位:长沙信达有限责任公司　　　账号:432000654223588　　　　2023 年 4 月 30 日止

企业银行存款日记账		银行对账单	
项　目	金　额	项　目	金　额
银行存款日记账余额	4 296 942.15	银行对账单余额	4 200 684.15
加:银行已收,企业未收	3 000.00	加:企业已收,银行未收	95 000.00
减:银行已付,企业未付	4 088.00	减:企业已付,银行未付	2 000.00
	1 000.00		
	1 170.00		
调节后余额	4 293 684.15	调节后余额	4 293 684.15

业务 2：登记银行存款日记账。

2023 年 5 月,长沙信达有限责任公司的出纳钱清逐日逐笔登记了银行存款日记账,并进行了日清月结(业务内容仅限于项目三)。

1. 实训资料

银行存款日记账(空白),如图 3 - 123 所示。

银行存款日记账

年		凭证编号	摘要	结算凭证		对方科目	收入（借方）									√	支出（贷方）									√	余　额									√
月	日			种类	号码		千	百	十	万	千	百	十	元	角	分		千	百	十	万	千	百	十	元	角	分		千	百	十	万	千	百	十	元	角	分	

图 3 - 123　银行存款日记账(空白)

2. 实训流程

(1)根据项目三的业务逐日逐笔登记银行存款日记账。

(2)对银行存款日记账进行日清月结。

3. 实训任务

(1)登记银行存款日记账。

(2)做到日清月结。

4. 实训成果

实训任务完成后得到的银行存款日记账,如图 3 - 124 所示。

银行存款日记账

2013年		凭证编号	摘要	结算凭证		对方科目	收入（借方）									√	支出（贷方）									√	余　额									√
月	日			种类	号码		千	百	十	万	千	百	十	元	角	分		千	百	十	万	千	百	十	元	角	分		千	百	十	万	千	百	十	元	角	分	
5	1		期初余额	(略)	(略)																									4	2	9	3	6	8	4	1	5	
	4	付字05	网银支付			应付账款													2	2	6	0	0	0	0			4	2	7	1	0	8	4	1	5	
	5	付字012	提现			库存现金													1	0	0	0	0	0	0			4	2	6	1	0	8	4	1	5	
	6	付字013	支付货款			应付账款													5	6	5	0	0	0	0			4	2	0	4	5	8	4	1	5	
	7	收字014	预收货款			预收账款		3	0	0	0	0	0	0															4	2	3	4	5	8	4	1	5	
	9	付字017	申请银行承兑汇票			其他货币资金												2	3	0	0	0	0	0													
	9	收字018	退回多余款			其他货币资金			4	0	0	0	0	0																								
			本日小计						4	0	0	0	0	0					2	3	0	0	0	0	0			4	0	0	8	5	8	4	1	5	
	10	收字019	收到货款			其他货币资金		4	7	5	2	0	0	0															4	0	5	6	1	0	4	1	5	
	15	付字023	申请银行本票			其他货币资金													1	5	0	0	0	0	0			3	9	0	6	1	0	4	1	5	
	16	收字024	本票进账			其他货币资金		1	1	3	0	0	0	0															4	0	1	9	1	0	4	1	5	
	31		本月合计					1	9	4	5	2	0	0					4	6	9	1	0	0	0			4	0	1	9	1	0	4	1	5	

图 3 - 124　银行存款日记账

【任务考核】

任务考核表

实训任务					
实训目标					
实训收获					
评价主体	评价项目		分值	评价得分	加权得分
组员评价	职业素养	考勤	5		
		课堂表现	15		
	职业技能	任务完成度	25		
		任务完成质量	30		
	职业团队	沟通能力	10		
		协调能力	15		
小　计			100		
组长评价	职业素养	考勤	5		
		课堂表现	15		
	职业技能	任务完成度	25		
		任务完成质量	30		
	职业团队	沟通能力	10		
		协调能力	15		
小　计			100		
教师评价	职业素养	考勤	5		
		课堂表现	15		
	职业技能	任务完成度	25		
		任务完成质量	30		
	职业团队	沟通能力	10		
		协调能力	15		
小　计			100		
合　计					

学生签字：　　　　　　　　　　　　　日期：

出纳涉税业务与社保业务技能

【任务导入】

钱清大学毕业后进入长沙信达有限责任公司担任出纳员,由于这家公司是新注册成立的企业,还没有办理税务登记。2023 年 3 月 10 日,公司管理层做出决定后,随即安排钱清办理相关手续。请问在这种情况下,钱清应办理什么类型的税务登记? 应该准备并携带哪些资料前往办理?

【任务目标】

一、技能目标

(1) 能掌握税务登记的相关知识。
(2) 能根据纳税主体信息正确填写"税务登记表""一般纳税人登记表"等涉税表格。
(3) 能熟悉办理税务登记业务。

二、素养目标

(1) 培养遵纪守法的法治理念,严格遵守税务登记操作规范。
(2) 形成严谨认真的工作态度,认真完成企业涉税业务。

【任务准备】

一、税务登记的含义

新设企业从创办之日起,就与纳税活动息息相关。根据税务机关的规定,企业开业之后应根据相关要求进行税务登记。税务登记是税务机关依据税法规定,对纳税企业开业、变更、停业与复业以及生产、经营活动等进行登记管理的一项法定制度,也是纳税人依法履行纳税义务的法定手续。

二、办理税务登记的地点

(1)纳税企业应向当地主管国家税务机关申报办理税务登记。

(2)纳税企业跨县(市)、区设立的分支机构和从事生产经营的场所,除总机构向当地主管国家税务机关申报办理税务登记外,分支机构还应当向其所在地主管国家税务机关申报办理税务登记。

(3)有固定生产经营场所的个体工商业户向经营地主管国家税务机关申报办理税务登记;流动经营的个体工商户,向户籍所在地主管国家税务机关申报办理税务登记。

(4)对未领取营业执照从事承包、租赁经营的纳税人,向经营地主管国家税务机关申报办理税务登记。

三、税务登记的种类

税务登记是整个税收征收管理的起点,具体包括开业税务登记,变更税务登记,停业、复业税务登记,注销税务登记,外出经营报验税务登记等。

(一)开业税务登记

开业税务登记也称设立税务登记,是指新注册成立的企业或企业新设立分支机构从事生产、经营的场所时,应向主管税务机关办理税务登记。企业在办理开业税务登记时,应遵守开业税务登记操作规范,如表4-1所示。

表4-1　开业税务登记操作规范

规范事项	操 作 规 范
登记时限	(1)从事生产、经营的纳税人应当自领取营业执照之日起30日内,主动依法向国家税务机关申报办理税务登记; (2)按照规定不需要领取营业执照的纳税人,应当自有关部门批准之日起30日内,或者自发生纳税义务之日起30日内,主动依法向主管国家税务机关申报办理税务登记
登记程序	出纳人员办理设立税务登记时应遵照以下程序进行: (1)在市场监督管理部门的网报系统中填写"'多证合一'公司登记(备案)申请表"; (2)携带审核通过后打印出来的"'多证合一'公司登记(备案)申请表"以及其他纸质材料,前往办税服务大厅"多证合一"窗口办理业务; (3)业务窗口核对信息、资料无误后,将信息导入工商准入系统,生成工商注册号,并在"多证合一"受理平台生成各部门号码,补录等相关信息,打印出加载统一社会信用代码证件的营业执照; (4)"多证合一"登记制度推行后,新办企业领取新版营业执照后,相关信息会同步到税务部门,无须单独到税务机关办理开业税务登记,其领取的营业执照证件作为税务登记证件使用

续 表

规范事项	操 作 规 范
所需资料	出纳人员在办理设立税务登记时,应该提交以下证件、资料: (1) 书面申请报告; (2) 营业执照或其他核准执业证件的原件及复印件; (3) 有关机关、部门批准设立的文件的原件及复印件; (4) 有关合同、章程或协议书的原件及复印件; (5) 银行账号证明; (6) 住所或经营场所证明; (7) 法定代表人或业主居民身份证、护照或其他证明身份的合法证件的原件及复印件; (8) 属于享受税收优惠政策的,还应包括需要提供的相应证明资料; (9) 总机构所在地国家税务机关证明; (10) 国家税务机关要求提供的其他有关证件、资料

（二）变更税务登记

纳税人的税务登记信息发生变更时,应向主管税务机关申请办理变更税务登记,变更税务登记操作规范如表 4-2 所示。

表 4-2 变更税务登记操作规范

规范事项	操 作 规 范
登记时限	(1) 纳税人已在市场监督管理机关办理变更登记的,应当自办理企业变更登记之日起30 日内向原税务机关申报办理变更税务登记; (2) 纳税人按照规定不需要在市场监督管理机关办理变更登记,或其变更登记内容与企业登记内容无关的,应当自实际变更发生之日起 30 日内,或自有关机关批准或宣布变更之日起 30 日内,向原税务机关申报办理变更税务登记
登记程序	出纳人员办理变更税务登记应遵照以下基本程序: (1) 涉及企业登记内容变更的情况,应向市场监管机关申请办理企业变更登记,不涉及企业登记内容变更的可直接向原税务登记机关申请办理变更税务登记; (2) 向税务机关提交书面的变更税务变登记申请,填写"变更税务登记表",并提交其他所需证件资料,交由税务机关受理审核; (3) 税务机关审查通过后办理变更税务登记手续
所需资料	出纳人员申请办理税务登记变更,除应向主管税务机关报送"变更税务登记表"外,还需提供以下相应的证件、资料: (1) 涉及纳税人名称变更的,应提供企业登记变更表及变更后的营业执照副本原件和复印件; (2) 涉及法定代表人变更的,应提供变更后的营业执照副本原件和复印件、公司股东会决议或上级主管部门颁发的任职书复印件、变更后的法定代表人身份证件原件及复印件; (3) 涉及注册地址变更的,应提供变更后的营业执照副本原件和复印件、新注册地址及生产、经营地址证明(产权证、租赁协议)原件及其复印件。如出租方为个人的,须提供产权证复印件;如为自有房产,需提供产权证或买卖契约等合法的产权证明原件及复印件; (4) 涉及经营范围变更的,应提供变更后的营业执照副本原件和复印件

（三）停业、复业税务登记

纳税人如果遇到特殊情况,确实需要暂时停业1个月以上的,通常应在停业前一个星期办理停业登记。纳税人在申报办理停业登记时,应如实填写"停业申请登记表",说明停业理由、停业期限、停业前的纳税情况以及发票使用情况。主管税务机关经过审核,应当责成申请停业的企业结清应纳税款,并收回发票领购簿和发票,然后为其办理停业登记。

纳税人如果停业期满需要复业的,则应在恢复生产经营之前,向主管税务机关办理复业登记,如实填写"停业、复业报告书",并领回停业时上交的发票领购簿和发票。企业如果在停业期满后不能及时恢复经营的,同样应在停业期满前向主管税务机关提出延长停业登记申请。

（四）注销税务登记

注销税务登记是纳税人发生解散、破产、撤销以及其他情形,不能继续履行纳税义务时,向税务机关申请办理终止纳税义务的税务登记管理制度。办理注销税务登记后,该纳税人不再接受原税务机关的管理。注销税务登记操作规范如表4-3所示。

表4-3　注销税务登记操作规范

规范事项	操　作　规　范
登记时限	(1) 纳税人发生解散、破产、撤销以及其他情形,依法终止纳税义务的,应当在向市场监督管理机关或者其他机关办理注销登记前,持有关证件和资料向原税务登记机关申报办理注销税务登记;按规定不需要在市场监督管理机关或者其他机关办理注册登记的,应当自有关机关批准或者宣告终止之日起15日内,持有关证件和资料向原税务登记机关申报办理注销税务登记; (2) 纳税人因住所、经营地点变动,涉及改变税务登记机关的,应当在向市场监督管理机关或者其他机关申请办理变更、注销登记前,或者住所、经营地点变动前,持有关证件和资料,向原税务登记机关申报办理注销税务登记,并自注销税务登记之日起30日内向迁达地税务机关申报办理税务登记; (3) 纳税人被市场监督管理机关吊销营业执照或者被其他机关予以撤销登记的,应当自营业执照被吊销或者被撤销登记之日15日内,向原税务登记机关申报办理注销税务登记,领填"注销税务登记申请审批表"
登记程序	(1) 纳税人向税务机关提交书面的"注销税务登记申请审批表",并向税务机关提交其他所需的证件资料,交由税务机关受理审核; (2) 税务机关审查证件、资料,确认符合规定后,将相关资料转送下一环节,办理注销前的税款清算事宜,如收回发票领购簿、缴销发票,办理清税手续。对发现纳税人未按规定期限办理注销登记的,转入税务违法违章处理程序; (3) 税务机关通过以上审核后,核准企业的注销税务登记申请,在其报送的"注销税务登记申请审批表"上签署意见,经税务机关相关岗位确认批准后,办税服务厅(基层分局)制发"注销税务登记通知书"交纳税人

续　表

规范事项	操作规范
所需资料	出纳人员在办理注销税务登记时，除应向主管税务机关报送"注销税务登记表"外，还需提供以下资料： (1) 主管部门或者董事会(职代会)注销登记的决议以及其他有关证明文件及复印件； (2) 营业执照被吊销的应提交市场监督管理部门发放的吊销决定及复印件； (3)《发票领购簿》及发票； (4) 营业执照正、副本； (5) 当期申报表资料及完税凭证(结清税款、缴销发票的相关资料)； (6) 主管税务机关需要的其他有关证件和资料

（五）外出经营报验税务登记

外出经营报验税务登记是指企业到外县(市)临时从事生产经营活动时,应当在外出生产经营之前,向主管税务机关申请开具"外出经营活动税收管理证明",该证明的有效期限一般为 30 日,最长不超过 180 日。

企业在"外出经营活动税收管理证明"注明地进行生产经营前,应向当地税务机关办理报验登记,并提交"外出经营活动税收管理证明",接受经营地税务机关的管理。

企业外出经营活动结束后,应当向经营地税务机关填报"外出经营活动情况申报表",并结清税款、缴销发票。企业应在"外出经营活动税收管理证明"有效期届满后 10 日内,持该证明回原税务登记地税务机关办理该证的缴销手续。

【任务实施】

本任务主要进行企业设立税务登记、变更税务登记和注销税务登记的操作训练。

企业基本资料如表 4-4 所示。

表 4-4　企业基本资料

公司名称	长沙信达有限责任公司
注册地址	长沙市开福区蔡锷北路 118 号
企业类型	有限责任公司
注册资本	100 万元
基本存款账户	中国工商银行长沙开福区支行
基本户账号	432000654223588
法人代表	陈铭

续　表

经营范围及主要产品	日常用品
经营方式	批发、零售日用品、食品
财务主管	高清
出纳员	叶子
会计部门人员	会计主管：陈一民
纳税人识别号、类型	914305896523012589，一般纳税人

业务1：

2022年6月1日，长沙信达有限责任公司注册成立，在市场监管机关领取了营业执照。2022年6月15日，公司管理层安排出纳员叶子办理登记信息确认、财务会计制度及核算软件备案、存款账户账号报告、增值税一般纳税人登记、发票票种核定、增值税专用发票最高开票限额申请、增值税税控系统专用设备申请及初始发行、发票领用、电子税务局开户、实名信息采集等事项，请问出纳员叶子应该事先准备哪些证件资料？如何办理设立税务登记？（涉税事项提交的相关资料如表4-5至表4-11和图4-1至4-3所示）。

表4-5　纳税人存款账户账号报告表

纳税人名称				纳税人识别号		
经营地址						
银行开户登记证号				发证日期		
账户性质	开户银行	账号	开户时间	变更时间	注销时间	是否缴税账号、出口退税账号
基本账户						
一般账户						
专用账户						
临时账户						

续 表

报告单位：ⓐ	税务机关：ⓑ
经办人： 法定代表人(负责人)： 报告单位(签章)　　　　　　年　月　日	经办人： 负责人： 税务机关(签章)　　　　　年　月　日

表 4-6　财务会计制度及核算软件备案报告书

纳税人名称		纳税人识别号	
资　料	名　称		备　注
1. 财务、会计制度			
2. 低值易耗品摊销方法			
3. 折旧方法			
4. 成本核算方法			
5. 会计核算软件			
6. 会计报表			

纳税人：ⓐ	税务机关：ⓑ
经办人： 负责人： 纳税人(签章) 报告日期：　　年　月　日	经办人： 负责人： 税务机关(签章) 受理日期：　　年　月　日

委托扣款协议书

协议书编号：

甲方：
　　　　纳税人识别号：
　　　　缴税(费)账户名称：
　　　　缴税(费)账号：
乙方：开户银行行号：
　　　　清算银行行号：
丙方：
　　　　为简化办税程序,方便纳税人完成缴税(费)义务,确保税款安全,提高税款征收入库效率,经协商,甲、乙、丙三方现就有关事项达成如下协议：

一、本协议同时作为甲方授权丙方的《授权扣款协议书》和甲方委托乙方的《委托扣款协议书》，由乙方提供实时扣缴税款（包括基金、费，下同）服务。甲方实行网上扣款的，乙方根据甲方发起的应缴税款电子信息将税款从甲方指定的缴税账户中扣缴，实时将扣缴税款信息传至丙方和甲方；甲方实行办税服务厅扣款的，乙方根据丙方发起的应缴税款电子信息将税款从甲方指定的缴税账户中扣缴，实时将扣缴税款信息传至丙方。

二、缴税（费）账户一经确定，原则上不得变更。甲方变更名称、账号、法定代表人姓名或变更经营地址、改变主管税务机关时，应在办理有关涉税事项的5个工作日前，向乙方、丙方同时提出变更申请，并重新签订协议书。甲方必须注意保管缴税（费）账户的密码以及网上申报登录密码，因密码泄露造成的损失由甲方承担。

三、甲方应保证在办理每一项缴款的涉税事项时，缴税（费）账户内有足够存款余额。因甲方缴税（费）账户资金余额不足或未按法定期限申报造成乙方无法及时划缴税（费）款而导致应征的税款不能依期足额入库的，一切责任由甲方承担，丙方将按《中华人民共和国税收征收管理法》和其他法律法规的有关规定处理。如甲方为实行定期定额征收方式的纳税人，丙方在纳税例征期内自动向乙方发起扣款请求，划缴税款成功后视同甲方当期纳税申报。

四、各项税款划缴成功后，乙方根据接收的甲方电子缴款书信息打印《电子缴税付款凭证》。《电子缴税付款凭证》一式两联，第一联作乙方记账凭证，第二联加盖银行收讫章交甲方作付款回单，《电子缴税付款凭证》作为甲方缴纳税款的会计核算凭证。

五、乙方未按规定开具《电子缴税付款凭证》，其法律责任由乙方承担。因电脑故障、自然灾害、电力中断、通讯故障或其他不可抗力造成乙方不能及时打印凭证的，乙方应予免责，但乙方应及时采取补救措施。

六、除国家法律法规另有规定外，本协议将长期有效。甲方如注销税务登记，本协议即自行终止。甲方有正当理由需解除协议时，应提前通知乙方、丙方，并向丙方申报新的纳税方式。

七、在协议有效期内发生纠纷，甲、乙、丙三方应协商解决。经协商后仍不能解决的，相关当事人可根据有关法律、法规申请复议、仲裁或诉讼。

八、本协议书一式三份，从签订盖章之日起生效，甲、乙、丙方各执一份，均具同等法律效力。

甲方：	乙方：	丙方：
（纳税人公章或签名）	（银行公章）	（税务机关公章）
（个人账号持有人签名）		
甲方法定代表人：（签章）		
年 月 日	年 月 日	年 月 日

图 4-1 委托扣款协议书

纳税人办税授权委托书

> * **纳税人声明**：表中所列明的内容，已知晓。本表所报送的内容准确无误，所提交的证明文件和资料真实有效。如有虚假，愿意承担相应的法律责任。
> （纳税人盖章）

填表日期 □□□□ □□ □□

社会信用代码 □□□□□□□□□□□□□□□□□□
（纳税人识别号）

纳税人名称：

授权人授权：（身份证号码： 、联系电话： ）、（身份证号码：

、联系电话： ）、（身份证号码： 、联系电话： ）到主

管税务机关办理涉税事项，办理结果及相关法律责任由授权人负责。

原被授权人： 　　　　　（身份证号码： 　　　　　）不再为我（单位）指派办理涉税事项（仅在变更办税人员时填写）。

授权人（法定代表人/负责人、业主）签名：
被授权人签名：

年　　月　　日

备注：
1. 纳税人与税务代理中介机构有税务代理合同（协议）提供合同（协议）原件即可，无须填写此委托书。
2. 本委托事项发生变更的，授权人应及时到税务机关办理变更手续。授权人未及时变更登记信息的，被授权人从事委托税务事项所产生的一切法律后果由授权人承担。

图 4 - 2　纳税人办税授权委托书

表 4 - 7　纳税人办税授权信息采集表

＊**纳税人声明**：表中所列明的内容，已知晓。本表所报送的内容准确无误，所提交的证明文件和资料真实有效。如有虚假，愿意承担相应的法律责任。
（纳税人盖章）

填表日期　□□□□　□□　□□

社会信用代码
（纳税人识别号）　□□□□□□□□□□□□□□□□□□

纳税人名称：_____
邮寄地址：_____
法定代表人（负责人、业主）：_____　身份证号码：_____
联系手机：_____

纳税人授权办税人员信息			
财务负责人信息			
姓　　名		联系手机	
身份证号码			
所 属 关 系	□本公司（单位）员工　　□中介机构　　□其他		
是否为购票员	□是　　　□否		
若办税人员是中介机构人员，请填写以下信息：			
中介机构社会信用代码（纳税人识别号）			
中介机构名称			
中介机构地址			
中介机构电话			
办税员信息 1			
姓　　名		联系手机	
身份证号码			

续　表

所　属　关　系	□本公司(单位)员工　　　□中介机构　　　□其他		
是否为购票员	□是　　　□否		
若办税人员是中介机构人员,请填写以下信息:			
中介机构社会信用代码(纳税人识别号)			
中介机构名称			
中介机构地址			
中介机构电话			
<div align="center">办税员信息 2</div>			
姓　　　名		联系手机	
身 份 证 号 码			
所　属　关　系	□本公司(单位)员工　　　□中介机构　　　□其他		
是否为购票员	□是　　　□否		
若办税人员是中介机构人员,请填写以下信息:			
中介机构社会信用代码(纳税人识别号)			
中介机构名称			
中介机构地址			
中介机构电话			

以上被授权人代表我(单位)意愿办理涉税事项,由我(单位)承担涉税事项的法律责任。

法定代表人(负责人、业主)签名确认:

年　　月　　日

国家税务总局＿＿＿＿＿＿＿＿税务局:

　　本单位(纳税人名称:＿＿＿＿＿＿,纳税人识别号:＿＿＿＿＿＿)因自身原因没有办理实名办税信息采集。没有及时采集信息的人员如下:

序号	姓名	身份证号	职务
1			
2			
3			

　　本单位承诺将秉承诚信原则,按照税务机关要求,在＿＿＿＿年＿＿月＿＿日前完成实名办税信息采集工作。若逾期未履行,本单位自愿承担相应后果及责任。本单位授权经办人＿＿＿＿办理实名办税信息采集承诺业务。

　　特此承诺。

(公章)
承诺日期:　年　月　日

＿＿＿＿＿＿＿＿＿＿＿＿＿＿＿＿＿＿＿＿＿＿＿＿＿＿
本人确认上述信息属实,如有虚假,愿意承担相应责任。

　　　　　　经办人:　　　　　　　身份证号:
　　　　　　地　址:　　　　　　　日　　期:

图 4-3　新办纳税人实名办税信息采集承诺书

表4-8　"多证合一"登记信息确认表

尊敬的纳税人：

　　以下是您在工商机关办理注册登记时提供的信息。为保障您的合法权益，请您务必仔细阅读，对其中不准确的信息进行更正，对需要更新的信息进行补正，以便为您提供相关服务。

一、以下信息非常重要，请您务必仔细阅读并予以确认

纳税人名称				统一社会信用代码		
登记注册类型		批准设立机关				
生产经营期限起		生产经营期限止		开业（设立）日期		
注册地址			注册地址邮政编码		注册地址联系电话	
生产经营地址						
经营范围						
注册资本	币种		金额			
投资方名称	证件类型	证件号码 □□□□□□		投资比例	国籍或地址	
……	……	……		……	……	
联系人 项目	姓名	证件类型	证件号码 □□□□□□	固定电话	移动电话	
法定代表人						
财务负责人						

二、以下信息比较重要，请您根据您的实际情况予以确认

法定代表人电子邮箱	财务负责人电子邮箱

续表

投资总额	币种	金额
若您是总机构，请您确认		
分支机构名称	分支机构统一社会信用代码	
分支机构名称	分支机构统一社会信用代码	
分支机构名称	分支机构统一社会信用代码	
……	……	
若您是分支机构，请您确认		
总机构名称	总机构统一社会信用代码	

经办人：　　　　　纳税人（签章）

年　　月　　日

表4-9 税务登记表

（适用单位纳税人）

填表日期： 　年　 月　 日

纳税人名称								
纳税人识别号								
登记注册类型			批准设立机关			批准设立证明或文件号		
开业(设立)日期		生产经营期限		证照名称			证照号码	
注册地址			邮政编码			联系电话		
生产经营地址			邮政编码			联系电话		
核算方式	请选择对应项目打"√" □ 独立核算 □ 非独立核算(据实勾选)				从业人数　人		其中外籍人数＿＿＿＿	
单位性质	请选择对应项目打"√" □ 企业 □ 事业单位 □ 社会团体 □ 民办非企业单位 □ 其他(据实勾选)							
网站网址	(选填)			国标行业	请填写《国民经济行业分类标准》对应数字,如"零售业"填"65"			
适用会计制度	请选择对应项目打"√"(据实勾选) □ 企业会计制度 □ 小企业会计制度 □ 金融企业会计制度 □ 行政事业单位会计制度							
经营范围(据实填写)	请将法定代表人(负责人)身份证件复印件粘贴在此处。							

项目内容　联系人	姓　名	身份证件		固定电话	移动电话	电子邮箱
		种类	号　码			
法定代表人(负责人)		身份证/……				
财务负责人		身份证/……				
办税人		身份证/……				

税务代理人名称		纳税人识别号		联系电话		电子邮箱	
市　　　公司(选填)							
注册资本或投资总额		币种	金额	币种	金额	币种	金额
投资方名称	投资方经济性质	投资比例	证件种类	证件号码		国籍或地址	
自然人投资比例			外资投资比例			国有投资比例	
分支机构名称		注册地址			纳税人识别号		
总机构名称			纳税人识别号				
注册地址			经营范围				
法定代表人姓名		联系电话			注册地址邮政编码		
代扣代缴代收代缴税款业务情况	代扣代缴、代收代缴税款业务内容			代扣代缴、代收代缴税种			

附报资料：(据实填写)

经办人签章： 　　　　年　月　日	法定代表人(负责人)签章： 　　　　年　月　日	纳税人公章： 　　　　年　月　日

以下由税务机关填写：

纳税人所处街道		隶属关系	
主管税务机关		主管税务所(科)	
经办人(签章)： 税务机关经办人：............ 受理日期： ......年......月......日		税务登记机关 (税务登记专用章)： 核准日期： ......年......月......日 主管税务机关：	
核发《税务登记证副本》数量：　　本　　发证日期：......年......月......日			

国家税务总局监制

表 4－10　增值税一般纳税人登记表

纳税人名称				社会信用代码 (纳税人识别号)		
法定代表人 (负责人、业主)		证件名称及号码			联系电话	
财务负责人		证件名称及号码			联系电话	
办税人员		证件名称及号码			联系电话	
税务登记日期	年　　月　　日					
生产经营地址						
注册地址						
纳税人类别：企业□　非企业性单位□　个体工商户□　其他□						
主营业务类别：工业□　商业□　服务业□　其他□						
会计核算健全：是□						
一般纳税人生效之日：当月1日□　次月1日□						
纳税人(代理人)承诺： 　　会计核算健全，能够提供准确税务资料，上述各项内容真实、可靠、完整。如有虚假，愿意承担相关法律责任。 　　　经办人：　　　法定代表人：　　　代理人：　　　(签章) 　　　　　　　　　　　　　　　　　　　　　　　　　　　　　　年　　月　　日						
以下由税务机关填写						
税务 机关 受理 情况	受理人：　　　　　　　　　　　　　　　受理税务机关(章) 　　　　　　　　　　　　　　　　　　　　　　年　　月　　日						

表 4‑11 选择按小规模纳税人纳税的情况说明

纳税人名称		纳税人识别号							
连续不超过 12 个月的经营期内累计应税销售额		货物劳务：	年	月至	年	月共	元。		
		应税服务：	年	月至	年	月共	元。		
情况说明	由纳税人填写符合财政部、国家税务总局规定可选择按小规模纳税人纳税的具体情形及理由								
纳税人（代理人）承诺： 　　上述各项内容真实、可靠、完整。如有虚假，愿意承担相关法律责任。 　　经办人：　　　法定代表人：　　　代理人：　　　（签章） 　　　　　　　　　　　　　　　　　　　　　　　　年　　月　　日									
以下由税务机关填写									
主管税务机关受理情况	受理人：　　　　　　　　　　　　　主管税务机关（章） 　　　　　　　　　　　　　　　　　　　　年　　月　　日								

业务解析：

新办企业取得加载统一社会信用代码的营业执照，依次完成单位公章刻制和银行账户开立；取得"法人一证通"数字证书后，可持"法人一证通"登录电子税务局湖南省电子税务局进行"套餐式"办理。

1. 准备证件资料

需要准备的证件和资料有：营业执照、法人代表和代办人的身份证、授权证书、单位的公章、财务专用章、发票专用章、法人代表的姓名章等。

2. 登录与申请

（1）打开浏览器，进入"国家税务总局湖南省电子税务局"官网，依次点击【我要办税】—【套餐业务】—【新办纳税人套餐式服务】。

（2）【新办纳税人套餐式服务】功能界面，分为"首次登录"和"再次登录"，"首次登录"适用于未在湖南省电子税务局验证身份、设置密码且未在税务机关前台办理信息确认的新办纳税人；"再次登录"适用于已在湖南省电子税务局进行身份验证并设置密码的新办单位纳税人。

（3）若选择"再次登录"选项，则依次输入有效的"统一社会信用代码""法定代表人（业主）身份证号码""登录密码"，点击【下一步】完成登录，进入【新办纳税人套餐式服务】主界面。

（4）纳税人登录成功后，点击【新增信息】按钮，带出《套餐式服务使用协议》。仔细阅读《套餐式服务使用协议》，如有疑问可拨打 12366 纳税服务热线咨询，点击"已阅读并同意上述套餐式服务使用协议"和【下一步】按钮，进入"'新办纳税人套餐式服务'申请事项表"列表界面。

（5）在"'新办纳税人套餐式服务'申请事项表"列表界面，根据实际需求选择申请办理的涉税事项，"申请"和"不申请"两个单选框必须勾选其一。单位纳税人的"登记信息确认"和"实名认证"项默认为必申请项；"实名认证"项默认为"申请"，"财务会计制度及核算软件备案报告"项默认为"不申请"。每个涉税事项无论是否申请，都会出现相应的提示框，对该涉税事项办理的原则、前提条件、后续需要办理的涉税事项信息进行提醒。

3. 登记信息确认

按照"一照一码"登记制度新设立的纳税人首次办理涉税业务时，应凭借加载统一社会信用代码的营业执照补充完善相关信息的采集确认，税务机关不再核发税务登记证。

（1）纳税人核对"'多证合一'登记信息确认表"，仔细核对系统带出的工商共享信息，如工商带出信息有误或不完整，退出【登记信息确认】模块，前往市场监管部门办理核对和变更手续后，再重新办理涉税事宜；确认工商带出信息无误后，点击底部【确认】按钮，进入下一个界面。

（2）纳税人按照属地管理原则，根据生产经营地址选择主管税务机关，先选择市局，再选择区县局，选择完毕后点击【确认】按钮，跳转到"登记信息确认表"填写界面。

（3）纳税人根据实际情况填写"登记信息确认表"，填写完毕后，点击【保存】按钮，系统对当前表单逻辑关系进行校验，校验无误提示"保存成功"；若需要继续填写，点击【下一步】按钮进入下一个模块的填写操作，点击【下一步】按钮会自动保存当前表单；若发现前面的申请事项需要调整的，点击【上一步】按钮，回到上一个申请事项表单；如果需要关闭新办纳税人套餐式服务的内容填写，可以点击【关闭】按钮，回到查询界面。

4. 财务会计制度及核算软件备案报告

纳税人在录入【登记信息确认】后点击【下一步】，进入【财务会计制度及核算软件备案报告】界面，根据实际情况填写财务会计制度备案表。

5. 存款账户账号报告

纳税人填写完财务会计制度备案表，点击【下一步】，进入【存款账户账号报告】功能界面，根据实际情况填写"存款账户账号报告"，并上传银行开户许可证或账户账号开立证明图片材料。存款账户账号报告审核通过后，纳税人需打印"存款账户账号报告表"留存备查。纳税人需要使用电子缴税系统缴纳税费的，须与税务机关和开户银行签署授权（委托）划缴协议事项。

6. 增值税一般纳税人资格登记

纳税人填写完存款账户账号报告后，点击【下一步】，进入【增值税一般纳税人资格登记】功能界面，根据实际情况填写增值税一般纳税人资格登记。

7. 发票票种核定

纳税人在完成上一个页面的内容录入后，点击【下一步】，进入【发票票种核定】功能界面,根据实际情况填写发票票种核定表,填写完成后点击【保存】,校验通过后点击【下一步】,此时会弹出"操作成功,领票人请到主管税务机关进行实名认证"提示。

8. 增值税专用发票最高开票限额申请

纳税人完成发票票种核定后,点击【下一步】,进入【增值税专用发票最高开票限额申请】功能界面,根据实际情况填写增值税专用发票最高开票限额申请表。新办纳税人申请增值税专用发票最高开票限额不能超过 10 万元,超过 10 万元的增值税专用发票最高开票限额申请应前往主管税务机关办理。

9. 增值税税控系统专用设备申请及初始发行

(1) 阅读《增值税税控系统安装使用告知书》,然后点击【关闭】按钮,进入【增值税税控系统专用设备申请及初始发行】功能界面进行填写。

(2) 纳税人可以根据自己的需求选择航天信息和百旺金赋中的任意一家服务商。如果购买方式选择"现场支付领购",请持《增值税税控系统安装使用告知书》到第三方服务商公司现场支付领购防伪税控设备后,再将设备带至税务机关进行初始发行。

(3) 如果购买方式选择"网上支付领购",请完成在线支付后,联系服务商将领购的防伪税控设备送至主管税务机关完成初始发行。通过此功能向第三方服务机构提交增值税税控系统专用设备购买申请,同时税务机关需要对税控设备进行初始化处理,将开票所需的各种信息载入金税盘(税控盘)、报税盘。

10. 发票领用

点击【下一步】,进入【发票领用】功能界面,根据实际情况填写发票领用申请表。

11. 电子税务局开户

新办纳税人的法人代表或业主须首先前往税务机关办理实名认证,才能办理电子税务局用户注册。已完成实名认证的纳税人可通过主管税务机关前台或电子税务局网上办理的方式完成注册。

12. 实名信息采集

(1) 进入"实名信息采集"页面时,系统同时弹出阅读框,纳税人阅读完点击关闭。

(2) 点击"纳税人办税授权委托书""纳税人办税授权信息采集表"的链接功能键,点击下载打印"纳税人办税授权委托书"和"纳税人办税授权信息采集表",填写完毕后,点击【一键提交】,系统对当前表单逻辑关系进行校验,校验无误提示"您所申请的涉税事项是否全部填写完毕?",选择"否",仍为当前页。点击"是"系统弹出提示框:"提交成功,您的申请事项已经接收! 请在 3 个工作日内携带相关资料到主管税务机关办税大厅办理业务和实名认证。"

13. 查询新办纳税人套餐式服务的办理状态

纳税人通过【再次登录】界面登录成功,点击【查询】按钮,查询已录入的【新办纳税人套餐式服务】的办理状态:

(1) 状态为【待受理】,表示已经保存了申请表单,但未提交至税务机关。此时可以对申请表进行"修改"。

（2）状态为【已接收】,表示申请事项已提交至税务机关,等待税务机关处理。

（3）状态为【已退回】,表示提交的套餐式服务申请表单因登记信息确认表数据有误,被税务机关打包退回。

（4）状态为【已反馈】,表示提交的套餐式服务申请表单税务机关已全部审核完结。

业务 2：申请变更税务登记。

2023 年 3 月 1 日,长沙信达有限责任公司高层决议变更企业的经营范围,出纳员叶子按规定要求前往原市场监管机关办理变更税务登记手续,并成功领取了变更后的营业执照。2023 年 3 月 10 日,出纳员叶子前往原税务机关办理变更税务登记。请问叶子应该携带哪些证件资料办理?(税务登记变更表如表 4-12 所示)

表 4-12 税务登记变更表

纳税人名称			纳税人识别号		
变更登记事项					
序号	变更项目	变更前内容		变更后内容	批准机关名称及文件
送缴证件情况:					
纳税人 经办人:　　　　法定代表人(负责人):　　　　纳税人(签章) 　年　月　日　　　　年　月　日　　　　年　月　日					
经办税务机关审核意见: 经办人:　　　　负责人:　　　　税务机关(签章) 　年　月　日　　　年　月　日　　　　年　月　日					

【表单说明】

一、本表适用于各类纳税人变更税务登记填用。

二、报送此表时还应附送如下资料：

（一）税务登记变更内容与市场监督管理部门登记变更内容一致的应提交：

1．工商执照及工商变更登记表复印件；

2．纳税人变更登记内容的决议及有关证明文件；

3．主管税务机关发放的原税务登记证件（税务登记证正、副本和税务登记表等）；

4．主管税务机关需要的其他资料。

（二）变更税务登记内容与市场监督管理部门登记内容无关的应提交：

1．纳税人变更登记内容的决议及有关证明、资料；

2．主管税务机关需要的其他资料。

三、变更项目：填需要变更的税务登记项目。

四、变更前内容：填变更税务登记前的登记内容。

五、变更后内容：填变更的登记内容。

六、批准机关名称及文件：凡需要经过批准才能变更的项目须填写此项。

七、本表一式二份，税务机关一份，纳税人一份。

业务解析：

1．办理变更税务登记流程

办理变更税务登记的流程为：申请填表—受理并审核—领取审核结果。

2．操作步骤

（1）进入国家税务总局湖南省电子税务局首页，点击【我要办税】—【综合信息报告模块】。

（2）进入【身份信息报告】—【纳税人（扣缴人）身份信息确认】—【变更税务登记】。

（3）输入变更项目、变更前内容、变更后内容等信息，点击保存。

（4）上传附件资料。

（5）提交结果。

业务3：办理注销税务登记。

2023年6月10日，长沙信达有限责任公司因违法经营被市场监管机关吊销营业执照。2023年6月15日，向原税务机关申报办理注销税务登记，注销税务登记申请审批表如表4-13所示。

表4-13　注销税务登记申请审批表

纳税人名称		纳税人识别号	
注销原因			
附送资料			

续　表

纳税人			
经办人： 　年　月　日	法定代表人(负责人)： 　　年　月　日		纳税人(签章) 　　年　月　日
以下由税务机关填写			
受理时间	经办人： 　　年　　月　　日		负责人： 　　年　　月　　日
清缴税款、 滞纳金、 罚款情况	经办人： 　　年　　月　　日		负责人： 　　年　　月　　日
缴销发票情况	经办人： 　　年　　月　　日		负责人： 　　年　　月　　日
税务检查意见	检查人员： 　　年　　月　　日		负责人： 　　年　　月　　日

收缴税务 证件情况	种类	税务登记证正本	税务登记证副本	临时税务 登记证正本	临时税务 登记证副本
	收缴 数量				
	经办人： 　　年　　月　　日			负责人： 　　年　　月　　日	
批准意见	部门负责人： 　　年　　月　　日			税务机关(签章) 　　年　　月　　日	

业务解析：

1. 办理注销税务登记步骤

(1) 登录国家税务总局湖南省电子税务局，点击【注销前置事项办理套餐】菜单，进入注销登记引导页。

(2) 点击【注销预检】按钮可对未办结事项进行展示，处理完未办结事项后，再办理注销登记。

(3) 处理完欠税、处罚、逾期未申报后，可以进行【企业所得税清算报备】；点击【我要清算报备】，进入填写清算报备页面，录完企业所得税清算报备信息后，点击【下一步】，清算报备提交成功。

（4）企业所得税清算报备后，进行当期征期和当期属期申报，点击套餐中的当期申报，如报表有误，可点击【我要更正】或【我要作废】，可对申报表进行作废和更正。

（5）点击【我要清算申报】申报完成后，可点击【下一步】按钮再次进入【注销预检】，对未办结事项进行检测，如果没有未办结事项，则可以进行注销。

（6）纳税人点击【确定】按钮，进入原注销税务登记预检模块，点击【我要办理】进入原"注销税务登记申请表"。上传附送资料，确认填写无误后，点击【下一步】按钮，提交申请表。提交注销申请后，产生受理回执单，等待税务人员受理后在【事项进度管理】中查询受理结果。

（7）纳税人可在电子税务局的【我要查询】—【涉税文书查签】模块中签收"清税证明"通知书。在操作列中查看"清税证明"具体信息。

2. 提交报送资料

（1）"注销税务登记申请审批表"；

（2）被市场监督管理机关吊销营业执照，市场监督管理机关发出的吊销营业执照决定复印件；

（3）"发票领购簿"及未验旧、未使用的发票；

（4）当期申报表资料及完税凭证（结清税款、缴销发票的相关资料）；

（5）主管税务机关需要的其他证件和资料。

【任务考核】

任务考核表

实训任务				
实训目标				
实训收获				
评价主体	评价项目		分值	评价得分	加权得分
组员评价	职业素养	考勤	5		
		课堂表现	15		
	职业技能	任务完成度	25		
		任务完成质量	30		
	职业团队	沟通能力	10		
		协调能力	15		
小　计			100		

续　表

组长评价	职业素养	考勤	5	
		课堂表现	15	
	职业技能	任务完成度	25	
		任务完成质量	30	
	职业团队	沟通能力	10	
		协调能力	15	
小　计			100	
教师评价	职业素养	考勤	5	
		课堂表现	15	
	职业技能	任务完成度	25	
		任务完成质量	30	
	职业团队	沟通能力	10	
		协调能力	15	
小　计			100	
合　计				

学生签字：　　　　　　　　　　　　　　日期：

实训任务二　发票的领购、开具和保管

【任务导入】

2022年8月28日起,全电发票受票试点工作全面展开,涉及我国36个省、市和自治区。叶子是长沙信达有限责任公司的出纳员,在工作中收到全电发票后应该如何操作呢?

【任务目标】

一、技能目标

(1) 能掌握全电发票与使用税控设备开具电子发票的区别。

(2) 能掌握发票的种类、领购程序和适用范围。

(3) 能正确开具和保管不同类型的发票。

二、素养目标

培养遵纪守法的法治理念,正确开具和使用发票。

【任务准备】

发票是指一切单位和个人在购销商品、提供或接受服务以及从事其他经营活动中所开具和收取的业务凭证,是会计核算的原始依据,也是审计机关、税务机关执法检查的重要依据。作为一名合格的出纳员,必须掌握发票领购、开具和保管的相关技能。

一、发票的种类

发票按照使用设备的不同可分为税控发票和非税控发票。其中,税控发票是通过税控收款机系列产品打印并带有税控码等要素内容的发票,可分为卷式发票和平推式发票;非税控发票是指不需要使用税控专用设备而是通过电子(网络)发票应用系统开具的发票,如通用机打发票、通用定额发票、全电发票等。目前增值税发票主要包括以下几个票种:

（一）增值税专用发票

增值税专用发票是国家税务部门根据增值税征收管理需要而设定的,专用于纳税人销售货物或者提供增值税应税项目的一种发票。增值税一般纳税人、推行自开专用发票试点行业(住宿业、建筑业、鉴证咨询业、工业及信息传输、软件和信息技术服务业)的小规模纳税人均可自行开具增值税专用发票。增值税专用发票不仅是购销双方收付款的凭证,同时也可作为增值税一般纳税人购买方用于抵扣增值税进项税额的凭证。增值税专用发票分为中文三联无金额限制版和中文六联无金额限制版两种。两个版本的第一联为记账联,是销售方记账凭证;第二联为抵扣联,是购买方记账凭证;第三联为发票联,是购买方记账凭证。六联版的其他联次由纳税人自行确定用途。

（二）增值税普通发票

增值税普通发票主要由增值税小规模纳税人使用,增值税一般纳税人在不能开具专用发票的情况下也可使用普通发票。普通发票由行业发票和专用发票组成。行业发票适用于某个行业和经营业务,如商业零售统一发票、商业批发统一发票、工业企业产品销售统一发票等;专用发票仅适用某一经营项目,如广告费用结算发票、商品房销售发票等。

（三）增值税电子发票

增值税电子发票是经营活动中开具或收取的数据电文形式的收付款凭证,即电子形式的发票。电子发票是信息时代的产物,采用税务局统一发放的形式给商家使用,其法律效力、基本用途、基本使用规定等与税务机关监制的增值税纸质发票相同。电子发票分为增值税电子普通发票和增值税电子专用发票，一般以PDF格式文件存在，可供纳税人下载存储在手机、U盘等其他电子储存设备中。增值税电子发票的开票方和受票方需要纸质发票的，可以自行打印增值税电子发票的版式文件。随着电商企业的兴起，电子发票可以有效规范电商企业的运营，减少企业偷税漏税的行为，降低税务机关发票管理的成本。

（四）全电发票

2021年11月30日，上海市税务局、广东省税务局、内蒙古自治区税务局先后发布了《关于开展全面数字化的电子发票试点工作的公告》，明确自12月1日起，依托全国统一的电子发票服务平台，试点开展全面数字化的电子发票（以下简称“全电发票”），24小时在线免费为纳税人提供全电发票开具、交付、查验等服务，实现发票全领域、全环节、全要素电子化。

全面数字化的电子发票简称“全电发票”，是指依托可信身份体系和全电电子发票服务平台，以去介质、去版式、标签化、要素化、授信制、赋码制为基本特征，覆盖全领域、全环节、全要素的全新发票。全电发票在电子发票的基础上，重新设计了票面要素，简化了购买方、销售方的信息，同时取消了发票联次的设计及收款人和复核人栏。全电发票的票面信息包括基本内容和特定内容。试点纳税人从事特定行业、经营特殊商品服务及特定应用场景业务的，需填写相应内容，票面展示信息也略有不同。特定行业、特殊商品服务及特定应用场景包括但不限于建筑服务、旅客运输服务、货物运输服务、不动产销售、不动产经营租赁、差额征税等。对需要开具特定业务发票的试点纳税人，在开具全电发票时，票面左上角会展示该业务类型的字样。全电发票（增值税专用发票）和全电发票（增值税普通发票）的样式如图4-4和图4-5所示。

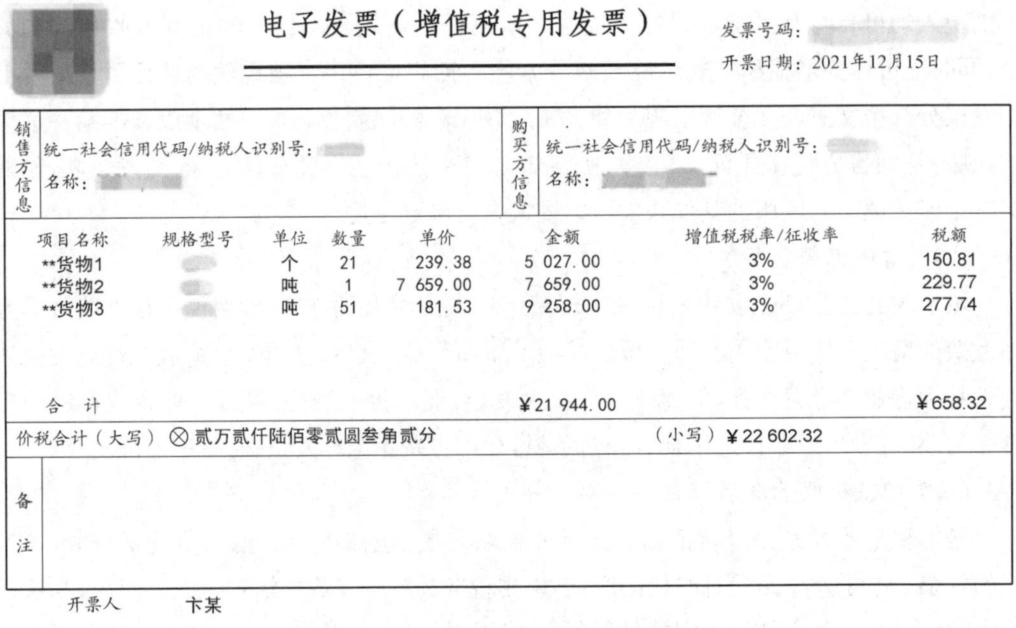

电子发票（增值税专用发票）

发票号码：

开票日期：2021年12月15日

销售方信息	统一社会信用代码/纳税人识别号： 名称：	购买方信息	统一社会信用代码/纳税人识别号： 名称：

项目名称	规格型号	单位	数量	单价	金额	增值税税率/征收率	税额
**货物1		个	21	239.38	5 027.00	3%	150.81
**货物2		吨	1	7 659.00	7 659.00	3%	229.77
**货物3		吨	51	181.53	9 258.00	3%	277.74
合　计					¥21 944.00		¥658.32

价税合计（大写）⊗贰万贰仟陆佰零贰圆叁角贰分　（小写）¥22 602.32

备注

开票人　卞某

图4-4　全电发票（增值税专用发票）

图 4-5　全电发票(增值税普通发票)

全电发票无联次,基本内容包括：动态二维码、发票号码、开票日期、购买方信息、销售方信息、项目名称、规格型号、单位、数量、单价、金额、税率/征收率、税额、合计、价税合计（大写、小写）、备注、开票人。全电发票的发票号码为 20 位,其中：第 1—2 位代表公历年度后两位,第 3—4 位代表各省、自治区、直辖市和计划单列市行政区划代码,第 5 位代表全电发票开具渠道等信息,第 6—20 位代表顺序编码等信息。通过电子发票服务平台开具的纸质专用发票和纸质普通发票,其发票密码区不再展示发票密文,改为展示电子发票服务平台赋予的 20 位发票号码及全国增值税发票查验平台网址。全电发票、电子发票与纸质发票的区别如表 4-14 所示。

表 4-14　全电发票、电子发票与纸质发票的区别

发票形式	全电发票	电子发票	纸质发票
工具与平台	(1) 统一的全国电子发票服务平台; (2) 全电发票开具、交付、查验以及用途勾选等一站式服务; (3) 免费领用,无须使用税控专用设备	(1) 安装增值税发票开票软件(税务 UKey 版); (2) 每个税号/每年收取开票服务费; (3) 查验、认证发票按发票张数收取费用	(1) 航信或百旺税控开票服务商 (2) 需购买税控开票设备
应用范围	(1) 2021 年上海市、广东省(不含深圳)、内蒙古自治区试点开具全电发票;	(1) 增值税电子普通发票全国范围通用;	全国范围通用

续　表

发票形式	全电发票	电子发票	纸质发票
应用范围	(2) 2022 年 8 月 28 日起,上海市、广东省(不含深圳)、内蒙古自治区以外的纳税人暂仅作为受票方,分步接收试点纳税人开具的全电发票; (3) 预计 2023 年底全电发票开具和接受全国覆盖	(2) 增值税电子专用发票用于部分地区新设立纳税人试点	
发票规范	(1) 取消发票联次,取消发票代码、校验码、机器编号、购销方地址和银行信息; (2) "去版式"满足个性业务需求:全电发票可以选择以数据电文形式交付,破除 PDF、OFD 等特定版式要求; (3) 根据不同业务进行差异化展示:特定业务发票,发票左上角会展示该业务类型的字样	PDF、OFD 电子发票样式	纸质发票样式
发票应用	(1) 无须办理发票票种核定; (2) 无须领用全电发票,通过"赋码制"取消特定发票号段申领,通过"授信制"自动为纳税人赋予开具金额总额度,取消发票票面限额; (3) 新办纳税人可实现"开业即可开票"; (4) 申报抵扣增值税进项税额需通过电子发票服务平台确认发票用途,提供发票入账标识功能,减少异常红冲	(1) 需要申领发票; (2) 专用发票红冲需要购买方确认; (3) 普通发票红冲无须购买方确认	(1) 需要申领发票; (2) 需要购买税控专用设备

二、发票领购手续

根据《中华人民共和国发票管理办法》(以下简称"《发票管理办法》")的规定,首次申请领购发票的单位和个人应当提出购票申请,同时提供经办人身份证明及发票专用章的印模等资料,经主管税务机关审核后发给其"发票领购簿"。新办纳税人首次申领增值税发票主要包括发票票种核定、增值税专用发票(增值税税控系统)最高开票限额审批、增值税税控系统专用设备初始发行、发票领用等涉税事项。发票票种核定需要注意两个范围:增值税专用发票最高开票限额不超过 10 万元,每月最高领用数量不超过 25 份;增值税普通发票最高开票限额不超过 10 万元,每月最高领用数量不超过 50 份。各省税务机关可以在此范围内结合纳税人的税收风险程度,自行确定新办纳税人首次申领增值税发票票种的核定标准。

三、发票的开具

根据《发票管理办法》的规定,销售商品、提供服务以及从事其他经营活动的单位和个人,对外发生经营业务收取款项,收款方应当向付款方开具发票;特殊情况下,由付款方向收款方开具发票。所有单位和从事生产、经营活动的个人在购买商品、接受服务以及从事其他经营活动支付款项时,应当向收款方取得发票。取得发票时,不得要求变更品名和金额。不符合规定的发票,不得作为财务报销凭证,任何单位和个人有权拒收。

开具纸质发票后,如需作废发票,应当收回原发票并注明"作废"字样;如需开具红字发票,应当收回原发票注明"作废"字样或取得对方有效证明。开具电子发票后,如需开具红字发票,应当取得对方有效证明。

单位和个人在开具发票时,应当按照规定的时限、顺序、栏目,全部联次一次性如实开具,并在纸质发票联和抵扣联加盖发票专用章。使用金税盘、税控盘开票软件通过第三方电子发票服务平台开具的电子发票上,相应位置已有开票系统生成的发票专用章,不需要纳税人另外再加盖发票专用章。使用税务 UKey 版开票软件通过增值税电子发票公共服务平台开具属于税务机关监制的发票,采用电子签名代替发票专用章,不必加盖发票专用章。

任何单位和个人不得有下列虚开发票行为:(1)为他人、为自己开具与实际经营业务情况不符的发票;(2)让他人为自己开具与实际经营业务情况不符的发票;(3)介绍他人开具与实际经营业务情况不符的发票。

四、发票的保管

根据《发票管理办法》的规定,任何单位和个人应当按照发票管理规定使用发票,不得有下列行为:

(1)转借、转让、介绍他人转让发票、发票监制章和发票防伪专用品;

(2)知道或者应当知道是私自印制、伪造、变造、非法取得或者废止的发票而受让、开具、存放、携带、邮寄、运输;

(3)拆本使用发票;

(4)扩大发票使用范围;

(5)以其他凭证代替发票使用;

(6)窃取、截留、篡改、出售、泄露发票数据。

使用发票的个人和单位,应当设置发票登记簿,建立发票使用登记制度,并按时向主管国家税务机关报告发票使用情况,不得丢失发票。个人和单位应当在办理变更或者注销税务登记的同时,办理发票的核定信息变更、缴销手续。开具发票的单位和个人应当按照税务机关的规定存放和保管发票,不得擅自损毁。已经开具的发票存根联,应当保存5年。

【任务实施】

业务 1：电子税务局领购发票操作。

2023 年 4 月 1 日,长沙信达有限责任公司财务主管通知钱清办理发票领用,出纳员钱清应如何通过电子税务局领购发票？

业务解析：

出纳员钱清登录湖南省电子税务局官网完成企业身份验证后,进入登录首页,如图 4-6 所示。

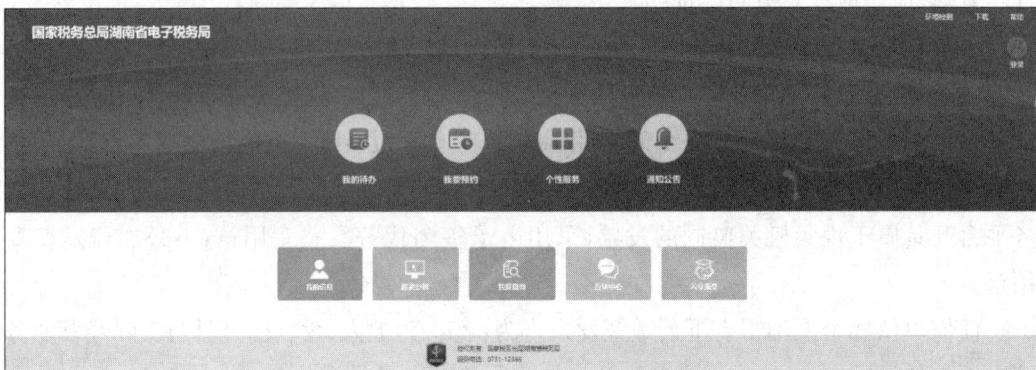

图 4-6　湖南省电子税务局登录首页

第一步：点击【我要办税】—【发票使用】—【发票领用】,进入发票领用界面。

第二步：选择需要领用的"发票种类"、录入"领用数量",选择"领取方式",如果选择"领取方式"为立即邮寄或者顺丰速运,还需要选择邮寄地址,点击【下一步】按钮。

第三步：核对选择内容无误后点击【保存】,点击【提交申请】并完成邮费缴纳,申领发票提交至税务机关审核办理。

需要注意的是：领用份数不满足领票份数需要,可通过【我要办税】—【发票使用】—【发票验旧】先进行验旧,再进行发票领用。收到税务机关邮寄的发票后,将发票领用情况写入增值税发票税控设备。如果纳税人有欠税信息或者税务违法行为,则不能在电子税务局或自助机上领取发票,必须去办税服务厅窗口缴纳完所欠税款或处理完税务违法行为后,才能进行网上申领发票操作。如果纳税人曾办理过企业所得税延期缴纳优惠政策,系统同样会带出欠缴信息导致无法网上领取发票,只能去办税服务厅窗口领取发票。

业务 2：全电发票的查验、抵扣、入账和归档。

2023 年 5 月 20 日,长沙信达有限责任公司出纳员钱清接收到广东省试点纳税人开具的带有"增值税专用发票"字样的全电发票,请问对这张全电发票应如何办理查验、抵扣、入账和归档？

业务解析：

（1）全电发票的查验操作。

方式1：登录国家税务总局全国增值税发票查验平台，如图4-7所示。对收到的全电发票进行查验，根据查验说明提示输入发票号码、开票日期、开具金额（不含税金额）和验证码后，点击查验按钮，就可以查验全电发票真伪。也可以点击【导入】按钮，直接上传XML、OFD、PDF格式文件进行全电发票的查验。

图4-7　国家税务总局全国增值税发票查验平台

方式2：通过增值税发票综合服务平台税务数字账户发票查验模块对全电发票信息进行查验。

首次访问增值税发票综合服务平台（湖南）需根据提示下载安装驱动程序和应用客户端，登录增值税发票综合服务平台（湖南），如图4-8所示。进入"税务数字账户"模块，根据提示点击选择相应的发票类别、发票来源、发票类型后，即可查询到接受的全电发票。

（2）全电发票的抵扣操作。

出纳员钱清登录图4-8所示的增值税发票综合服务平台（湖南），进入【抵扣勾选】—【发票抵扣勾选】模块，根据页面提示点击选择相应的全电发票后，点击【提交】就可以正常抵扣。

图 4-8 增值税发票综合服务平台(湖南)首页

(3) 全电发票的入账和归档。

出纳员钱清取得全电发票报销入账归档的,应当按照《会计档案管理办法》(财政部、国家档案局令第 79 号)和《财政部 国家档案局关于规范电子会计凭证报销入账归档的通知》(财会〔2020〕6 号)的相关规定执行。根据规定,纳税人仅使用全电发票电子件进行报销入账归档的,可不再另以纸质形式保存。纳税人如果需要以全电发票的纸质打印件作为报销入账归档依据的,应当同时保存全电发票电子件。出纳员钱清以全电发票的纸质打印件报销入账,应保存好全电发票电子件。

业务 3: 全电发票红冲业务操作。

2023 年 6 月 2 日,A 公司(广东省试点纳税人)销售一批货物给长沙信达有限责任公司,已开具带有"增值税专用发票"字样的全电发票。长沙信达有限责任公司出纳员钱清收到这张全电发票后勾选抵扣并入账。2023 年 7 月 10 日,该批货物发生销货退回,出纳员钱清对这张全电发票应如何处理?

业务解析:

(1) 出纳员钱清登录增值税发票综合服务平台(湖南),点击【我要办税】—【税务数字账户】;

(2) 跳转后页面有 5 个模块,分别为公司信息、业务办理功能区、开票业务统计、用票业务统计及风险提示,点击【红字信息确认单】,再点击【红字发票确认信息处理】。

(3) 在页面内购/销方选择【我是购买方】,在确认单状态选择【销方录入待购方确认】,点击【查询】,在查询结果内点击【查看】,点击【确认】。

(4) 跳转【信息确认】页面,根据已选票据明细,核实对方申请红冲发票的具体信息,点击【确认】,用票方即对红字发票信息确认单确认成功。

(5) 开票方 A 公司财务人员完成红字发票信息确认后,点击【同意】,系统生成"红字发票信息确认单",如图 4-9 所示,A 公司财务人员据此开具红字全电发票。

红字发票信息确认单

开具红字发票确认信息内容	项目名称	数量	单价	金额	税率	税额
	合计	--	--	0	--	0
一、录入方身份: 1. 销售方 ☑　2. 购买方 ☐ 二、红冲原因: 1. 开票有误 ☐　2. 销货退回 ☐　3. 服务中止 ☑　4. 销售折让 ☐ 三、对应蓝字发票抵扣增值税销项税额情况: 1. 已抵扣 ☐　2. 未抵扣 ☐ 对应蓝字发票代码:　　号码:						
红字发票信息确认单编号						

拒绝原因:

同意　　　　拒绝

图 4-9　红字发票信息确认单

【任务考核】

任务考核表

实训任务					
实训目标					
实训收获					
评价主体	评价项目		分值	评价得分	加权得分
组员评价	职业素养	考勤	5		
		课堂表现	15		
	职业技能	任务完成度	25		
		任务完成质量	30		
	职业团队	沟通能力	10		
		协调能力	15		
小　计			100		

续　表

组长评价	职业素养	考勤	5	
		课堂表现	15	
	职业技能	任务完成度	25	
		任务完成质量	30	
	职业团队	沟通能力	10	
		协调能力	15	
小　计			100	
教师评价	职业素养	考勤	5	
		课堂表现	15	
	职业技能	任务完成度	25	
		任务完成质量	30	
	职业团队	沟通能力	10	
		协调能力	15	
小　计			100	
合　计				

学生签字：　　　　　　　　　　　　日期：

实训任务三　增值税及附加税费的纳税申报

【任务导入】

2023 年 5 月 10 日,钱清为长沙信达有限责任公司办理增值税及附加税(费)的申报,请问钱清应如何正确填写"增值税及附加税费申报表"及其附列资料呢?

【任务目标】

一、技能目标

(1) 能正确计算增值税销项税额、进项税额和应纳税额。

(2) 能正确填写"增值税及附加税费申报表(一般纳税人适用)"及其附表。

(3) 能正确填写"增值税及附加税费申报表(小规模纳税人适用)"及其附表。

（4）能熟练办理增值税及附加税费的纳税申报工作。

二、素养目标

（1）树立依法纳税、诚信纳税的意识。

（2）形成认真严谨的工作作风。

【任务准备】

纳税申报是纳税人在履行纳税义务时，就应纳税款的计算、缴纳等有关情况向税务机关提出书面报告的一种法定手续，也是税务机关办理税款征收业务、核实应征税款、开具完税凭证的一项主要依据。税法明确规定纳税人和扣缴义务人必须在规定期限内报送纳税申报表和各种附表，否则将受到税务机关的行政处罚。目前，税务机关为纳税人提供了直接申报（上门申报）、邮寄申报、数据电文申报、简易申报、银行网点申报、委托银行扣缴税款等多种申报方式进行报税。

一、增值税的含义

增值税是指对在我国境内销售货物，提供加工、修理修配劳务，销售服务、无形资产或者不动产以及进口货物的企业单位和个人，就其销售货物、劳务、服务、无形资产或者不动产的增值额和进口货物金额为计税依据而课征的一种流转税。因为增值税是对商品生产和流通中各环节的新增价值征税，所以称为"增值税"。

二、增值税的征税范围

增值税的征税范围包括在中国境内销售货物，提供加工、修理修配劳务，进口货物，销售服务，销售无形资产，销售不动产。

（一）征税范围的一般规定

1. 销售货物

销售货物，是指在中华人民共和国境内有偿转让货物的所有权。货物，是指有形动产，包括电力、热力、气体在内。有偿，是指从购买方取得货币、货物或者其他经济利益。

2. 提供加工、修理修配劳务

提供加工、修理修配劳务，是指有偿提供加工、修理修配劳务。加工，是指受托加工货物，即委托方提供原料及主要材料，受托方按照委托方的要求，制造货物并收取加工费的业务；修理修配，是指受托对损伤和丧失功能的货物进行修复，使其恢复原状和功能的业务。

3. 进口货物

进口货物，是指申报进入中国海关境内的货物。只要是报关进口的应税货物，均属于增值税的征税范围,除享受免税政策外,进口货物应在进口环节缴纳增值税。

4. 销售服务

销售服务,是指提供交通运输服务、邮政服务、电信服务、建筑服务、金融服务、现代服务、生活服务。

5. 销售无形资产

销售无形资产,是指转让无形资产所有权或者使用权的业务活动。无形资产,是指不具实物形态,但能带来经济利益的资产,包括技术、商标、著作权、商誉、自然资源使用权和其他权益性无形资产。

6. 销售不动产

销售不动产,是指转让不动产所有权的业务活动。不动产,是指不能移动或者移动后会引起性质、形状改变的财产,包括建筑物、构筑物等。

(二)征税范围的特殊规定

1. 视同销售货物

根据《中华人民共和国增值税暂行条例实施细则》的规定,单位或者个体工商户的下列行为,虽然没有取得销售收入,也视同销售应税货物,征收增值税:

(1)将货物交付其他单位或者个人代销;

(2)销售代销货物;

(3)设有两个以上机构并实行统一核算的纳税人,将货物从一个机构移送到其他机构用于销售,但相关机构设在同一县(市)的除外;

(4)将自产、委托加工的货物用于非增值税应税项目;

(5)将自产、委托加工的货物用于集体福利或个人消费;

(6)将自产、委托加工或者购进的货物作为投资,提供给其他单位或者个体工商户;

(7)将自产、委托加工或者购进的货物分配给股东或投资者;

(8)将自产、委托加工或者购进的货物无偿赠送其他单位或个人。

2. 混合销售行为

一项销售行为如果既涉及货物又涉及服务,为混合销售行为。根据规定,从事货物的生产、批发或者零售的单位和个体工商户的混合销售行为,按照销售货物缴纳增值税;其他单位和个体工商户的混合销售行为,按照销售服务缴纳增值税。

3. 兼营行为

兼营,是指纳税人的经营中既包括销售货物和加工修理修配劳务,又包括销售服务、无形资产或者不动产的行为。根据规定,纳税人兼营销售货物、劳务、服务、无形资产或者不动产,适用不同税率或者征收率的,应当分别核算适用不同税率或者征收率的销售额;未分别核算销售额的,从高适用税率或者征收率。

三、增值税纳税人

（一）纳税人

在中华人民共和国境内销售货物或者提供加工、修理修配劳务，销售服务、无形资产、不动产以及进口货物的单位和个人，为增值税的纳税人。对于销售货物、提供加工修理修配劳务或者进口货物的行为，单位租赁或者承包给其他单位或者个人经营的，以承租人或者承包人为纳税人。

（二）纳税人的分类管理

为了严格增值税的征收管理，根据纳税人的经营规模大小以及会计核算健全与否，将增值税的纳税人分为一般纳税人和小规模纳税人，并实行不同的征收和管理方式。

（三）扣缴义务人

中华人民共和国境外的单位或个人在境内提供应税劳务，在境内未设有经营机构的，以其境内代理人为扣缴义务人；在境内没有代理人的，以购买者为扣缴义务人。中华人民共和国境外的单位或者个人在境内发生营改增应税行为，在境内未设有经营机构的，以购买方为增值税扣缴义务人。

四、增值税税率

（一）增值税基本税率

增值税的基本税率为 13%，适用于纳税人销售或者进口货物（适用 9% 低税率的除外）、销售劳务、销售有形动产租赁服务。

（二）增值税低税率

（1）一般纳税人销售或者进口下列货物，按低税率计征增值税，税率为 9%：

① 粮食等农产品、食用植物油、食用盐；

② 自来水、暖气、冷气、热水、煤气、石油液化气、天然气、二甲醚、沼气、居民用煤炭制品；

③ 图书、报纸、杂志、音像制品、电子出版物；

④ 饲料、化肥、农药、农机、农膜；

⑤ 国务院规定的其他货物。

（2）一般纳税人销售交通运输服务、邮政服务、基础电信服务、建筑服务、不动产租赁服务，销售不动产，转让土地使用权，税率为 9%。

（3）一般纳税人销售增值电信服务、金融服务、现代服务和生活服务，销售土地使用权以外的无形资产，税率为 6%。

（三）增值税零税率

零税率是税收优惠的一种体现，是为了鼓励企业出口货物或者劳务而采用的一种税率。纳税人出口货物或者劳务,适用增值税零税率,但是国务院另有规定的除外。

（四）增值税征收率

小规模纳税人采用简易计税办法征收增值税,征收率为 3%,财政部和国家税务总局另有规定的除外。一般纳税人发生财政部和国家税务总局规定的特定应税行为,可以选择适用简易计税方法计税,但一经选择,36 个月内不得变更。

五、增值税应纳税额的计算

增值税的计税方法,主要包括一般计税方法和简易计税方法。我国目前对一般纳税人增值税的计算一般情况下采用一般计税方法,某些特殊情况下采用或者选择采用简易计税方法,对小规模纳税人增值税的计算采用简易计税方法。

（一）一般计税方法应纳税额的计算

一般计税方法,也就是国际上通行的购进扣税法,即先按当期销售额和适用税率计算出销项税额(这是对全部销售金额的征税),然后对当期购进项目已经缴纳的税款(所含税款)进行抵扣,从而间接计算出当期增值额部分的应纳税额。

增值税一般纳税人在一般计税方法下销售货物、劳务、服务、无形资产、不动产(统称应税销售行为),应纳税额为当期销项税额抵扣当期进项税额后的余额。应纳税额的计算公式如下:

$$应纳税额＝当期销项税额－当期进项税额$$

（二）简易计税方法应纳税额的计算

简易计税方法既适用于小规模纳税人销售货物、劳务、服务、无形资产或者不动产,又适用于一般纳税人的特定应税行为。简易计税方法的应纳税额,是指按照销售额和增值税征收率计算的增值税额,不得抵扣进项税额。简易计税方法下应纳税额的计算公式如下:

$$应纳税额＝销售额×征收率$$

简易计税方法的销售额不包括其应纳税额,纳税人采用销售额和应纳税额合并定价方法的,其销售额的计算公式如下:

$$销售额＝含税销售额÷(1＋征收率)$$

（三）进口货物应纳税额的计算

进口货物的应纳税额,应按照组成计税价格和规定的税率计算。应纳税额和组成计税价格的计算公式如下:

$$应纳税额＝组成计税价格×增值税税率$$

如果进口的货物不征消费税,则组成计税价格的计算公式为:

$$组成计税价格＝关税完税价格＋关税税额$$
$$＝关税完税价格×(1＋关税税率)$$

如果进口的货物应征消费税,则组成计税价格的计算公式为:

$$组成计税价格＝关税完税价格＋关税税额＋消费税$$
$$＝(关税完税价格＋关税税额)÷(1－消费税税率)$$

需要注意的是,进口环节缴纳的增值税可作为国内销售环节的进项税额抵扣。进口货物的关税完税价格包括运抵我国海关前发生的包装费、运输费、保险费等,不包括运抵我国海关后发生的费用。

六、增值税的征收管理

(一)纳税义务发生时间

纳税义务发生时间,是纳税人发生应税行为应当承担纳税义务的起始时间。销售货物或者应税劳务的纳税义务发生时间为收讫销售款项或者取得索取销售款项凭据的当天;先开具发票的,为开具发票的当天。按销售结算方式的不同,具体确定为:

(1) 采取直接收款方式销售货物的,不论货物是否发出,均为收到销售款项或取得索取销售款项凭据的当天。

(2) 采取托收承付和委托银行收款方式销售货物的,为发出货物并办妥托收手续的当天。

(3) 采取赊销和分期收款方式销售货物的,为书面合同约定的收款日期的当天,无书面合同的或者书面合同没有约定收款日期的,为货物发出的当天。

(4) 采取预收货款方式销售货物的,为货物发出的当天,但生产销售生产工期超过12个月的大型机械设备、船舶、飞机等货物,为收到预收款或者书面合同约定的收款日期的当天。

(5) 委托其他纳税人代销货物的,为收到代销单位的代销清单或者收到全部或者部分货款的当天。未收到代销清单及货款的,为发出代销货物满180天的当天。

(6) 销售应税劳务,为提供劳务同时收讫销售款项或者取得索取销售款项的凭据的当天。

(7) 纳税人发生视同销售货物行为(不包括代销行为)的,为货物移送的当天。

(8) 纳税人进口货物,其纳税义务发生时间为报关进口的当天。

(二)纳税地点

为了保证纳税人按期申报纳税,税法具体规定了增值税的纳税地点:

(1) 固定业户应当向其机构所在地的主管税务机关申报纳税。总机构和分支机构不在同一县(市)的,应当分别向各自所在地的主管税务机关申报纳税;经国务院财政、税务主管部门或者其授权的财政、税务机关批准,可以由总机构汇总向总机构所在地的主管税务机关申报纳税。

（2）非固定业户销售货物或者劳务，应当向销售地或者劳务发生地的主管税务机关申报纳税；未向销售地或者劳务发生地的主管税务机关申报纳税的，由其机构所在地或者居住地的主管税务机关补征税款。

（3）进口货物，应当向报关地海关申报纳税。

（4）其他个人提供建筑服务，销售或者租赁不动产，转让自然资源使用权，应向建筑服务发生地、不动产所在地、自然资源所在地主管税务机关申报纳税。

（5）扣缴义务人应当向其机构所在地或者居住地的主管税务机关申报缴纳其扣缴的税款。

（三）纳税期限

在明确了增值税纳税义务发生时间后，还需要掌握具体纳税期限，以保证按期缴纳税款。增值税的纳税期限分别为 1 日、3 日、5 日、10 日、15 日、1 个月或者 1 个季度。纳税人的具体纳税期限，由主管税务机关根据纳税人应纳税额的大小分别核定；不能按照固定期限纳税的，可以按次纳税。纳税人进口货物，应当自海关填发进口增值税专用缴款书之日起 15 日内缴纳税款。

七、增值税及附加税费的纳税申报

为了进一步简并申报次数，减少申报时间，提高纳税申报的便利性，从 2021 年 8 月 1 日起，国家税务总局决定对税种间关联性较强的增值税、消费税和附加税费实行合并申报，启用了新的申报表。新启用的"增值税及附加税费申报表（一般纳税人适用）""增值税及附加税费申报表（小规模纳税人适用）""增值税及附加税费预缴表"及其附列资料和"消费税及附加税费申报表"中，附加税费申报表作为附列资料或附表，纳税人在进行增值税申报的同时完成附加税费申报。具体为纳税人填写完增值税相关申报信息后，自动带入附加税费附列资料（附表）；纳税人填写完附加税费其他申报信息后，回到增值税申报主表，形成纳税人本期应缴纳的增值税和附加税费，上述表内信息预填均由系统自动实现。

【任务实施】

本任务主要进行增值税及附加税费的纳税申报工作

业务 1：增值税及附加税费一般纳税人的纳税申报。

长沙信达有限责任公司为商贸企业增值税一般纳税人，社会信用代码：914305896523012589，适用的增值税税率为 13%，城市维护建设税的税率为 7%，教育费附加计征比率为 3%，地方教育附加的费率为 2%（该公司不符合附加税减免政策），2023 年 7 月的报税资料情况如下：

（1）销售发票统计表如表 4-15 所示。

表4‐15　销售发票统计表

发票类型	发票数/份	不含税销售额/元	税率	销项税额/元
增值税专用发票	14	1 200 000	13%	156 000
增值税普通发票	16	800 000	13%	104 000
合计	30	2 000 000	—	260 000

（2）进项发票统计表如表4‐16所示。

表4‐16　进项发票统计表

发票类型	发票数/份	不含税销售额/元	税率	进项税额/元
增值税专用发票	12	1 000 000	13%	130 000
增值税普通发票	6	500 000	6%	30 000
合计	18	1 500 000	—	160 000

（以上进项发票均已认证，并在本月抵扣）

本月缴纳专用设备技术维护费共计280元（可以全额抵扣）；本月因管理不善导致损失需要做进项税额转出5 000元，本月缴纳上月应交增值税50 000元，期初不存在留抵税额。

请根据上述资料，计算长沙信达有限责任公司2023年7月应缴纳的增值税，并填写"增值税及附加税费申报表（一般纳税人适用）"（如表4‐17所示）及其附列资料（如表4‐18至表4‐23所示）。

表4‐17　增值税及附加税费申报表

（一般纳税人适用）

根据国家税收法律法规及增值税相关规定制定本表。纳税人不论有无销售额，均应按税务机关核定的纳税期限填写本表，并向当地税务机关申报。

税款所属时间：自　　年　　月　　日至　　年　　月　　日　　填表日期：　　年　　月　　日

金额单位：元（列至角分）

纳税人识别号（统一社会信用代码）：□□□□□□□□□□□□□□□□□□

所属行业：

纳税人名称：		法定代表人姓名		注册地址		生产经营地址		
开户银行及账号			登记注册类型			电话号码		
项　　目		栏次	一般项目		即征即退项目			
			本月数	本年累计	本月数	本年累计		
销售额	（一）按适用税率计税销售额	1						
	其中：应税货物销售额	2						

销售额	应税劳务销售额	3			
	纳税检查调整的销售额	4			
	（二）按简易办法计税销售额	5			
	其中：纳税检查调整的销售额	6			
	（三）免、抵、退办法出口销售额	7		——	——
	（四）免税销售额	8		——	——
	其中：免税货物销售额	9		——	——
	免税劳务销售额	10		——	——
税款计算	销项税额	11			
	进项税额	12			
	上期留抵税额	13			——
	进项税额转出	14			
	免、抵、退应退税额	15		——	——
	按适用税率计算的纳税检查应补缴税额	16		——	——
	应抵扣税额合计	$17=12+13-14-15+16$		——	——
	实际抵扣税额	18（如 $17<11$，则为17，否则为11）			
	应纳税额	$19=11-18$			
	期末留抵税额	$20=17-18$			——
	简易计税办法计算的应纳税额	21			
	按简易计税办法计算的纳税检查应补缴税额	22		——	——
	应纳税额减征额	23			
	应纳税额合计	$24=19+21-23$			
税款缴纳	期初未缴税额（多缴为负数）	25			
	实收出口开具专用缴款书退税额	26		——	——

续　表

税款缴纳	本期已缴税额	27＝28＋29＋30＋31			
	① 分次预缴税额	28		——	——
	② 出口开具专用缴款书预缴税额	29		——	——
	③ 本期缴纳上期应纳税额	30			
	④ 本期缴纳欠缴税额	31			
	期末未缴税额(多缴为负数)	32＝24＋25＋26－27			
	其中：欠缴税额(≥0)	33＝25＋26－27		——	——
	本期应补(退)税额	34＝24－28－29			
	即征即退实际退税额	35	——	——	
	期初未缴查补税额	36			——
	本期入库查补税额	37			——
	期末未缴查补税额	38＝16＋22＋36－37			——
附加税费	城市维护建设税本期应补(退)税额	39			
	教育费附加本期应补(退)费额	40			——
	地方教育附加本期应补(退)费额	41			——

声明：此表是根据国家税收法律法规及相关规定填写的,本人(单位)对填报内容(及附带资料)的真实性、可靠性、完整性负责。

纳税人(签章)：　　　　　　年　月　日

经办人：
经办人身份证号：
代理机构签章：
代理机构统一社会信用代码：

受理人：

受理税务机关(章)：　　受理日期：　　年　月　日

表4-18 增值税及附加税费申报表附列资料（一）

（本期销售情况明细）

税款所属时间：　年　月　日至　年　月　日

纳税人名称：（公章）　　　　　　　　　　　　　　　　　　　　　　金额单位：元（列至角分）

项目及栏次		开具增值税专用发票		开具其他发票		未开具发票		纳税检查调查		合计			服务、不动产和无形资产扣除项目本期实际扣除金额	扣除后	
		销售额	销项（应纳）税额	销售额	销项（应纳）税额	销售额	销项（应纳）税额	销售额	销项（应纳）税额	销售额	销项（应纳）税额	价税合计		含税（免税）销售额	销项（应纳）税额
		1	2	3	4	5	6	7	8	9=1+3+5+7	10=2+4+6+8	11=9+10	12	13=11-12	14=13÷(100%+税率或征收率)×税率或征收率
一、一般计税方法计税	全部征税项目	13%税率的货物及加工修理修配劳务	1													
		13%税率的服务、不动产和无形资产	2													—
		9%税率的货物及加工修理修配劳务	3													—
		9%税率的服务、不动产和无形资产	4													—
		6%税率	5	—	—	—	—	—	—	—	—	—	—	—	—	—
	其中：即征即退项目	即征即退货物及加工修理修配劳务	6											—	—	—
		即征即退服务、不动产和无形资产	7	—	—	—	—	—	—	—	—	—	—	—	—	—

续　表

	项目		序号									
二、简易计税方法计税	全部征税项目	6%征收率	8			—	—	—	—	—	—	—
		5%征收率的货物及加工修理修配劳务	9a			—	—	—	—	—	—	—
		5%征收率的服务、不动产和无形资产	9b			—	—	—	—	—	—	—
		4%征收率	10			—	—	—	—	—	—	—
		3%征收率的货物及加工修理修配劳务	11			—	—	—	—	—	—	—
		3%征收率的服务、不动产和无形资产	12			—	—	—	—	—	—	—
		预征率　%	13a		—	—	—	—	—	—	—	—
		预征率　%	13b		—	—	—	—	—	—	—	—
		预征率　%	13c		—	—	—	—	—	—	—	—
	其中：即征即退项目	即征即退货物及加工修理修配劳务	14	—	—	—	—	—	—	—	—	—
		即征即退服务、不动产和无形资产	15	—	—	—	—	—	—	—	—	—
三、免抵退税		货物及加工修理修配劳务	16	—	—	—	—	—	—	—	—	—
		服务、不动产和无形资产	17	—	—	—	—	—	—	—	—	—
四、免税		货物及加工修理修配劳务	18	—	—	—	—	—	—	—	—	—
		服务、不动产和无形资产	19	—	—	—	—	—	—	—	—	—

表 4-19 增值税及附加税费申报表附列资料(二)

(本期进项税额明细)

税款所属时间: 年 月 日至 年 月 日

纳税人名称:(公章) 金额单位:元(列至角分)

一、申报抵扣的进项税额				
项　　目	栏　次	份数	金额	税额
(一)认证相符的增值税专用发票	1=2+3			
其中:本期认证相符且本期申报抵扣	2			
前期认证相符且本期申报抵扣	3			
(二)其他扣税凭证	4=5+6+7+8a+8b			
其中:海关进口增值税专用缴款书	5			
农产品收购发票或者销售发票	6			
代扣代缴税收缴款凭证	7		——	
加计扣除农产品进项税额	8a	——	——	
其他	8b			
(三)本期用于购建不动产的扣税凭证	9			
(四)本期用于抵扣的旅客运输服务扣税凭证	10			
(五)外贸企业进项税额抵扣证明	11	——		
当期申报抵扣进项税额合计	12=1+4+11			
二、进项税额转出额				
项　　目	栏　次	税　　额		
本期进项税额转出额	13=14至23之和			
其中:免税项目用	14			
集体福利、个人消费	15			
非正常损失	16			

续　表

项　　目	栏次	份数	金额	税额
简易计税方法征税项目用	17			
免抵退税办法不得抵扣的进项税额	18			
纳税检查调减进项税额	19			
红字专用发票信息表注明的进项税额	20			
上期留抵税额抵减欠税	21			
上期留抵税额退税	22			
异常凭证转出进项税额	23a			
其他应作进项税额转出的情形	23b			

三、待抵扣进项税额

项　　目	栏次	份数	金额	税额
（一）认证相符的增值税专用发票	24	——	——	——
期初已认证相符但未申报抵扣	25			
本期认证相符且本期未申报抵扣	26			
期末已认证相符但未申报抵扣	27			
其中：按照税法规定不允许抵扣	28			
（二）其他扣税凭证	29＝30至33之和			
其中：海关进口增值税专用缴款书	30			
农产品收购发票或者销售发票	31			
代扣代缴税收缴款凭证	32	——		
其他	33			
	34			

四、其他

项　　目	栏次	份数	金额	税额
本期认证相符的增值税专用发票	35			
代扣代缴税额	36	——	——	

表 4–20　增值税及附加税费申报表附列资料(三)

(服务、不动产和无形资产扣除项目明细)

税款所属时间：　　　年　月　日至　　年　月　日

纳税人名称：(公章)　　　　　　　　　　　　　　　　　　　　金额单位：元(列至角分)

项目及栏次		本期服务、不动产和无形资产价税合计额（免税销售额）	服务、不动产和无形资产扣除项目				
			期初余额	本期发生额	本期应扣除金额	本期实际扣除金额	期末余额
		1	2	3	4=2+3	5(5≤1且5≤4)	6=4−5
13%税率的项目	1						
9%税率的项目	2						
6%税率的项目(不含金融商品转让)	3						
6%税率的金融商品转让项目	4						
5%征收率的项目	5						
3%征收率的项目	6						
免抵退税的项目	7						
免税的项目	8						

表 4–21　增值税及附加税费申报表附列资料(四)

(税额抵减情况表)

税款所属时间：　　　年　月　日至　　年　月　日

纳税人名称：(公章)　　　　　　　　　　　　　　　　　　　　金额单位：元(列至角分)

一、税额抵减情况						
序号	抵减项目	期初余额	本期发生额	本期应抵减税额	本期实际抵减税额	期末余额
		1	2	3=1+2	4≤3	5=3−4
1	增值税税控系统专用设备费及技术维护费					
2	分支机构预征缴纳税款					
3	建筑服务预征缴纳税款					

4	销售不动产预征缴纳税款				
5	出租不动产预征缴纳税款				

二、加计抵减情况						
序号	加计抵减项目	期初余额	本期发生额	本期调减额	本期可抵减额	本期实际抵减额	期末余额
		1	2	3	4=1+2-3	5	6=4-5
6	一般项目加计抵减额计算						
7	即征即退项目加计抵减额计算						
8	合计						

表 4‑22　增值税及附加税费申报表附列资料(五)

(附加税费情况表)

纳税人名称：(公章)　　　　　　　　　　　　　　　　　　　　　金额单位：元(列至角分)

税(费)种		计税(费)依据			税(费)率(%)	本期应纳税(费)额	本期减免税(费)额		小微企业"六税两费"减免政策		试点建设培育产教融合型企业		本期已缴税(费)额	本期应补(退)税(费)额

本期是否适用小微企业"六税两费"减免政策　□是 □否　　减免政策适用主体　□个体工商户　□小型微利企业

适用减免政策起止时间　　年　月至　　年　月

税(费)种		增值税税额	增值税免抵税额	留抵退税本期扣除额	税(费)率(%)	本期应纳税(费)额	减免性质代码	减免税(费)额	减征比例(%)	减征额	减免性质代码	本期抵免金额	本期已缴税(费)额	本期应补(退)税(费)额
		1	2	3	4	5=(1+2-3)×4	6	7	8	9=(5-7)×8	10	11	12	13=5-7-9-11-12
城市维护建设税	1										—	—		
教育费附加	2													

续　表

地方教育附加	3									
合　计	4	—	—	—	—		—		—	

本期是否适用试点建设培育产教融合型企业抵免政策	□是 □否	当期新增投资额	5	
		上期留抵可抵免金额	6	
		结转下期可抵免金额	7	
可用于扣除的增值税留抵退税额使用情况		当期新增可用于扣除的留抵退税额	8	
		上期结存可用于扣除的留抵退税额	9	
		结转下期可用于扣除的留抵退税额	10	

表 4-23　增值税减免税申报明细表

税款所属时间：自　年　月　日至　年　月　日

纳税人名称(公章)：　　　　　　　　　　　　　　　　金额单位：元(列至角分)

一、减税项目						
减税性质代码及名称	栏次	期初余额	本期发生额	本期应抵减税额	本期实际抵减税额	期末余额
		1	2	3＝1+2	4≤3	5＝3−4
合　计	1					
	2					
	3					
	4					
	5					
	6					
二、免税项目						
免税性质代码及名称	栏次	免征增值税项目销售额	免税销售额扣除项目本期实际扣除金额	扣除后免税销售额	免税销售额对应的进项税额	免税额
		1	2	3＝1−2	4	5
合　计	7					
出口免税	8		—	—	—	
其中：跨境服务	9		—	—	—	
	10					

续　表

	11			——	
	12			——	
	13			——	
	14			——	
	15			——	
	16				

业务解析：

长沙信达有限责任公司 2023 年 7 月份应缴纳的增值税(8 月实际缴纳)为：

$$应纳税额＝销项税额－进项税额＋进项税额转出－抵免税额$$
$$＝260\,000－160\,000＋5\,000－280＝104\,720(元)$$

增值税及附加税费电子税务局端的纳税申报操作如下：

1. 申报路径

步骤 1：以企业身份登录湖南省电子税务局,点击【我要办税】—【税费申报及缴纳】。

步骤 2：进入【增值税及附加税(费)申报】—【增值税一般纳税人申报】。

2. 申报操作步骤

增值税销项税额取自开票软件的销项税额加上申报人填列的未开票收入的销项税额,增值税进项税额取自纳税人所在省电子税务局税务数字账户勾选的进项税额,进项税额转出取自开票软件开具的红字信息表(购买方已抵扣部分)的税额。销项发票,由开票软件自动汇总上传到电子税务局(软件设置为自动汇总上传,也可以在报税前点击【汇总上传】)。进项发票取数可以点击【一键读取】。申报的具体操作步骤如下：

步骤 1：按需填写加计抵减声明。

点击【增值税一般纳税人申报】后,进入"加计抵减声明"提示框界面;若纳税人符合享受加计抵减政策,则选择相应的声明进行填写;若纳税人不符合或者已填写过声明,点击【关闭】按钮,进入报表填写界面。

步骤 2：填报附列资料一(本期销售情况明细),填写销售额、销项(应纳)税额,其他项目自动计算,保存。

步骤 3：填报附列资料二(本期进项情况明细),填写申报抵扣的进项税额,保存。

步骤 4：按需选填附列资料三、附列资料四和"增值税减免税申报明细表"。

步骤 5：填报附列资料五(附加税费情况表)。第 1 栏"增值税税额"根据主表 34 栏"本期应补(退)税额"中数据自动生成。如有增值税留抵退税的纳税人,自动带出第 3 栏"留抵退税本期扣除额",同时在第 8—10 行次显示"可用于扣除的增值税留抵退税额使用情况"。填写完毕确认无误后保存,第 13 列"本期应补(退)税(费)额"自动带入到主表第 39、40、41

栏。当主表第 34 栏本期应补(退)税额的数值发生变化,或减免税明细表中限额减免的数值发生变化,务必在主表数据更新后重新进入附加税(费)明细表中进行确认后再进行申报。

步骤 6:申报表发送。

填写完相关附表及明细表申报数据后,返回至申报主表,自动生成本期应缴纳的增值税和附加税费数据。核对数据无误后,进行申报、扫码签名提交申报数据,完成申报表发送。有审核错误的报表不能发送,请重新打开报表按提示进行修改,直至审核通过。

业务 2:增值税及附加税费小规模纳税人的纳税申报。

B 公司为小规模纳税人,适用的增值税征收率为 3%,城市维护建设税的税率为 5%,教育费附加的计征比率为 3%,地方教育附加费率为 2%(该公司不符合附加税减免政策),2022 年第二季度销售商品取得收入,开具发票情况为:未开票收入为 10 万元,开具增值税普通发票 10 万元,增值税专用发票 5 万元。

根据《财政部 税务总局关于对增值税小规模纳税人免征增值税的公告》(2022 年第15 号)的规定,从 2022 年 4 月 1 日至 2022 年 12 月 31 日,增值税小规模纳税人适用 3% 征收率的应税销售收入免征增值税。

国家发展和改革委员会等部门印发《关于促进服务业领域困难行业恢复发展的若干政策》的通知(发改财金〔2022〕271 号)第一条第 2 项规定,2022 年扩大“六税两费”适用范围,将省级人民政府在 50% 税额幅度内减征资源税、城市维护建设税、房产税、城镇土地使用税、印花税(不含证券交易印花税)、耕地占用税和教育费附加、地方教育附加等“六税两费”的适用主体,由增值税小规模纳税人扩展至小型微利企业和个体工商户。符合条件的服务业市场主体可以享受。

2022 年 7 月 10 日,B 公司办税员申报第二季度的增值税及附加税费,请根据以上报税资料填写“增值税及附加税费申报表(小规模纳税人适用)”(如表 4-24 所示)及其附列资料(如表 4-25 至表 4-26 所示)。

表 4-24　增值税及附加税费申报表

(小规模纳税人适用)

纳税人识别号(统一社会信用代码):□□□□□□□□□□□□□□□□□□

纳税人名称:　　　　　　　　　　　　　　　　　　金额单位:元(列至角分)

税款所属期:　　年　月　日至　　年　月　日　填表日期:　　年　月　日

	项　目	栏次	本期数		本年累计	
			货物及劳务	服务、不动产和无形资产	货物及劳务	服务、不动产和无形资产
一、计税依据	(一)应征增值税不含税销售额(3%征收率)	1				

一、计税依据	增值税专用发票不含税销售额	2				
	其他增值税发票不含税销售额	3				
	（二）应征增值税不含税销售额（5%征收率）	4	——		——	
	增值税专用发票不含税销售额	5	——		——	
	其他增值税发票不含税销售额	6	——		——	
	（三）销售使用过的固定资产不含税销售额	7(7≥8)		——		——
	其中：其他增值税发票不含税销售额	8	——		——	
	（四）免税销售额	9＝10＋11＋12				
	其中：小微企业免税销售额	10				
	未达起征点销售额	11				
	其他免税销售额	12				
	（五）出口免税销售额	13(13≥14)				
	其中：其他增值税发票不含税销售额	14				
二、税款计算	本期应纳税额	15				
	本期应纳税额减征额	16				
	本期免税额	17				
	其中：小微企业免税额	18				
	未达起征点免税额	19				
	应纳税额合计	20＝15－16				
	本期预缴税额	21			——	——
	本期应补（退）税额	22＝20－21			——	——
三、附加税费	城市维护建设税本期应补（退）税额	23				
	教育费附加本期应补（退）费额	24				
	地方教育附加本期应补（退）费额	25				

续　表

声明：此表是根据国家税收法律法规及相关规定填写的,本人(单位)对填报内容(及附带资料)的真实性、可靠性、完整性负责。

纳税人(签章)：　　　　　　　　　　　　　　　年　月　日

经办人： 经办人身份证号： 代理机构签章： 代理机构统一社会信用代码：	受理人： 受理税务机关(章)： 受理日期：　　年　月　日

表4-25　增值税及附加税费申报表(小规模纳税人适用)附列资料(一)

(服务、不动产和无形资产扣除项目明细)

税款所属期：　年　月　日至　年　月　日　　　　　　填表日期：　年　月　日

纳税人名称(公章)：　　　　　　　　　　　　　　金额单位：元(列至角分)

应税行为(3%征收率)扣除额计算			
期初余额	本期发生额	本期扣除额	期末余额
1	2	3(3≤1+2之和, 且3≤5)	4=1+2-3

应税行为(3%征收率)计税销售额计算			
全部含税收入 (适用3%征收率)	本期扣除额	含税销售额	不含税销售额
5	6=3	7=5-6	8=7÷1.03

应税行为(5%征收率)扣除额计算			
期初余额	本期发生额	本期扣除额	期末余额
9	10	11(11≤9+10之和, 且11≤13)	12=9+10-11

应税行为(5%征收率)计税销售额计算			
全部含税收入 (适用5%征收率)	本期扣除额	含税销售额	不含税销售额
13	14=11	15=13-14	16=15÷1.05

表 4－26　增值税及附加税费申报表(小规模纳税人适用)附列资料(二)

(附加税费情况表)

税(费)款所属时间：　　年　月　日至　　年　月　日

纳税人名称：(公章)　　　　　　　　　　　　　　　　　　　金额单位：元(列至角分)

税(费)种	计税(费)依据	税(费)率(%)	本期应纳税(费)额	本期减免税(费)额		增值税小规模纳税人"六税两费"减征政策		本期已缴税(费)额	本期应补(退)税(费)额
	增值税税额			减免性质代码	减免税(费)额	减征比例(%)	减征额		
	1	2	3=1×2	4	5	6	7=(3−5)×6	8	9=3−5−7−8
城市维护建设税									
教育费附加									
地方教育附加									
合计	——	——				——			

业务解析：

以国家税务总局辽宁省电子税务局为例，B公司增值税及附加税(费)的总体申报流程为：点击【我要办税】—【税费申报及缴纳】—【增值税及附加税(费)申报(小规模纳税人适用)】进入申报表填写。

申报表填写分析：

B公司第二季度销售额合计收入为25万元(10+10+5)，免征增值税的销售额为20万元，其中未开票收入10万元，开具增值税普通发票10万元，开具增值税专用发票销售额不享受免征政策。

步骤1：填写"增值税及附加税费申报表(小规模纳税人)"主表，将开具增值税专用发票5万元填入第2栏"增值税专用发票不含税销售额"，将免征增值税的销售额20万元填入第11栏"未达起征点销售额"。

步骤2：主表填写完整后，附列资料(一)不涉及内容不填写，然后填写"附列资料(二)附加税费情况表"，回到主表在第1栏应征增值税不含税销售额(3%征收率)对应的"货物及劳务"本期数填写50 000元，第2栏增值税专用发票不含税销售额对应的"货物及劳务"本期数填写50 000元，第9栏免税销售额本期数填写200 000元。

步骤3：进入附加税费表，系统自动计算附加税费情况。

步骤4：再次点击"增值税及附加税费申报表(小规模纳税人适用)"，回到主表，点击【申报】，完成申报。若申报数据产生税额，系统提示"是否缴纳税款"，纳税人可以选择"是"直接跳转缴纳,也可使用【税费缴纳】功能进行缴纳。数据填写部分如图4-10至4-12所示。

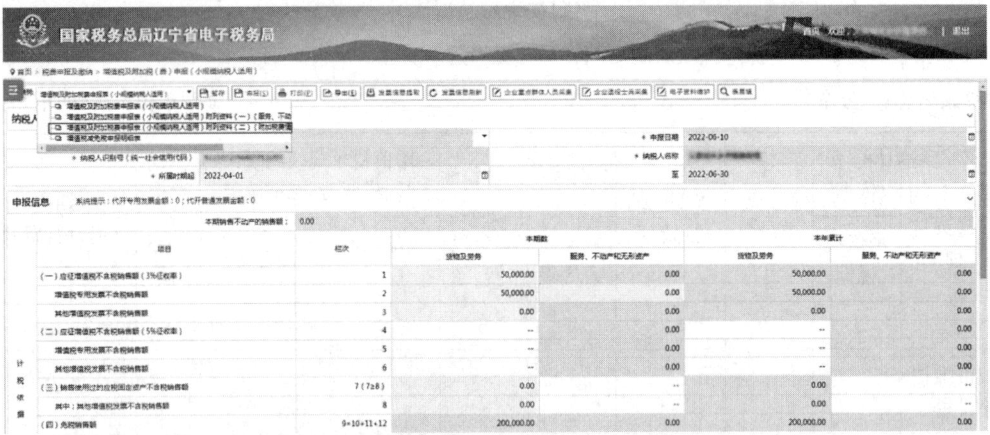

图4-10 填写"增值税及附加税费申报表(小规模纳税人)"主表

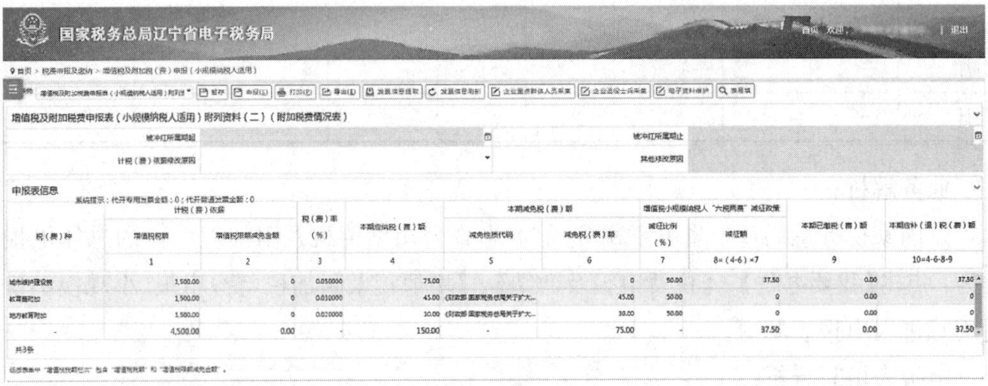

图4-11 "增值税及附加税费申报表(小规模纳税人适用)附列资料(二)"(附加税费情况表)

图4-12 增值税小规模纳税人报表申报成功界面

【任务考核】

任务考核表

实训任务					
实训目标					
实训收获					
评价主体		评价项目	分值	评价得分	加权得分
组员评价	职业素养	考勤	5		
		课堂表现	15		
	职业技能	任务完成度	25		
		任务完成质量	30		
	职业团队	沟通能力	10		
		协调能力	15		
小　计			100		
组长评价	职业素养	考勤	5		
		课堂表现	15		
	职业技能	任务完成度	25		
		任务完成质量	30		
	职业团队	沟通能力	10		
		协调能力	15		
小　计			100		
教师评价	职业素养	考勤	5		
		课堂表现	15		
	职业技能	任务完成度	25		
		任务完成质量	30		
	职业团队	沟通能力	10		
		协调能力	15		
小　计			100		
合　计					

学生签字：　　　　　　　　　　　日期：

实训任务四　代扣代缴个人所得税

【任务导入】

李金是独生子,其妻子在家做全职太太,儿子在读小学一年级。李金每月要支付首套房房贷 3 000 元,家中父母的年龄都超过 60 周岁了。目前,李金在长沙信达有限责任公司销售部工作。请问李金每月可以享受的个人所得税专项附加扣除金额是多少? 长沙信达有限责任公司的办税人员应如何为李金办理个人所得税日常代扣代缴申报呢?

【任务目标】

一、技能目标

1. 能正确计算和汇总本月全部员工的应纳个人所得税税额。
2. 能正确填制"个人所得税扣缴申报表"。
3. 能熟练办理个人所得税代扣代缴工作。

二、素养目标

1. 树立依法纳税的意识,诚信纳税。
2. 做好税务风险的防范。

【任务准备】

一、个人所得税的含义

个人所得税是调整征税机关与自然人(居民、非居民人)之间在个人所得税的征纳与管理过程中所发生的社会关系的法律规范的总称。个人所得税的纳税义务人,既包括居民纳税义务人,也包括非居民纳税义务人。居民纳税义务人负有完全纳税的义务,必须就其来源于中国境内、境外的全部所得缴纳个人所得税;而非居民纳税义务人仅就其来源于中国境内的所得,缴纳个人所得税。个人所得税是国家财政收入的重要来源,对调节社会收入分配具有重要作用。

2018 年 8 月 31 日,十三届全国人大常委会第五次会议表决通过关于修改个人所得税法的决定,工资薪金所得基本减除费用标准提高至每月 5 000 元,2018 年 10 月 1

日起实施。2021 年 12 月 29 日召开的国务院常务会议,决定将全年一次性奖金不并入当月工资薪金所得、实施按月单独计税的政策延至 2023 年底。2022 年 3 月 28 日,国务院决定设立 3 岁以下婴幼儿照护个人所得税专项附加扣除,自 2022 年 1 月 1 日起实施。

二、个人所得税的征税范围

下列各项个人所得,应纳个人所得税:

(1) 工资、薪金所得,是指个人因任职或者受雇取得的工资、薪金、奖金、年终加薪、劳动分红、津贴、补贴以及与任职或者受雇有关的其他所得。

(2) 劳务报酬所得,是指个人从事劳务取得的所得,包括从事设计、装潢、安装、制图、化验、测试、医疗、法律、会计、咨询、讲学、翻译、审稿、书画、雕刻、影视、录音、录像、演出、表演、广告、展览、技术服务、介绍服务、经纪服务、代办服务以及其他劳务取得的所得。

(3) 稿酬所得,是指个人因其作品以图书、报刊等形式出版、发表而取得的所得。

(4) 特许权使用费所得,是指个人提供专利权、商标权、著作权、非专利技术以及其他特许权的使用权取得的所得;提供著作权的使用权取得的所得,不包括稿酬所得。

(5) 经营所得,是指:

a. 个体工商户从事生产、经营活动取得的所得,个人独资企业投资人、合伙企业的个人合伙人来源于境内注册的个人独资企业、合伙企业生产、经营的所得;

b. 个人依法从事办学、医疗、咨询以及其他有偿服务活动取得的所得;

c. 个人对企业、事业单位承包经营、承租经营以及转包、转租取得的所得;

d. 个人从事其他生产、经营活动取得的所得。

(6) 利息、股息、红利所得,是指个人拥有债权、股权等而取得的利息、股息、红利所得。

(7) 财产租赁所得,是指个人出租不动产、机器设备、车船以及其他财产取得的所得。

(8) 财产转让所得,是指个人转让有价证券、股权、合伙企业中的财产份额、不动产、机器设备、车船以及其他财产取得的所得。

(9) 偶然所得,是指个人得奖、中奖、中彩以及其他偶然性质的所得。

居民个人取得工资、薪金所得,劳务报酬所得,稿酬所得,特许权使用费所得(以下统称"综合所得"),按纳税年度合并计算个人所得税;有扣缴义务人的,由扣缴义务人按月或者按次预扣预缴税款;需要办理汇算清缴的,应当在取得所得的次年 3 月 1 日至 6 月 30 日内办理汇算清缴。

非居民个人取得工资、薪金所得,劳务报酬所得,稿酬所得和特许权使用费所得按月或者按次分项计算个人所得税,不办理汇算清缴。

三、个人所得税的征收管理

我国个人所得税的征收方式实行源泉扣缴与自行申报并用法,注重源泉扣缴。源泉扣缴是指以所得支付者为扣缴义务人,在每次向纳税人支付有关所得款项时,代为扣缴税款的做法。实行源泉扣缴的最大优点在于可以有效保护税源,保证国家的财政收入,防止偷漏税,简化纳税手续。自行申报也称直接申报,是指纳税人、扣缴义务人按照规定的期限自行直接到主管税务机关(报税大厅)办理纳税申报手续。个人所得税的征收方式可分为按月计征和按年计征。个体工商户的生产、经营所得,对企业事业单位的承包经营、承租经营所得,特定行业的工资、薪金所得,从中国境外取得的所得,实行按年计征应纳税额,其他所得应纳税额实行按月计征。

四、个人所得预扣预缴税款的方法

(一)居民个人工资、薪金所得预扣预缴税款的方法

扣缴义务人向居民个人支付工资、薪金所得时,按照累计预扣法计算预扣税款,并按月办理扣缴申报。累计预扣法,是指扣缴义务人在一个纳税年度内预扣预缴税款时,以纳税人在本单位截至本月取得工资、薪金所得累计收入减除累计免税收入、累计减除费用、累计专项扣除、累计专项附加扣除和累计依法确定的其他扣除后的余额为累计预扣预缴应纳税所得额,用适用个人所得税预扣率计算累计应预扣预缴税额,再减除累计减免税额和累计已预扣预缴税额,其余额为本期应预扣预缴税额。居民个人工资、薪金所得预扣预缴适用的个人所得税预扣表如表 4-27 所示。当余额为负值时,暂不退税。纳税年度终了后余额仍为负值时,由纳税人通过办理综合所得年度汇算清缴,税款多退少补。其具体计算公式如下:

$$\begin{matrix} 本期应预扣 \\ 预缴税额 \end{matrix} = \left(\begin{matrix} 累计预扣预缴 \\ 应纳税所得额 \end{matrix} \times 预扣率 - \begin{matrix} 速算扣 \\ 除数 \end{matrix}\right) - \begin{matrix} 累计减 \\ 免税额 \end{matrix} - \begin{matrix} 累计已预扣 \\ 预缴税额 \end{matrix}$$

$$\begin{matrix} 累计预扣预缴 \\ 应纳税所得额 \end{matrix} = \begin{matrix} 累计 \\ 收入 \end{matrix} - \begin{matrix} 累计免 \\ 税收入 \end{matrix} - \begin{matrix} 累计减 \\ 除费用 \end{matrix} - \begin{matrix} 累计专 \\ 项扣除 \end{matrix} - \begin{matrix} 累计专项 \\ 附加扣除 \end{matrix} - \begin{matrix} 累计依法确定 \\ 的其他扣除 \end{matrix}$$

表 4-27　个人所得税预扣率表一

(居民个人工资、薪金所得预扣预缴适用)

级数	累计预扣预缴应纳税所得额	税率/%	速算扣除数/元
1	不超过 36 000 元	3	0
2	超过 36 000 元至 144 000 元的部分	10	2 520

续　表

级数	累计预扣预缴应纳税所得额	税率/%	速算扣除数/元
3	超过 144 000 元至 300 000 元的部分	20	16 920
4	超过 300 000 元至 420 000 元的部分	25	31 920
5	超过 420 000 元至 660 000 元的部分	30	52 920
6	超过 660 000 元至 960 000 元的部分	35	85 920
7	超过 960 000 元的部分	45	181 920

其中,累计减除费用,按照每月 5 000 元乘以纳税人当年截至本月在本单位的任职受雇月份数计算。即纳税人如果 5 月份入职,则扣缴义务人发放 5 月份工资扣缴税款时,减除费用按 5 000 元计算;发放 6 月份工资扣缴税款时,减除费用按 10 000 元计算,以此类推。

(二)预扣预缴环节享受专项附加扣除的方法

居民个人向扣缴义务人提供有关信息并依法要求办理专项附加扣除的,扣缴义务人应当按照规定在工资、薪金所得按月预扣预缴税款时予以扣除,不得拒绝。

(三)居民个人劳务报酬所得、稿酬所得、特许权使用费所得预扣预缴税款的方法

扣缴义务人向居民个人支付劳务报酬所得、稿酬所得和特许权使用费所得的,按以下方法按次或者按月预扣预缴个人所得税:劳务报酬所得、稿酬所得、特许权使用费所得以每次收入减除费用后的余额为收入额;其中,稿酬所得的收入额减按 70% 计算。预扣预缴税款时,劳务报酬所得、稿酬所得、特许权使用费所得每次收入不超过 4 000 元的,减除费用按 800 元计算;每次收入 4 000 元以上的,减除费用按收入的20% 计算。劳务报酬所得、稿酬所得、特许权使用费所得,以每次收入额为预扣预缴应纳税所得额,计算应预扣预缴税额。居民个人劳务报酬所得预扣预缴适用的个人所得税预扣率表如表 4-28 所示,稿酬所得、特许权使用费所得适用 20% 的比例预扣率。

表 4-28　个人所得税预扣率表二

(居民个人劳务报酬所得预扣预缴适用)

级数	预扣预缴应纳税所得额	预扣率/%	速算扣除数/元
1	不超过 20 000 元的	20	0
2	超过 20 000 元至 50 000 元的部分	30	2 000
3	超过 50 000 元的部分	40	7 000

（四）非居民个人工资、薪金所得，劳务报酬所得，稿酬所得和特许权使用费所得代扣代缴税款的方法

扣缴义务人向非居民个人支付工资、薪金所得，劳务报酬所得，稿酬所得和特许权使用费所得时，按以下方法按月或者按次代扣代缴税款：非居民个人的工资、薪金所得，以每月收入额减除费用 5 000 元后的余额为应纳税所得额；劳务报酬所得、稿酬所得、特许权使用费所得，以每次收入额为应纳税所得额，适用个人所得税税率表三（如表 4-29 所示）计算应纳税额。

表 4-29　个人所得税税率表三

（非居民个人工资、薪金所得，劳务报酬所得，稿酬所得和特许权使用费所得适用）

级数	应纳税所得额	税率/%	速算扣除数/元
1	不超过 3 000 元的	3	0
2	超过 3 000 元至 12 000 元的部分	10	210
3	超过 12 000 元至 25 000 元的部分	20	1 410
4	超过 25 000 元至 35 000 元的部分	25	2 660
5	超过 35 000 元至 55 000 元的部分	30	4 410
6	超过 55 000 元至 80 000 元的部分	35	7 160
7	超过 80 000 元的部分	45	15 160

劳务报酬所得、稿酬所得、特许权使用费所得以收入减除 20% 的费用后的余额为收入额。其中，稿酬所得的收入额减按 70% 计算。

五、个人所得税扣缴义务人

个人所得税以所得人为纳税人，以支付所得的单位或者个人为扣缴义务人。纳税人有中国公民身份号码的，以中国公民身份号码为纳税人识别号；纳税人没有中国公民身份号码的，由税务机关赋予其纳税人识别号。扣缴义务人扣缴税款时，纳税人应当向扣缴义务人提供纳税人识别号。居民个人取得综合所得，按年计算个人所得税；有扣缴义务人的，由扣缴义务人按月或者按次预扣预缴税款；需要办理汇算清缴的，应当在取得所得的次年 3 月 1 日至 6 月 30 日内办理汇算清缴。预扣预缴办法由国务院税务主管部门制定。居民个人向扣缴义务人提供专项附加扣除信息的，扣缴义务人按月预扣预缴税款时应当按照规定予以扣除，不得拒绝。对扣缴义务人按照所扣缴的税款，付给 2% 的手续费。

纳税人取得经营所得，按年计算个人所得税，由纳税人在月度或者季度终了后 15 日内向税务机关报送纳税申报表，并预缴税款；在取得所得的次年 3 月 31 日前办理汇

算清缴。纳税人取得利息、股息、红利所得，财产租赁所得，财产转让所得和偶然所得，按月或者按次计算个人所得税，有扣缴义务人的，由扣缴义务人按月或者按次代扣代缴税款。

六、个人所得税应纳税额的计算

1. 居民个人综合所得应纳税额的计算

居民个人综合所得应纳税额的计算公式如下：

$$应纳税额 = 全年应纳税所得额 \times 适用税率 - 速算扣除数$$
$$= (全年收入额 - 60\,000\,元 - 专项扣除 - 享受的专项附加扣除 -$$
$$享受的其他扣除) \times 适用税率 - 速算扣除数$$

其中，享受的专项附加扣除（个人所得税专项附加扣除），是指个人所得税法规定的子女教育、继续教育、大病医疗、住房贷款利息、住房租金、赡养老人和 3 岁以下婴幼儿照护等七项专项附加扣除。专项附加扣除项目的计算时间如下：

（1）子女教育。学前教育阶段，为子女年满 3 周岁当月至小学入学前一月。学历教育，为子女接受全日制学历教育入学的当月至全日制学历教育结束的当月。

（2）继续教育。学历（学位）继续教育，为在中国境内接受学历（学位）继续教育入学的当月至学历（学位）继续教育结束的当月，同一学历（学位）继续教育的扣除期限最长不得超过 48 个月。技能人员职业资格继续教育、专业技术人员职业资格继续教育，为取得相关证书的当年。

（3）大病医疗。为医疗保障信息系统记录的医药费用实际支出的当年。

（4）住房贷款利息。为贷款合同约定开始还款的当月至贷款全部归还或贷款合同终止的当月，扣除期限最长不得超过 240 个月。

（5）住房租金。为租赁合同（协议）约定的房屋租赁期开始的当月至租赁期结束的当月。提前终止合同（协议）的，以实际租赁期限为准。

（6）赡养老人。为被赡养人年满 60 周岁的当月至赡养义务终止的年末。

（7）3 岁以下婴幼儿照护。为婴幼儿出生的当月至年满 3 周岁的前一个月。

2. 非居民个人取得工资、薪金、劳务报酬、稿酬、特许权使用费所得应纳税额的计算

非居民个人取得工资、薪金、劳务报酬、稿酬、特许权使用费所得应纳税额的计算公式如下：

$$应纳税额 = 应纳税所得额 \times 适用税率 - 速算扣除数$$

非居民个人的工资、薪金所得，以每月收入额减除费用 5\,000 元后的余额为应纳税所得额；劳务报酬所得、稿酬所得、特许权使用费所得，以每次收入额为应纳税所得额。

【任务实施】

业务 1：填报个人所得税专项附加扣除信息。

2023 年 3 月底，李金(男，身份证号 37010119××××××0815)首次入职长沙信达有限责任公司销售部，接到单位通知，让他填报个人所得税专项附加扣除信息。他该通过哪些途径和方式填报个人所得税专项附加扣除信息？

业务解析：

申报个人所得税专项附加扣除的途径主要有两种：一是通过单位办理，二是自行申报办理。首次享受时，纳税人填报"个人所得税专项附加扣除信息表"给受雇单位，由单位为员工办理专项扣除，就像"三险一金"一样。在实际的操作中，个人填写申报信息的方式有以下四种：

(1) 通过"个人所得税"手机 App 填写申报信息。

在国家税务总局、各省税务局官网以及主要手机应用市场下载国家税务总局发布的"个人所得税"手机 App。根据引导，在手机 App 上填写申报信息。如果纳税人想按月享受专项附加扣除，信息提交之后，需要再通过 App 把申报信息推送给单位。

(2) 通过各省电子税务局网站填写申报信息。

登录各省电子税务局网站，由单位在"专项附加扣除信息采集"模块更新信息即可。如果纳税人想按月享受专项附加扣除，信息提交之后，需要通过网页把信息推送给个人所得税扣缴单位，由单位在"专项附加扣除信息采集"模块更新信息。

(3) 填写纸质信息表

纳税人首先在就近的办税服务厅领取纸质版的信息表，或者在各省税务局网站下载、打印，然后自行填写纸质表格并把它交给单位，由单位统一将信息录入上报。

(4) 填写电子表格模板

纳税人在各省税务局网站下载电子表格模板，也可以在单位领取电子表格模板，然后自行填写并把电子信息表交给单位，由单位统一将信息上报。

根据李金的个人信息，他享受的专项附加扣除金额分别为：子女教育，按每月 1 000 元扣除；独生子女赡养老人，按每月 2 000 元扣除；住房贷款利息，按每月 1 000 元扣除。因此李金每月享受的个人所得税专项附加扣除的金额总计为 4 000 元(1 000＋2 000＋1 000)。

业务 2：计算工资、薪金所得个人所得税。

2023 年 4 月份，李金取得工资薪金收入 16 000 元，无免税收入；4 月份缴纳"三险一金"2 500 元。请计算李金工资、薪金所得的个人所得税。

业务解析：

李金的个人所得税应纳税所得额,在 5 000 元基本减除费用扣除和"三险一金"等专项扣除外,还可享受子女教育、继续教育、大病医疗、住房贷款利息或住房租金,赡养老人、3 岁以下婴幼儿照护等 7 项专项附加扣除 4 000 元。

个人所得税的计算公式如下:

$$\text{本期应预扣预缴税额} = \left(\text{累计预扣预缴应纳税所得额} \times \text{预扣率} - \text{速算扣除数}\right) - \text{累计减免税额} - \text{累计已预扣预缴税额}$$

$$\text{累计预扣预缴应纳税所得额} = \text{累计收入} - \text{累计免税收入} - \text{累计减除费用} - \text{累计专项扣除} - \text{累计专项附加扣除} - \text{累计依法确定的其他扣除}$$

李金 4 月份个人所得税应纳税所得额＝16 000－0－5 000－2 500－4 000＝4 500(元)

李金 4 月份应预扣预缴个人所得税税额＝4 500×3％－0＝135(元)

业务 3：计算劳务报酬所得和稿酬所得预扣预缴税额。

2023 年 4 月份,李金取得劳务报酬收入 3 000 元,稿酬收入 2 000 元,特许权使用费所得 2 000 元。请计算李金的劳务报酬所得和稿酬所得预扣预缴税额。

业务解析：

李金 4 月份劳务报酬所得预扣预缴个人所得税 440 元;稿酬所得预扣预缴个人所得税 168 元;特许权使用费预扣预缴个人所得税 240 元。计算过程如下:

(1) 劳务报酬所得预扣预缴应纳税所得额＝每次收入－800＝3 000－800＝2 200(元)

$$\text{劳务报酬所得预扣预缴税额} = \text{预扣预缴应纳税所得额} \times \text{预扣率} - \text{速算扣除数}$$
$$= 2\,200 \times 20\% - 0 = 440\,(\text{元})$$

(2) 稿酬所得预扣预缴应纳税所得额＝(每次收入－800)×70％
$$= (2\,000 - 800) \times 70\% = 840\,(\text{元})$$

稿酬所得预扣预缴税额＝预扣预缴应纳税所得额×预扣率＝840×20％＝168(元)

(3) 特许权使用费所得预扣预缴应纳税所得额＝每次收入－800
$$= 2\,000 - 800 = 1\,200\,(\text{元})$$

(4) 特许权使用费所得预扣预缴税额＝预扣预缴应纳税所得额×预扣率
$$= 1\,200 \times 20\% = 240\,(\text{元})$$

业务 4：企业代扣代缴个人所得税申报流程。

2023 年 5 月 10 日,长沙信达有限责任公司为李金预扣预缴个人所得税。

请根据以上业务资料,计算 2023 年 4 月份员工李金个人所得税应纳税额,填制个人所得税申报的相关表格(如表 4－30 至表 4－32 所示),并进行个人所得税扣缴申报。

表 4-30 个人所得税专项附加扣除信息表

填报日期：　　年　月　日　　　　　　　　　　　　　扣除年度：
纳税人姓名：　　　　　　　　　　　　　　　　　纳税人识别号：□□□□□□□□□□□□□□□□□□

纳税人信息	手机号码			电子邮箱	
	联系地址			配偶情况	□有配偶　□无配偶
纳税人配偶信息	姓名		身份证件类型	身份证件号码	□□□□□□□□□□□□□□□□□□

一、子女教育

较上次报送信息是否发生变化：□首次报送(请填写全部信息)　□无变化(不需重新填写)　□有变化(请填写发生变化项目的信息)

子女一	姓名		身份证件类型	身份证件号码	□□□□□□□□□□□□□□□□□□
	出生日期		当前受教育阶段	□学前教育阶段　□义务教育　□高中阶段教育　□高等教育	
	当前受教育阶段起始时间	年　月	当前受教育阶段结束时间	年　月　　子女教育终止时间 *不再受教育时填写	年　月
	就读国家(或地区)		就读学校	本人扣除比例	□100%(全额扣除)　□50%(平均扣除)
子女二	姓名		身份证件类型	身份证件号码	□□□□□□□□□□□□□□□□□□
	出生日期		当前受教育阶段	□学前教育阶段　□义务教育　□高中阶段教育　□高等教育	
	当前受教育阶段起始时间	年　月	当前受教育阶段结束时间	年　月　　子女教育终止时间 *不再受教育时填写	年　月
	就读国家(或地区)		就读学校	本人扣除比例	□100%(全额扣除)　□50%(平均扣除)
子女三	姓名		身份证件类型	身份证件号码	□□□□□□□□□□□□□□□□□□
	出生日期		当前受教育阶段	□学前教育阶段　□义务教育　□高中阶段教育　□高等教育	
	当前受教育阶段起始时间	年　月	当前受教育阶段结束时间	年　月　　子女教育终止时间 *不再受教育时填写	年　月
	就读国家(或地区)		就读学校	本人扣除比例	□100%(全额扣除)　□50%(平均扣除)

二、继续教育

较上次报送信息是否发生变化：□首次报送(请填写全部信息)　□无变化(不需重新填写)　□有变化(请填写发生变化项目的信息)

学历(学位)继续教育	当前继续教育起始时间	年　月	当前继续教育结束时间	年　月	学历(学位)继续教育阶段	□专科　□本科　□硕士研究生 □博士研究生　□其他
职业资格继续教育	职业资格继续教育类型	□技能人员　□专业技术人员		证书名称		
	证书编号		发证机关		发证(批准)日期	

三、住房贷款利息

较上次报送信息是否发生变化：□首次报送(请填写全部信息)　□无变化(不需重新填写)　□有变化(请填写发生变化项目的信息)

房屋信息	住房坐落地址	省(区、市)　　市　　县(区)　　街道(乡、镇)	
	产权证号/不动产登记号/商品房买卖合同号/预售合同号		
房贷信息	本人是否借款人	□是　□否	是否婚前各自首套贷款，且婚后分别扣除50% □是　□否
	公积金贷款|贷款合同编号		
	贷款期限(月)		首次还款日期
	商业贷款|贷款合同编号		贷款银行
	贷款期限(月)		首次还款日期

四、住房租金

较上次报送信息是否发生变化：□首次报送(请填写全部信息)　□无变化(不需重新填写)　□有变化(请填写发生变化项目的信息)

房屋信息	住房坐落地址		省(区、市)　　市　　县(区)　　街道(乡、镇)	
租赁情况	出租方(个人)姓名	身份证件类型	身份证件号码	□□□□□□□□□□□□□□□□□□
	出租方(单位)名称		纳税人识别号 (统一社会信用代码)	

续　表

租赁情况	主要工作城市 （＊填写市一级）		住房租赁合同编号 （非必填）	
	租赁期起		租赁期止	

五、赡养老人				
较上次报送信息是否发生变化：□首次报送（请填写全额信息）　□无变化（不需重新填写）　□有变化（请填写发生变化项目的信息）				
纳税人身份			□独生子女　□非独生子女	
被赡养人一	姓名		身份证件类型	身份证件号码	□□□□□□□□□□□□□□□□□□
	出生日期		与纳税人关系	□父亲　□母亲　□其他	
被赡养人二	姓名		身份证件类型	身份证件号码	□□□□□□□□□□□□□□□□□□
	出生日期		与纳税人关系	□父亲　□母亲　□其他	
共同赡养人信息	姓名		身份证件类型	身份证件号码	□□□□□□□□□□□□□□□□□□
	姓名		身份证件类型	身份证件号码	□□□□□□□□□□□□□□□□□□
共同赡养人信息	姓名		身份证件类型	身份证件号码	□□□□□□□□□□□□□□□□□□
	姓名		身份证件类型	身份证件号码	□□□□□□□□□□□□□□□□□□
分摊方式　＊独生子女不需填写	□平均分摊　□赡养人约定分摊　□被赡养人指定分摊		本年度月扣除金额	

六、大病医疗（仅限综合所得年度汇算清缴申报时填写）				
较上次报送信息是否发生变化：□首次报送（请填写全部信息）　□无变化（不需重新填写）　□有变化（请填写发生变化项目的信息）				
患者一	姓名		身份证件类型	身份证件号码	□□□□□□□□□□□□□□□□□□
	医药费用总金额		个人负担金额	与纳税人关系	□本人　□配偶　□未成年子女
患者二	姓名		身份证件类型	身份证件号码	□□□□□□□□□□□□□□□□□□
	医药费用总金额		个人负担金额	与纳税人关系	□本人　□配偶　□未成年子女
患者三	姓名		身份证件类型	身份证件号码	□□□□□□□□□□□□□□□□□□
	医药费用总金额		个人负担金额	与纳税人关系	□本人　□配偶　□未成年子女

七、3岁以下婴幼儿照护				
较上次报送信息是否发生变化：□首次报送（请填写全部信息）　□无变化（不需重新填写）　□有变化（请填写发生变化项目的信息）				
子女一	姓名		身份证件类型	身份证件号码	□□□□□□□□□□□□□□□□□□
	出生日期			本人扣除比例	□100%（全额扣除）　□50%（平均扣除）
子女二	姓名		身份证件类型	身份证件号码	□□□□□□□□□□□□□□□□□□
	出生日期			本人扣除比例	□100%（全额扣除）　□50%（平均扣除）
子女三	姓名		身份证件类型	身份证件号码	□□□□□□□□□□□□□□□□□□
	出生日期			本人扣除比例	□100%（全额扣除）　□50%（平均扣除）

需要在任职受雇单位预扣预缴工资、薪金所得个人所得税时享受专项附加扣除的，填写本栏		
重要提示：当您填写本栏，表示您已同意该任职受雇单位使用本表信息为您办理专项附加扣除。		
扣缴义务人名称		扣缴义务人纳税人识别号 （统一社会信用代码）	□□□□□□□□□□□□□□□□□□

本人承诺：我已仔细阅读填表说明，并根据《中华人民共和国个人所得税法》及其实施条例、《个人所得税专项附加扣除暂行办法》《个人所得税专项附加扣除操作办法（试行）》等相关法律法规规定填写本表。本人已就所填扣除信息进行了核对，并对所填内容的真实性、准确性、完整性负责。 纳税人签字：　　　　　年　　月		
扣缴义务人签章： 经办人签字： 接收日期：　年　月　日	代理机构签章： 代理机构统一社会信用代码： 经办人签字： 经办人身份证件号码：	受理人： 受理税务机关（章）： 受理日期：　年　月　日

国家税务总局监制

"个人所得税专项附加扣除信息表"填表说明

一、填表须知

本表根据《中华人民共和国个人所得税法》及其实施条例、《个人所得税专项附加扣除暂行办法》《个人所得税专项附加扣除操作办法(试行)》等法律法规有关规定制定。

(一)纳税人按享受的专项附加扣除情况填报对应栏次;纳税人不享受的项目,无须填报。纳税人未填报的项目,默认为不享受。

(二)较上次报送信息是否发生变化:纳税人填报本表时,对各专项附加扣除,首次报送的,在"首次报送"前的框内画"√"。继续报送本表且无变化的,在"无变化"前的框内画"√";发生变化的,在"有变化"前的框内画"√",并填写发生变化的扣除项目信息。

(三)身份证件号码应从左向右顶格填写,位数不满18位的,需在空白格处画"/"。

(四)如各类扣除项目的表格篇幅不够,可另附多张"个人所得税专项附加扣除信息表"。

二、适用范围

(一)本表适用于享受子女教育、继续教育、大病医疗、住房贷款利息或住房租金、赡养老人、3岁以下婴幼儿照护七项专项附加扣除的自然人纳税人填写。选择在工资、薪金所得预扣预缴个人所得税时享受的,纳税人填写后报送至扣缴义务人;选择在年度汇算清缴申报时享受专项附加扣除的,纳税人填写后报送至税务机关。

(二)纳税人首次填报专项附加扣除信息时,应将本人所涉及的专项附加扣除信息表内各信息项填写完整。纳税人相关信息发生变化的,应及时更新此表相关信息项,并报送至扣缴义务人或税务机关。

纳税人在以后纳税年度继续申报扣除的,应对扣除事项有无变化进行确认。

三、各栏填写说明

(一)表头项目

填报日期:纳税人填写本表时的日期。

扣除年度:填写纳税人享受专项附加扣除的所属年度。

纳税人姓名:填写自然人纳税人姓名。

纳税人识别号:纳税人有中国居民身份证的,填写公民身份号码;没有公民身份号码的,填写税务机关赋予的纳税人识别号。

(二)表内基础信息栏

纳税人信息:填写纳税人有效的手机号码、电子邮箱、联系地址。其中,手机号码为必填项。

纳税人配偶信息:纳税人有配偶的填写本栏,没有配偶的则不填。具体填写纳税人配偶的姓名、有效身份证件名称及号码。

（三）表内各栏

1. 子女教育

子女姓名、身份证件类型及号码：填写纳税人子女的姓名、有效身份证件名称及号码。

出生日期：填写纳税人子女的出生日期，具体到年月日。

当前受教育阶段：选择纳税人子女当前的受教育阶段。区分"学前教育阶段、义务教育、高中阶段教育、高等教育"四种情形，在对应框内打"√"。

当前受教育阶段起始时间：填写纳税人子女处于当前受教育阶段的起始时间，具体到年月。

当前受教育阶段结束时间：纳税人子女当前受教育阶段的结束时间或预计结束的时间，具体到年月。

子女教育终止时间：填写纳税人子女不再接受符合子女教育扣除条件的学历教育的时间，具体到年月。

就读国家（或地区）、就读学校：填写纳税人子女就读的国家或地区名称、学校名称。

本人扣除比例：选择可扣除额度的分摊比例，由本人全额扣除的，选择"100％"，分摊扣除的，选"50％"，在对应框内打"√"。

2. 继续教育

当前继续教育起始时间：填写接受当前学历（学位）继续教育的起始时间，具体到年月。

当前继续教育结束时间：填写接受当前学历（学位）继续教育的结束时间，或预计结束的时间，具体到年月。

学历（学位）继续教育阶段：区分"专科、本科、硕士研究生、博士研究生、其他"五种情形，在对应框内打"√"。

职业资格继续教育类型：区分"技能人员、专业技术人员"两种类型，在对应框内打"√"。

证书名称、证书编号、发证机关、发证（批准）日期：填写纳税人取得的继续教育职业资格证书上注明的证书名称、证书编号、发证机关及发证（批准）日期。

3. 住房贷款利息

住房坐落地址：填写首套贷款房屋的详细地址，具体到楼门号。

产权证号/不动产登记号/商品房买卖合同号/预售合同号：填写首套贷款房屋的产权证、不动产登记证、商品房买卖合同或预售合同中的相应号码。如所购买住房已取得房屋产权证的，填写产权证号或不动产登记号；所购住房尚未取得房屋产权证的，填写商品房买卖合同号或预售合同号。

本人是否借款人：按实际情况选择"是"或"否"，并在对应框内打"√"。本人是借款人的情形，包括本人独立贷款、与配偶共同贷款的情形。如果选择"否"，则表头位置须填写配偶信息。

是否婚前各自首套贷款，且婚后分别扣除50％：按实际情况选择"是"或"否"，并在对应框内打"√"。该情形是指夫妻双方在婚前各有一套首套贷款住房，婚后选择按夫妻双方各50％份额扣除的情况。不填默认为"否"。

"公积金贷款|贷款合同编号"：填写公积金贷款的贷款合同编号。

"商业贷款|贷款合同编号"：填写与金融机构签订的住房商业贷款合同编号。

贷款期限（月）：填写住房贷款合同上注明的贷款期限，按月填写。

首次还款日期：填写住房贷款合同上注明的首次还款日期。

贷款银行：填写商业贷款的银行总行名称。

4. 住房租金

住房坐落地址：填写纳税人租赁房屋的详细地址，具体到楼门号。

出租方(个人)姓名、身份证件类型及号码：租赁房屋为个人的，填写本栏。具体填写住房租赁合同中的出租方姓名、有效身份证件名称及号码。

出租方(单位)名称、纳税人识别号(统一社会信用代码)：租赁房屋为单位所有的，填写单位法定名称全称及纳税人识别号(统一社会信用代码)。

主要工作城市：填写纳税人任职受雇的直辖市、计划单列市、副省级城市、地级市(地区、州、盟)。无任职受雇单位的，填写其办理汇算清缴地所在城市。

住房租赁合同编号(非必填)：填写签订的住房租赁合同编号。

租赁期起、租赁期止：填写纳税人住房租赁合同上注明的租赁起、止日期，具体到年月。提前终止合同(协议)的，以实际租赁期限为准。

5. 赡养老人

纳税人身份：区分"独生子女、非独生子女"两种情形，并在对应框内打"√"。

被赡养人姓名、身份证件类型及号码：填写被赡养人的姓名、有效证件名称及号码。

被赡养人出生日期：填写被赡养人的出生日期，具体到年月。

与纳税人关系：按被赡养人与纳税人的关系填报，区分"父亲、母亲、其他"三种情形，在对应框内打"√"。

共同赡养人：纳税人为非独生子女时填写本栏，独生子女无须填写。填写与纳税人实际承担共同赡养义务的人员信息，包括姓名、身份证件类型及号码。

分摊方式：纳税人为非独生子女时填写本栏，独生子女无须填写。区分"平均分摊、赡养人约定分摊、被赡养人指定分摊"三种情形，并在对应框内打"√"。

本年度月扣除金额：填写扣除年度内，按政策规定计算的纳税人每月可以享受的赡养老人专项附加扣除的金额。

6. 大病医疗

患者姓名、身份证件类型及号码：填写享受大病医疗专项附加扣除的患者姓名、有效证件名称及号码。

医药费用总金额：填写社会医疗保险管理信息系统记录的与基本医保相关的医药费用总金额。

个人负担金额：填写社会医疗保险管理信息系统记录的基本医保目录范围内扣除医保报销后的个人自付部分。

与纳税人关系：按患者与纳税人的关系填报，区分"本人、配偶或未成年子女"三种情形，在对应框内打"√"。

7. 3 岁以下婴幼儿照护

子女姓名、身份证件类型及号码：填写纳税人子女的姓名、有效身份证件名称(如居民身份证、出生医学证明等)及号码。

出生日期：填写纳税人子女的出生日期，具体到年月日。

本人扣除比例：选择可扣除额度的分摊比例，由本人全额扣除的，选择"100％"，分摊扣除的，选"50％"，在对应框内打"√"。

8. 扣缴义务人信息

纳税人选择由任职受雇单位办理专项附加扣除的填写本栏。

扣缴义务人名称、纳税人识别号（统一社会信用代码）：纳税人由扣缴义务人在工资、薪金所得预扣预缴个人所得税时办理专项附加扣除的，填写扣缴义务人名称全称及纳税人识别号或统一社会信用代码。

（四）签字（章）栏次

"声明"栏：需由纳税人签字。

"扣缴义务人签章"栏：扣缴单位向税务机关申报的，应由扣缴单位签章，办理申报的经办人签字，并填写接收专项附加扣除信息的日期。

"代理机构签章"栏：代理机构代为办理纳税申报的，应填写代理机构统一社会信用代码，加盖代理机构印章，代理申报的经办人签字，并填写经办人身份证件号码。

纳税人或扣缴义务人委托专业机构代为办理专项附加扣除的，需代理机构签章。

"受理人"栏：由受理机关填写。

表4-31 个人所得税基础信息表(A表)

(适用于扣缴义务人填报)

扣缴义务人名称:

扣缴义务人纳税人识别号(统一社会信用代码): □□□□□□□□□□□□□□□□□□

| 序号 | 纳税人基本信息(带*必填) | | | | | | 任职受雇从业信息 | | | | | 联系方式 | | | | | 银行账户 | | 投资信息 | | 其他信息 | | 华侨、港澳台、外籍个人信息(带*必填) | | | | | 备注 |
	*纳税人识别号	*纳税人姓名	*身份证件类型	*身份证件号码	*出生日期	*国籍/地区	类型	职务	学历	任职受雇从业日期	离职日期	手机号码	户籍所在地	经常居住地	联系地址	电子邮箱	开户银行	银行账号	投资额(元)	投资比例	是否残疾/孤老/烈属	残疾/烈属证号	*出生地	*性别	*首次入境时间	*预计离境时间	*涉税事由	
	2	3	4	5	6	7	8	9	10	11	12	13	14	15	16	17	18	19	20	21	22	23	24	25	26	27	28	29
1																												

谨声明:本表是根据国家税收法律法规及相关规定填报的,是真实的、可靠的、完整的。

经办人签字:

经办人身份证件号码:

代理机构签章:

代理机构统一社会信用代码:

扣缴义务人(签章):
　　　　　　　　　　年　月　日

受理人:

受理税务机关(章):

受理日期:　　　年　月　日

国家税务总局监制

"个人所得税基础信息表(A 表)"填表说明

一、适用范围

本表由扣缴义务人填报。适用于扣缴义务人办理全员全额扣缴申报时,填报其支付所得的纳税人的基础信息。

二、报送期限

扣缴义务人首次向纳税人支付所得,或者纳税人相关基础信息发生变化的,应当填写本表,并于次月扣缴申报时向税务机关报送。

三、本表各栏填写

本表带"＊"项目分为必填和条件必填,其余项目为选填。

(一)表头项目

1. 扣缴义务人名称:填写扣缴义务人的法定名称全称。

2. 扣缴义务人纳税人识别号(统一社会信用代码):填写扣缴义务人的纳税人识别号或者统一社会信用代码。

(二)表内各栏

1. 第2~7列"纳税人基本信息":填写纳税人姓名、证件等基本信息。

(1)第2列"纳税人识别号":有中国公民身份号码的,填写中华人民共和国居民身份证上载明的"公民身份号码";没有中国公民身份号码的,填写税务机关赋予的纳税人识别号。

(2)第3列"纳税人姓名":填写纳税人姓名。外籍个人英文姓名按照"先姓(surname)后名(given name)"的顺序填写,确实无法区分姓和名的,按照证件上的姓名顺序填写。

(3)第4列"身份证件类型":根据纳税人实际情况填写。

① 有中国公民身份号码的,应当填写《中华人民共和国居民身份证》(简称"居民身份证")。

② 华侨应当填写《中华人民共和国护照》(简称"中国护照")。

③ 港澳居民可选择填写《港澳居民来往内地通行证》(简称"港澳居民通行证")或者《中华人民共和国港澳居民居住证》(简称"港澳居民居住证");台湾居民可选择填写《台湾居民来往大陆通行证》(简称"台湾居民通行证")或者《中华人民共和国台湾居民居住证》(简称"台湾居民居住证")。

④ 外籍人员可选择填写《中华人民共和国外国人永久居留身份证》(简称"外国人永久居留证")、《中华人民共和国外国人工作许可证》(简称"外国人工作许可证")或者"外国护照"。

⑤ 其他符合规定的情形填写"其他证件"。

身份证件类型选择"港澳居民居住证"的,应当同时填写"港澳居民通行证";身份证件类型选择"台湾居民居住证"的,应当同时填写"台湾居民通行证";身份证件类型选择"外国人永久居留证"或者"外国人工作许可证"的,应当同时填写"外国护照"。

(4) 第5~6列"身份证件号码""出生日期":根据纳税人身份证件上的信息填写。

(5) 第7列"国籍/地区":填写纳税人所属的国籍或者地区。

2. 第8~12列"任职受雇从业信息":填写纳税人与扣缴义务人之间的任职受雇从业信息。

(1) 第8列"类型":根据实际情况填写"雇员""保险营销员""证券经纪人"或者"其他"。

(2) 第9~12列"职务""学历""任职受雇从业日期""离职日期":其中,当第8列"类型"选择"雇员""保险营销员"或者"证券经纪人"时,填写纳税人与扣缴义务人建立或者解除相应劳动或者劳务关系的日期。

3. 第13~17列"联系方式":

(1) 第13列"手机号码":填写纳税人境内有效手机号码。

(2) 第14~16列"户籍所在地""经常居住地""联系地址":填写纳税人境内有效户籍所在地、经常居住地或者联系地址,按以下格式填写(具体到门牌号):＿＿省(区、市)＿＿市＿＿区(县)＿＿街道(乡、镇)＿＿。

(3) 第17列"电子邮箱":填写有效的电子邮箱。

4. 第18~19列"银行账户":填写个人境内有效银行账户信息,开户银行填写到银行总行。

5. 第20~21列"投资信息":纳税人为扣缴单位的股东、投资者的,填写本栏。

6. 第22~23列"其他信息":如纳税人有"残疾、孤老、烈属"情况的,填写本栏。

7. 第24~28列"华侨、港澳台、外籍个人信息":纳税人为华侨、港澳台居民、外籍个人的填写本栏。

(1) 第24列"出生地":填写华侨、港澳台居民、外籍个人的出生地,具体到国家或者地区。

(2) 第26~27列"首次入境时间""预计离境时间":填写华侨、港澳台居民、外籍个人首次入境和预计离境的时间,具体到年月日。预计离境时间发生变化的,应及时进行变更。

(3) 第28列"涉税事由":填写华侨、港澳台居民、外籍个人在境内涉税的具体事由,包括"任职受雇""提供临时劳务""转让财产""从事投资和经营活动""其他"。如有多项事由的,应同时填写。

四、其他事项说明

以纸质方式报送本表的,应当一式两份,扣缴义务人、税务机关各留存一份。

表4-32 个人所得税扣缴申报表

税款所属期: 年 月 日至 年 月 日

扣缴义务人名称:

扣缴义务人纳税人识别号(统一社会信用代码): □□□□□□□□□□□□□□□□□□

金额单位:人民币元(列至角分)

序号	姓名	身份证件类型	身份证件号码	纳税人识别号	是否为非居民个人	所得项目	本月(次)情况														累计情况													税款计算						备注
							收入额计算				专项扣除				其他扣除						累计收入额	累计减除费用	累计专项扣除	累计专项附加扣除						累计其他扣除	减按计税比例	准予扣除的捐赠额	应纳税所得额							
							收入	费用	免税收入	减除费用	基本养老保险费	基本医疗保险费	失业保险费	住房公积金	年金	商业健康保险	税延养老保险	财产原值	允许扣除的税费	其他				子女教育	继续教育	住房贷款利息	住房租金	赡养老人	3岁以下婴幼儿照护					税率／预扣率	速算扣除数	应纳税额	减免税额	已缴税额	应补退税额	
1	2	3	4	5	6	7	8	9	10	11	12	13	14	15	16	17	18	19	20	21	22	23	24	25	26	27	28	29	30	31	32	33	34	35	36	37	38	39	40	41
合计																																								

谨声明:本表是根据国家税收法律法规及相关规定填报的,是真实的、可靠的、完整的。

扣缴义务人(签章):

经办人签字:

经办人身份证件号码:

代理机构签章:

代理机构统一社会信用代码:

受理人:

受理税务机关(章):

受理日期: 年 月 日

年 月 日

国家税务总局监制

"个人所得税扣缴申报表"填表说明

一、适用范围

本表适用于扣缴义务人向居民个人支付工资、薪金所得,劳务报酬所得,稿酬所得和特许权使用费所得的个人所得税全员全额预扣预缴申报;向非居民个人支付工资、薪金所得,劳务报酬所得,稿酬所得和特许权使用费所得的个人所得税全员全额扣缴申报;以及向纳税人(居民个人和非居民个人)支付利息、股息、红利所得,财产租赁所得,财产转让所得和偶然所得的个人所得税全员全额扣缴申报。

二、报送期限

扣缴义务人应当在每月或者每次预扣、代扣税款的次月 15 日内,将已扣税款缴入国库,并向税务机关报送本表。

三、本表各栏填写

(一)表头项目

1. 税款所属期:填写扣缴义务人预扣、代扣税款当月的第 1 日至最后 1 日。如:2023 年 3 月 20 日发放工资时代扣的税款,税款所属期填写"2023 年 3 月 1 日至 2023 年 3 月 31 日"。

2. 扣缴义务人名称:填写扣缴义务人的法定名称全称。

3. 扣缴义务人纳税人识别号(统一社会信用代码):填写扣缴义务人的纳税人识别号或者统一社会信用代码。

(二)表内各栏

1. 第 2 列"姓名":填写纳税人姓名。

2. 第 3 列"身份证件类型":填写纳税人有效的身份证件名称。中国公民有中华人民共和国居民身份证的,填写居民身份证;没有居民身份证的,填写中华人民共和国护照、港澳居民来往内地通行证或者港澳居民居住证、台湾居民通行证或者台湾居民居住证、外国人永久居留身份证、外国人工作许可证或者护照等。

3. 第 4 列"身份证件号码":填写纳税人有效身份证件上载明的证件号码。

4. 第 5 列"纳税人识别号":有中国公民身份号码的,填写中华人民共和国居民身份证上载明的"公民身份号码";没有中国公民身份号码的,填写税务机关赋予的纳税人识别号。

5. 第 6 列"是否为非居民个人":纳税人为居民个人的填"否"。为非居民个人的,根据合同、任职期限、预期工作时间等不同情况,填"是,且不超过 90 天"或者"是,且超过 90 天不超过 183 天"。不填默认为"否"。

其中,纳税人为非居民个人的,填"是,且不超过 90 天"的,当年在境内实际居住超过 90 天的次月 15 日内,填写"是,且超过 90 天不超过 183 天"。

6. 第 7 列"所得项目"：填写纳税人取得的个人所得税法第二条规定的应税所得项目名称。同一纳税人取得多项或者多次所得的，应分行填写。

7. 第 8～21 列"本月（次）情况"：填写扣缴义务人当月（次）支付给纳税人的所得，以及按规定各所得项目当月（次）可扣除的减除费用、专项扣除、其他扣除等。其中，工资、薪金所得预扣预缴个人所得税时扣除的专项附加扣除，按照纳税年度内纳税人在该任职受雇单位截至当月可享受的各专项附加扣除项目的扣除总额，填写至"累计情况"中第 25～30 列相应栏，本月情况中则无须填写。

（1）"收入额计算"：包含"收入""费用""免税收入"。收入额＝第 8 列－第 9 列－第 10 列。

① 第 8 列"收入"：填写当月（次）扣缴义务人支付给纳税人所得的总额。

② 第 9 列"费用"：取得劳务报酬所得、稿酬所得、特许权使用费所得时填写，取得其他各项所得时无须填写本列。居民个人取得上述所得，每次收入不超过 4 000 元的，费用填写"800"元；每次收入 4 000 元以上的，费用按收入的 20％填写。非居民个人取得劳务报酬所得、稿酬所得、特许权使用费所得，费用按收入的 20％填写。

③ 第 10 列"免税收入"：填写纳税人各所得项目收入总额中，包含的税法规定的免税收入金额。其中，税法规定"稿酬所得的收入额减按 70％计算"，对稿酬所得的收入额减计的 30％部分，填入本列。

（2）第 11 列"减除费用"：按税法规定的减除费用标准填写。如，2023 年纳税人取得工资、薪金所得按月申报时，填写 5 000 元。纳税人取得财产租赁所得，每次收入不超过 4 000 元的，填写 800 元；每次收入 4 000 元以上的，按收入的 20％填写。

（3）第 12～15 列"专项扣除"：分别填写按规定允许扣除的基本养老保险费、基本医疗保险费、失业保险费、住房公积金（以下简称"三险一金"）的金额。

（4）第 16～21 列"其他扣除"：分别填写按规定允许扣除的项目金额。

8. 第 22～31 列"累计情况"：本栏适用于居民个人取得工资、薪金所得，保险营销员、证券经纪人取得佣金收入等按规定采取累计预扣法预扣预缴税款时填报。

（1）第 22 列"累计收入额"：填写本纳税年度截至当前月份，扣缴义务人支付给纳税人的工资、薪金所得，或者支付给保险营销员、证券经纪人的劳务报酬所得的累计收入额。

（2）第 23 列"累计减除费用"：按照 5 000 元/月乘以纳税人当年在本单位的任职受雇或者从业的月份数计算。

（3）第 24 列"累计专项扣除"：填写本年度截至当前月份，按规定允许扣除的"三险一金"的累计金额。

（4）第 25～30 列"累计专项附加扣除"：分别填写截至当前月份，纳税人按规定可享受的子女教育、继续教育、住房贷款利息或者住房租金、赡养老人、3 岁以下婴幼儿照护扣除的累计金额。大病医疗扣除由纳税人在年度汇算清缴时办理，此处无须填报。

（5）第 31 列"累计其他扣除"：填写本年度截至当前月份，按规定允许扣除的年金（包括企业年金、职业年金）、商业健康保险、税延养老保险及其他扣除项目的累计金额。

9. 第 32 列"减按计税比例"：填写按规定实行应纳税所得额减计税收优惠的减计比例。无减计规定的,可不填,系统默认为 100%。如,某项税收政策实行减按 60% 计入应纳税所得额,则本列填 60%。

10. 第 33 列"准予扣除的捐赠额":是指按照税法及相关法规、政策规定,可以在税前扣除的捐赠额。

11. 第 34～40 列"税款计算":填写扣缴义务人当月扣缴个人所得税款的计算情况。

(1) 第 34 列"应纳税所得额":根据相关列次计算填报。

① 居民个人取得工资、薪金所得,填写累计收入额减除累计减除费用、累计专项扣除、累计专项附加扣除、累计其他扣除后的余额。

② 非居民个人取得工资、薪金所得,填写收入额减去减除费用后的余额。

③ 居民个人或者非居民个人取得劳务报酬所得、稿酬所得、特许权使用费所得,填写本月(次)收入额减除其他扣除后的余额。

保险营销员、证券经纪人取得的佣金收入,填写累计收入额减除累计减除费用、累计其他扣除后的余额。

④ 居民个人或者非居民个人取得利息、股息、红利所得和偶然所得,填写本月(次)收入额。

⑤ 居民个人或者非居民个人取得财产租赁所得,填写本月(次)收入额减去减除费用、其他扣除后的余额。

⑥ 居民个人或者非居民个人取得财产转让所得,填写本月(次)收入额减除财产原值、允许扣除的税费后的余额。

其中,适用"减按计税比例"的所得项目,其应纳税所得额按上述方法计算后乘以减按计税比例的金额填报。

按照税法及相关法规、政策规定,可以在税前扣除的捐赠额,可以按上述方法计算后从应纳税所得额中扣除。

(2) 第 35～36 列"税率/预扣率""速算扣除数":填写各所得项目按规定适用的税率(或预扣率)和速算扣除数。没有速算扣除数的,则不填。

(3) 第 37 列"应纳税额":根据相关列次计算填报。第 37 列=第 34 列×第 35 列−第 36 列。

(4) 第 38 列"减免税额":填写符合税法规定可减免的税额,并附报《个人所得税减免税事项报告表》。居民个人工资、薪金所得,以及保险营销员、证券经纪人取得佣金收入,填写本年度累计减免税额;居民个人取得工资、薪金以外的所得或非居民个人取得各项所得,填写本月(次)减免税额。

(5) 第 39 列"已缴税额":填写本年或本月(次)纳税人同一所得项目,已由扣缴义务人实际扣缴的税款金额。

(6) 第 40 列"应补/退税额":根据相关列次计算填报。第 40 列=第 37 列−第 38 列−第 39 列。

四、其他事项说明

以纸质方式报送本表的,应当一式两份,扣缴义务人、税务机关各留存一份。

业务解析：

2023 年 5 月 10 日,长沙信达有限责任公司为李金及其他员工综合所得预扣预缴申报流程如图 4 - 13 所示。

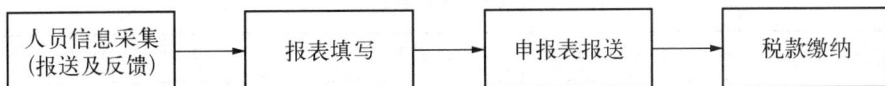

图 4 - 13 个人所得税扣缴申报流程

第一步:从税务局官网下载软件"自然人电子税务局(扣缴端)",在电脑上进行安装,如图 4 - 14 所示。

图 4 - 14 自然人电子税务局(扣缴端)安装页面

第二步:进行扣缴单位基本信息录入。按照提示录入企业代码、已实名认证人员(申报操作人员)信息、设置登录密码,然后登录软件。

第三步:进行人员信息采集,完成对本单位员工个人基本信息的录入。可以逐个录入信息,也可以下载导入模板,在模板中填写然后批量导入软件中。

第四步:人员信息报送验证。点击【报送】,客户端会将报送状态为"待报送"的人员信息报送至税务机关并进行身份验证,只有报送状态为【报送成功】的人员才允许进行申报表报送等业务操作。

第五步:专项附加扣除信息采集。在纳税人未自行采集某个支出项目时,可以由扣缴单位代为采集和报送。

第六步:综合所得申报。点击【综合所得申报】,进入"综合所得预扣预缴表"页面,页面上方为申报主流程导航栏,按照【1 收入及减除填写】【2 税款计算】【3 附表填写】和【4 申报表报送】四步流程,依次完成综合所得预扣预缴申报。申报数据录入、保存以后,就可以点击【申报表报送】,选择需要报送的申报表,点击【发送申报】。

第七步:税款缴纳。点击【下一步,税款缴纳】,按提示完成操作即可。

【任务考核】

任务考核表

实训任务					
实训目标					
实训收获					
评价主体	评价项目		分值	评价得分	加权得分
组员评价	职业素养	考勤	5		
		课堂表现	15		
	职业技能	任务完成度	25		
		任务完成质量	30		
	职业团队	沟通能力	10		
		协调能力	15		
小　计			100		
组长评价	职业素养	考勤	5		
		课堂表现	15		
	职业技能	任务完成度	25		
		任务完成质量	30		
	职业团队	沟通能力	10		
		协调能力	15		
小　计			100		
教师评价	职业素养	考勤	5		
		课堂表现	15		
	职业技能	任务完成度	25		
		任务完成质量	30		
	职业团队	沟通能力	10		
		协调能力	15		
小　计			100		
合　计					

学生签字：　　　　　　　　　　　　　　　日期：

实训任务五　职工社会保险业务办理

【任务导入】

长沙信达有限责任公司新招了几名外地来的员工,由于刚开始工资收入不高,他们不愿意参加社保,于是提出"自愿放弃社保缴纳"的申请,保证将来不找单位麻烦并自动放弃诉讼权利。请问这几名员工可以不缴纳社保吗? 如果不可以,长沙信达有限责任公司如何为新入职员工办理社保业务?

【任务目标】

一、技能目标

1. 掌握企业常见社保业务的办理流程。
2. 能正确填写常见社保业务有关的表格。

二、素养目标

及时了解并学习最新社保政策规定,履行缴纳社保的义务。

【任务准备】

根据《中华人民共和国社会保险法》(以下简称"《社会保险法》")的相关规定,已完成社保登记的用人单位,应当自用工之日起 30 日内为职工申请办理社会保险登记,并申报缴纳社会保险费,每月用人单位进行代扣代缴。企业的社保业务一般由企业指定的社保专管员办理,但出纳员有时也需要去社保局办理社保方面的事情。社会保险费包括基本养老保险费、基本医疗保险费、工伤保险费、失业保险费和生育保险费。

一、社会保险缴费金额的计算

社会保险缴费金额的计算公式如下:

$$缴费金额 = 缴费基数 \times 缴费比例$$

（一）社会保险缴费基数

社会保险的缴费基数,是指企业或者职工个人用于计算缴纳社会保险费的工资基数,

文本：员工工资及五险一金参保明细表

用此基数乘以规定的费率,就是企业或者个人应该缴纳的社会保险费的金额。

各地的社保缴费基数与当地的平均工资数据相挂钩。它是按照职工上一年度1月至12月的所有工资性收入所得的月平均额来确定的。每年确定一次,且确定以后,一年内不再变动,社保基数申报和调整的时间一般是在7月。企业一般以企业职工的工资总额作为缴费基数,职工个人一般则以本人上一年度的月平均工资为个人缴纳社会保险费的工资基数。在我国,缴费基数由社会保险经办机构根据用人单位的申报,依法对其进行核定。

(二)社会保险缴费比例

社会保险缴费比例,即社会保险费的征缴费率。我国《社会保险法》对社会保险的征缴费率并未作出具体明确的规定。按照我国现行的社会保险相关政策的规定,对不同的社会保险险种,我们实行不同的征缴比例。2022年湖南省长沙市单位职工社保缴费标准如表4-33所示。

表4-33　2022年湖南省长沙市单位职工社保缴费标准

类型	养老保险	医疗保险	工伤保险	失业保险	生育保险
缴费基数	全省用人单位统一以全省上年度全口径城镇单位就业人员平均工资的60%和300%分别作为养老保险个人缴费基数下限和上限;参保用人单位缴费基数按照本单位职工个人缴费基数之和确定	职工本人月工资低于上年度全省在岗职工月平均工资60%的,按60%核定个人缴费基数,超过300%的,按300%核定个人缴费基数。当个人缴费基数之和大于用人单位全部职工工资总额时,以个人缴费基数之和作为单位缴费基数	参加工伤保险的用人单位,按照本单位职工工资总额乘以缴费费率缴纳工伤保险费	/	/
年度缴费基数	月缴费基准为5 977元/月,上限为17 931元,下限为3 586元				
缴费比例	用人单位:16% 参保个人:8%	用人单位:8% 个人缴费:2%	个人不缴纳,单位根据行业类别分为八档:0.4%、0.56%、0.8%、0.96%、1.2%、1.6%、1.92%、2%	单位部分:0.7% 个人部分:0.3%	缴费费率0.7%(与医保合并),职工个人不缴纳

二、社会保险的会计处理

根据《会计准则第9号——职工薪酬》(2014)第七条规定,企业为职工缴纳的医疗保险费、工伤保险费、生育保险费等社会保险费和住房公积金,以及按规定提取的工会经费和职工教育经费,应当在职工为其提供服务的会计期间,根据规定的计提基础和计提比例计算确定相应的职工薪酬金额,并确认相应负债,计入当期损益或相关资产成本。

1. 计提社会保险费时:

借:生产成本、管理费用等

　　贷:应付职工薪酬——社会保险费单位部分

2. 发放工资扣除社会保险费个人部分:

借:应付职工薪酬——工资薪金

　　贷:银行存款

　　　　应交税费——个人所得税

　　　　应付职工薪酬——社会保险费个人部分

3. 缴纳社会保险费时:

借:应付职工薪酬——社会保险费单位部分

　　应付职工薪酬——社会保险费个人部分

　　贷:银行存款

根据《社会保险法》第六十条的规定,用人单位应当自行申报、按时足额缴纳社会保险费,非因不可抗力等法定事由不得缓缴、减免。职工应当缴纳的社会保险费由用人单位代扣代缴,用人单位应当按月将缴纳社会保险费的明细情况告知本人。无雇工的个体工商户、未在用人单位参加社会保险的非全日制从业人员以及其他灵活就业人员,可以直接向社会保险费征收机构缴纳社会保险费。

自 2019 年 1 月 1 日起,各项社会保险费由税务部门统一征收,但是社保政策的制定、参保扩面、待遇发放等工作仍由社保部门负责,住房公积金不在划转税务局征收之列。虽然员工有自愿放弃享受社保的权利,但企业必须履行缴纳社保的义务。

【任务实施】

长沙信达有限责任公司发生以下有关社会保险的业务:

业务 1:2023 年 3 月 20 日,公司办理数字证书,为职工办理参保登记手续。

业务 2:2023 年 4 月 6 日,员工张楷查询社保系统,发现个人信息中姓名录入错误(系统录入为张错),申请社保个人信息修改。

业务 3:2023 年 4 月 10 日,公司为不符合参保条件的员工申请办理免参保登记。

业务 4:2023 年 4 月 25 日,公司进行社保增减人员业务操作。

业务 5:2023 年 5 月 10 日,公司网上缴纳 4 月份员工社会保险费,共计 38 170 元。

业务6：2023年12月15日，公司办理注销社保登记手续。

请根据以上资料，分别填写相关表格（如表4-34至表4-38所示）并办理社保业务。

表4-34 社会保险登记表

单位全称				单位简称	
地　　址				单位所在地	
邮　　编		传真电话		单位行政级别	
组织机构代码证信息（统一社会信用代码证书信息）	机构代码（统一社会信用代码）：				
	机构类型（机构性质）：				
	有效期限：				
	颁发单位：				
批准成立信息	批准单位：				
	批准日期：				
	批准文号：				
法定代表人或负责人	姓　　名：				
	身份证号：				
	电　　话：				
经办部门及负责人	部门名称：				
	姓　　名：				
	电　　话：				
经办人员	姓　　名：				
	办公电话			手机号码	
单位性质		经费来源			隶属关系
主管部门		顶层人事主管单位			所属行业
编制数			参保退休人数		
参保在编人数		其中	财政全额拨款		
			非财政全额拨款		
基本养老保险	开户银行			户名	
	银行账户				
职业年金	开户银行			户名	
	银行账户				

续　表

参 加 险 种	参 加 日 期	参 保 地

参加险种情况（行标题对应上表）

备　注	

社会保险经办机构审核意见

经办人（章）　　　　　复核人（章）　　　　　社保机构（章）

社会保险登记证编码：

填 写 说 明

（1）本表由用人单位申请办理社会保险登记时填写。此表一式两份，分别由用人单位和社会保险经办机构留存。

（2）单位全称：与有关机关批准成立证件或其他核准执业证件中的单位名称一致，不得填写简称。

（3）单位简称：单位约定俗成的、日常使用的单位全称的简称。

（4）地址、邮编：按单位所在的详细地址填写，应写明所在区（县）、街（乡、镇）、路（道、胡同）和门牌号码及邮编。

（5）单位所在地：指单位驻地区县。

（6）单位行政级别：指有关机关批准成立时核定的单位行政层级，分为：正省部级、副省部级、正厅局级、副厅局级、县处级、副县处级、正乡科级、副乡科级、股级、副股级等。

（7）统一社会信用代码证信息：指机构编制部门颁发的《统一社会信用代码证书》中的相应信

息,若单位尚未更换统一社会信用代码证,填写有效的组织机构代码证信息。

(8)批准成立信息:按有关机关批准或成立的文书或其他核准执业证件上的内容填写。

(9)法定代表人或负责人:具有法人资格的单位,填写法定代表人有关信息;不具有法人资格的分支机构,填写单位主要负责人有关信息。

(10)经办部门及负责人:填写参保单位负责本单位社会保险相关业务的部门及部门负责人信息。

(11)经办人员:填写参保单位办理社会保险相关业务工作人员有关信息。

(12)单位性质:按照机关、参照公务员法管理的事业单位、事业单位(公益一类、公益二类)、社会团体分类填写。

(13)经费来源:按照财政全额拨款、差额拨款、自收自支分类填写。

(14)隶属关系:按中央属、部属、省属、市属、县属、乡镇属和部队分类填写。

(15)主管部门:填写参保单位的上级主管部门。无主管部门的,本项可以不填写。

(16)顶层人事主管单位:行政隶属关系为中央或部属的,请填写中央主管单位名称。

(17)所属行业:单位性质为公益一类事业单位、公益二类事业单位、从事生产经营活动的事业单位时,按照国家行业划分填录。

(18)编制数:编制部门最后一次核准参保单位的人员编制总数。

(19)参保退休人数:参保单位原在编人员中已办理退休的人数。

(20)参保在编人数:在参保单位工作并领取工资的实有在职在编人数。

(21)开户银行、户名、银行账号:参保单位缴纳社会保险费、职业年金的开户银行、户名及银行账号。

(22)参加险种及时间、参保地:参保单位在社保机构参加的各类险种及参加时间、参保地,按照机关事业单位基本养老保险、城镇职工基本养老保险、职业年金、基本医疗保险、工伤保险、生育保险、失业保险、企业年金和补充医疗保险等分类填写。

(23)备注:需要说明的其他情况。

(24)社会保险登记证编码:与颁发的社会保险登记证中编号一致,由信息系统依据编码规则自动生成,社保经办机构审核后填写。

(25)所属分支机构随单位一起参保的,请在本表后附页列明分支机构明细。

表4-35 社保缴费项目核定通知书

用人单位名称	此通知书为税务机关打印,用人单位(参保人)只盖章签名		
统一社会信用代码/纳税人识别号		单位社保号	
社保管理机构			
根据《中华人民共和国社会保险法》及湖南省社会保险费征缴法规、规章和规范性文件规定,核准以下缴费事项。用人单位缴费事项发生变化的,应申请调整,由税务机关重新核准,在重新核准之前,按以下内容执行。			
申报方式		缴款方式	

税票送达方式					税票送达时限				
邮政编码					送达地址				
账户类型			开户银行名称				银行账号		
征收品目	社保属性	费率	核定起始日期	核定终止日期	缴费期限	申报期限	缴款期限	征收方式	

说明：如你单位应缴费种发生变化，应在发生变化之日起 30 日内到征收服务厅办理重新核定应缴险种的手续。

用人单位(人)签名：　　　　　　　　　　　　　　税务机关：
　　(盖章)　　　　　　　　　　　　　　　　　　　(盖章)
　　　　年　　月　　日　　　　　　　　　　　　　　　年　　月　　日

本通知书一式两份，税务机关留存一份，用人单位留存一份。

表 4-36　修改个人信息申请表

申请人类型：□ 用人单位　　　　□ 缴费个人　　　　申请日期：　　年　　月　　日
办费联系人：　　　　　　　　　联系方式(手机号码)：

用人单位名称		统一社会信用代码/纳税人识别号	
		单位社保号	
缴费个人		身份证号码	
		个人社保号	

申请修改理由：

序号	姓名	身份证件号码	修改项目	修改前信息	修改后信息	备注
1						
2						
3						
4						

申请人声明：本表所填内容正确无误，所提交的证件、资料及复印件真实有效，如有虚假愿承担法律责任。
申请单位/个人签名盖章：

说明：(1) 修改项目包括姓名、国籍、身份证明类别、身份证明号码、性别、联系电话、通讯地址、人员状态、户籍类型、用工形式、人员类别等；
(2) 本表一式三份，一份报税务机关，一份报社保经办机构，一份用人单位自存。

表 4-37　社保免参保登记申请表

用人单位名称		统一社会信用代码/纳税人识别号	
		单位社保号	
经营地址		注册类型	

用工人数		已参保人数		超龄人数	

申请理由	

用人单位(人)声明：本表所申报及填写内容准确无误,所提交的证件、资料及复印件真实有效,如有虚假愿承担法律责任。

申请人签名盖章：　(盖单位章)
年　月　日

税务机关审批意见

税务机关盖章
年　月　日

办费联系人：　　　　　　　　　　　联系方式(手机号码)：
说明：本表一式两份,税务机关留存一份,用人单位留存一份。

表 4-38　注销社会保险缴费登记表

用人单位名称		统一社会信用代码/纳税人识别号	
		单位社保号	
法定代表人(负责人)		经营地址	
是否减员	是□　否□	是否清欠	是□　否□
注销原因	

用人单位(盖章)：

年　月　日

续　表

税务机关审批意见	
	税务机关盖章 年　　月　　日

办费联系人：　　　　　　　　　　　　联系方式(手机号码)：

说明：本表一式两份，税务机关留存一份，用人单位留存一份。

业务解析：

业务 1：新成立的企业办理职工参保登记手续。

新成立的企业不再办理"社会保险登记证"，改由市场监督管理部门在为企业办理工商注册登记时，同步完成企业的社会保险登记。同时取消社会保险登记证定期验证、换证制度。企业在市场监管部门领取营业执照后，必须按《社会保险法》的要求，在用工之日起30 日内，依法到社会保险经办机构办理职工参保登记手续。新成立企业可领取免费数字证书(UK)线下办理，并携带以下资料：盖公章的湖南 CA 单位数字证书业务申请表与责任书 2 份、业务授权书 1 份、法人身份证复印件 1 份、营业执照副本复印件 1 份、办税人身份证复印件 1 份，去税务局领取数字证书。

网上注册与登录流程如下：

(1) 登录"长沙市 12333 公共服务平台"(www.cs12333.com)，找到单位参保(补充)登记入口，如图 4-15 所示。

(2) 在快速通道入口左下角找到新单位登录界面，点击【注册】。

(3) 持统一社会信用代码证(营业执照)的单位用左边模块注册，其他证件类型的单位请用右边模块注册。"五证合一"用统一社会信用代码注册，其他证件类型请用非"五证合一"模块注册。输入 18 位社会信用代码，填写单位名称，点击信息验证跳转到第二步。

(4) 填写联系人信息、点击发送验证码、填写验证码，设置密码后，点击【注册】按钮。

(5) 注册成功。请牢记用户名，点击跳转到登录页面进行登录。

(6) 输入正确的用户名密码，点击登录，登录成功后进行参保登记信息录入。

(7) 参保登记信息录入：录入单位基本信息，上传所需附件(所有附件请上传清晰原件)，点击【保存】按钮，确认无误后，点击【申报】按钮。申报成功后，耐心等待系统审核。审核通过之后可用单位编号以及新单位登录的密码，在单位用户内进行登录。

(8) 单位登录平台

登录"长沙市 12333 公共服务平台"，在右上角处"单位用户""账号类型"中点选"普通用户"，输入登录账号和登录密码。首次登录账号密码均为新单位的社保编号(请牢记)，

图 4‑15　长沙市 12333 公共服务平台首页

登录后可修改密码。

业务 2：用人单位员工个人关键信息修改。

缴费个人姓名、性别、出生年月、国籍、身份证明类别、身份证明号码等个人关键信息发生变更，由用人单位或缴费个人向税务机关申请进行修改。

（1）办理流程如下：

用人单位（缴费个人）申请—税务机关受理—税务机关办理个人关键信息修改。

（2）需要报送的材料如下：

a. "修改个人信息申请表"原件。

b. 需修改个人关键信息的职工身份证明原件。

c. 先经社保经办机构修改再到税务机关确认修改的还应提供社保经办机构修改个人信息证明原件。

d. 身份证号码重复的还应提供公安机关出具的户籍证明原件及复印件。

e. 属于其他部门录入错误的还应提供用人单位证明或其他部门出具的证明原件。

f. 户口簿出生日期与劳动人事档案、身份证出生日期不一致的，还需提供档案复印件或者社保局协办函。

g. 非本人办理的还应提供代办人身份证原件。

业务 3：用人单位为不符合参保条件的员工申请办理免参保登记。

已办理缴费登记的用人单位，其所有职工已依法参保、超龄或其他不符合参保条件规定的，可以申请办理免参保资格登记。

(1) 办理流程：用人单位申请—税务机关受理—税务机关办理免参保登记。

(2) 报送材料如下：

a. "社保免参保登记申请表"原件。

b. 用人单位的营业证照原件。

c. 有实际用工的还应提供职工花名册原件。

d. 因超龄进行免参保登记的还应提供超龄职工有效身份证明原件。

e. 因重复参保进行免参保登记的还应提供重复参保职工已参保证明材料原件。

业务 4：办理增减人员社保业务。

(1) 登录社会保险网上服务平台系统，点击单位用户登录。

(2) 插入数字证书，输入社会保险登记证号、登录密码等相关登录信息，进入登录界面。

(3) 登录完成后在界面找到"申报业务管理"一栏。

(4) 点击"申报业务管理"，在险种登记下方找到普通增员或普通减员。

(5) 点击"普通增员"或者"普通减员"，输入需要增减人员的身份证号码、姓名、减员原因等，信息核对无误后点击【提交】按钮。

业务 5：网上缴纳社保费。

(1) 登录国家税务局湖南省电子税务局—银行存款账户备案(报告)—三方协议签约(社保直接选择三方协议扣费，费用从绑定的银行中扣除)。

(2) 登录湖南省社会保险费测算管理系统—申报员工年度工资(企业初次新增)—中途参保工资申报(后续新增人员)—税务局提交年缴费工资申报表(可不提交)—税务局测算往期社保费用—测算系统里本月社保缴纳费用—确认征缴费单(往期社保测算是逾期测算，需税务大厅测算，养老保险会产生滞纳金)。

(3) 登录社保费管理客户端—核对并且缴费，本月和往期社保费用一起结算。

业务 6：用人单位社保缴费登记注销。

用人单位发生解散、破产、撤销、合并以及其他情形，不再承担社保费缴费及代扣代缴义务，依法终止之日起 30 日内，向主管税务机关申请办理税务登记注销的同时申请注销社会保险费缴费登记。申请注销社会保险费缴费登记前，应清缴欠费及其滞纳金并办理减员手续。

报送材料：《注销社会保险缴费登记表》原件。

办理流程：用人单位申请—税务机关受理—税务机关办理单位缴费登记注销。

【任务考核】

任务考核表

实训任务					
实训目标					
实训收获					
评价主体	评价项目		分值	评价得分	加权得分
组员评价	职业素养	考勤	5		
		课堂表现	15		
	职业技能	任务完成度	25		
		任务完成质量	30		
	职业团队	沟通能力	10		
		协调能力	15		
小　计			100		
组长评价	职业素养	考勤	5		
		课堂表现	15		
	职业技能	任务完成度	25		
		任务完成质量	30		
	职业团队	沟通能力	10		
		协调能力	15		
小　计			100		
教师评价	职业素养	考勤	5		
		课堂表现	15		
	职业技能	任务完成度	25		
		任务完成质量	30		
	职业团队	沟通能力	10		
		协调能力	15		
小　计			100		
合　计					

学生签字：　　　　　　　　　　　　　日期：

项目五 / Item 5 出纳岗位综合实训

【任务导入】

钱清应聘到长沙信达有限责任公司担任出纳员已经 1 个月了。由于是新手,第一个月基本是财务经理在帮助她。由于钱清肯钻研能吃苦,从这个月开始,钱清将独自承担公司出纳业务。请问对于这个月的公司业务,钱清将如何应对呢?

文本:出纳人员应具备的素质

公司基本信息如下:

公司名称:长沙信达有限责任公司;

注册地址:长沙市开福区蔡鄂北路 118 号;

企业类型:有限责任公司;

注册资本:人民币 100 万元;

基本存款账户:中国工商银行长沙开福区支行;

基本户账号:432000654223588;

法人代表:陈铭　财务主管:高清　出纳员:钱清　会计:陈一民;

经营范围及主要产品:日常用品;

经营方式:批发、零售日用品、食品;

纳税人识别号、类型:914305896523012589,一般纳税人;

2023 年 5 月 31 日库存现金余额 1 000 元,银行存款余额 386 528 元。

【任务目标】

一、技能目标

(1) 能办理现金收付和结算业务,登记库存现金日记账。

(2) 能办理银行收付和结算业务,登记银行存款日记账。

(3) 能编制银行存款余额调节表。

（4）能办理票据的领用与登记。

（5）能完成其他出纳业务。

二、素养目标

（1）养成良好的库存现金管理习惯。

（2）养成良好的支票等银行结算票据的使用习惯。

（3）养成合格出纳的职业素养。

【任务准备】

实训素材：配有相关原始凭证、记账凭证、库存现金日记账、银行存款日记账、支票登记簿、回形针、剪刀、胶水等。

实训要求：钱清以一个合格出纳的身份，处理好长沙信达有限责任公司 2023 年 6 月份的出纳业务。

【任务实施】

业务 1：开支票提取备用金。

2023 年 6 月 1 日，长沙信达有限责任公司从中国工商银行提取备用金 10 000 元，开具现金支票。申请人：李晓，部门负责人：王建。李晓身份证号：430528198601021821，发证机关：长沙市公安局。

1. 实训资料（图 5-1 至图 5-6）

<h1 style="text-align:center">支票申领单</h1>
年　月　日

因＿＿＿＿＿＿需要借用支票＿＿＿＿份，支票号码＿＿＿＿＿，限用金额 ＿＿＿＿＿ 元。

申领人：　　　　部门负责人：　　　　单位领导：

图 5-1　支票申领单（空白）

图 5－2 空白现金支票(正面)

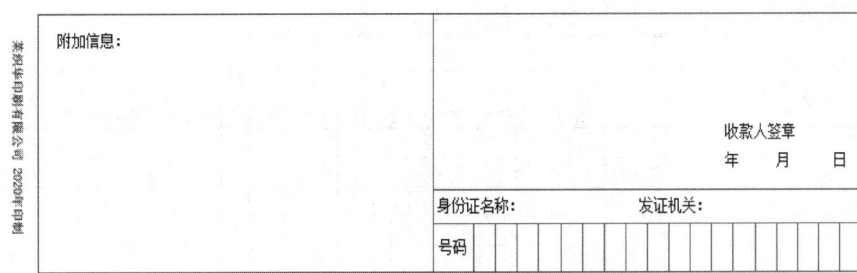

图 5－3 空白现金支票(背面)

付 款 凭 证

<u>付</u>字 第___号

贷方科目_____   年 月 日   附件_____张

对方单位	摘　要	借 方 科 目		金 额									记账
		总账科目	明细科目	千	百	十	万	千	百	十	元	角	分	符号
														☐
														☐
														☐
														☐
														☐

会计主管   记账   稽核   出纳   制证

图 5－4 付款凭证(空白)

库 存 现 金 日 记 账　　第　页

年		凭证		摘要	对方科目	收入（借方）									支出（贷方）									借或贷	余 额									✓
月	日	种类	号数			千	百	十	万	千	百	十	元	角	分	千	百	十	万	千	百	十	元	角	分		千	百	十	万	千	百	十	元	角	分	

图 5－5　库存现金日记账（空白）

银 行 存 款 日 记 账　　第　页

年		凭证		摘要	对方科目	收入（借方）									支出（贷方）									借或贷	余 额									✓
月	日	种类	号数			千	百	十	万	千	百	十	元	角	分	千	百	十	万	千	百	十	元	角	分		千	百	十	万	千	百	十	元	角	分	

图 5－6　银行存款日记账（空白）

2. 实训成果

（1）填写支票申领单，如图5－7所示。

支票申领单

2023 年 6 月 1 日

因　<u>提取备用金</u>　需要借用支票　<u>1</u>　份，支票号
码<u>10613660</u>，限用金额　<u>10 000</u>　元。

申领人：　<u>李晓</u>　部门负责人：　<u>王建</u>　单位领导：　<u>陈铭</u>

图 5－7　支票申领单

（2）根据支票申领单，填写现金支票，如图5－8、图5－9所示。

图 5-8　现金支票(正面)

图 5-9　现金支票(背面)

(3)填制付款凭证,如图5-10所示。

付　款　凭　证

贷方科目　银行存款　　　　2023 年 6 月 1 日　　　　附件____2____张

对方单位	摘　要	借 方 科 目		金　额										记账
		总账科目	明细科目	千	百	十	万	千	百	十	元	角	分	符号
	提取备用金	库存现金					1	0	0	0	0	0	0	☐
														☐
														☐
														☐
银行结算方式及票号:现金支票10613660		合　　计				¥	1	0	0	0	0	0	0	☐

会计主管　　　　记账　　　　稽核　　　　出纳 钱清　　　制证

图 5-10　付款凭证

金额不一样

（4）登记日记账，如图5-11、图5-12所示。

银 行 存 款 日 记 账　　第 1 页

2023年 月 日	凭证 种类 号数	摘要	对方科目	收入（借方） 千百十万千百十元角分	支出（贷方） 千百十万千百十元角分	借或贷	余额 千百十万千百十元角分	√
06 01		期初余额				借	3 8 6 5 2 8 0 0	
06 01	付 01	提取备用金	库存现金		1 0 0 0 0 0	借	3 7 6 5 2 8 0 0	

图 5-11　银行存款日记账

库 存 现 金 日 记 账　　第 1 页

2023年 月 日	凭证 种类 号数	摘要	对方科目	收入（借方） 千百十万千百十元角分	支出（贷方） 千百十万千百十元角分	借或贷	余额 千百十万千百十元角分	√
06 01		期初余额				借	1 0 0 0 0	
06 01	付 01	提取备用金	银行存款	1 0 0 0 0 0		借	1 1 0 0 0 0	

图 5-12　库存现金日记账

业务2：借支差旅费。

2023年6月2日销售员张斌出差借款1 000元，用现金支付。

1. 实训资料（图5-13、图5-14）

借款单

年　　　月　　　日

资金性质：

部门		借款人	
借款理由			
金额	大写（人民币）：	小写：	
领导批示		财务主管	
部门主管：	出纳：	领款人签收	

图 5-13　借款单（空白）

付 款 凭 证

付字 第＿＿＿号

贷方科目＿＿＿＿＿　　　　年　月　日　　　　附件＿＿＿＿＿张

对方单位	摘要	借方科目		金额	记账
		总账科目	明细科目	千百十万千百十元角分	符号
					☐
					☐
					☐
					☐
					☐

会计主管　　　　记账　　　　稽核　　　　出纳　　　　制证

图 5-14　付款凭证（空白）

2. 实训成果

（1）填写借款单，如图 5-15 所示。

<h2 style="text-align:center">借 款 单</h2>

2023 年　6 月 2 日

资金性质：现金

部门	销售部		借款人	张斌
借款理由	销售出差			
金额	大写（人民币）：壹仟元整		小写：￥1000.00	
领导批示	同意		财务主管	高清
部门主管：陈怡		出纳：钱清	领款人签收：张斌	

图 5-15　借款单

（2）填制付款凭证，如图 5-16 所示。

<h1 style="text-align:center">付　款　凭　证</h1>

付字 第 02 号

贷方科目 <u>库存现金</u>　　　　2023 年 6 月 2 日　　　　附件 1 张

对方单位	摘　要	借 方 科 目		金　额									记账
		总账科目	明细科目	千	百	十	万	千	百	十	元	角	分	符号
	张斌出差借款	其他应收款	张斌				1	0	0	0	0	0	□
													□
													□
													□
				￥	1	0	0	0	0	0			□

会计主管　　　　记账　　　　稽核　　　　出纳 钱清　　　　制证

图 5-16　付款凭证

（3）登记库存现金日记账，如图 5-17 所示。

<h2 style="text-align:center">库 存 现 金 日 记 账　第 1 页</h2>

2023年		凭证		摘要	对方科目	收入（借方）									支出（贷方）									借或贷	余　额									✓
月	日	种类	号数			千	百	十	万	千	百	十	元	角	分	千	百	十	万	千	百	十	元	角	分		千	百	十	万	千	百	十	元	角	分	
06	01			期初余额																						借					1	0	0	0	0	0	
06	01	付	01	提取备用金	银行存款				1	0	0	0	0	0	0											借				1	1	0	0	0	0	0	
06	02	付	02	张斌出差借款	其他应收款															1	0	0	0	0	0	借				1	0	0	0	0	0	0	

图 5-17　库存现金日记账

业务 3：开具转账支票。

2023 年 6 月 3 日，长沙信达有限责任公司支付湖南利达会计师事务所服务费 20 000 元，用转账支票支付。申请人：李晓，部门负责人：王建。

1. 实训资料（图 5－18 至图 5－21）

支票申领单

年　月　日

因＿＿＿＿＿＿需要借用支票＿＿＿＿份，支票号码＿＿＿＿＿＿，限用金额＿＿＿＿＿＿元。

申领人：　　　　部门负责人：　　　　单位领导：

图 5－18　支票申领单（空白）

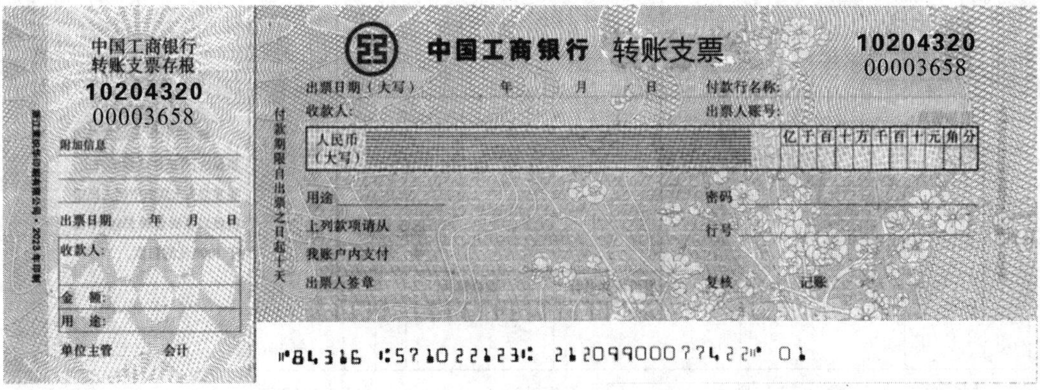

图 5－19　空白转账支票（正面）

附加信息：	被背书人	被背书人
	背书人签章 年　月　日	背书人签章 年　月　日

粘贴单处

根据《中华人民共和国票据法》等法律法规的规定，签发空头支票由中国人民银行处以票面金额5%但不低于1 000元的罚款。

某纸华印刷有限公司 2023 年印制

图 5－20　空白转账支票（背面）

付 款 凭 证

付字 第____号

贷方科目_____　　　　　　年　月　日　　　　　　　　　附件_____张

对方单位	摘 要	借 方 科 目		金 额										记账
		总账科目	明细科目	千	百	十	万	千	百	十	元	角	分	符号
														□
														□
														□
														□
														□

会计主管　　　　　记账　　　　　稽核　　　　　出纳　　　　　制证

图 5-21　付款凭证(空白)

2. 实训成果

(1) 填写转账支票申领单,如图 5-22 所示。

支票申领单

2023 年 6 月 3 日

因__支付服务费__需要借用支票____1____份,支票号

码__00003658__,限用金额____20 000____元。

申领人:　李晓　　部门负责人:　王建　　单位领导:　陈铭

图 5-22　转账支票申领单

(2) 填写转账支票,如图 5-23 所示。

图 5-23　转账支票

我流答案

（3）填制付款凭证，如图5-24所示。

付 款 凭 证

贷方科目 银行存款　　2023 年 6 月 3 日　　附件 2 张

对方单位	摘要	借方科目		金额										记账
		总账科目	明细科目	千	百	十	万	千	百	十	元	角	分	符号
湖南利达会计事务所	支付服务费	管理费用					2	0	0	0	0	0	0	☐
														☐
														☐
														☐
银行结算方式及票号：转账支票00003658		合　计				¥	2	0	0	0	0	0	0	☐

会计主管　　记账　　稽核　　出纳 钱清　　制证

图 5-24　付款凭证

（4）登记银行存款日记账，如图5-25所示。

银 行 存 款 日 记 账　第 1 页

2023年		凭证		摘要	对方科目	收入（借方）										支出（贷方）										借或贷	余额										✓
月	日	种类	号数			千	百	十	万	千	百	十	元	角	分	千	百	十	万	千	百	十	元	角	分		千	百	十	万	千	百	十	元	角	分	
06	01			期初余额																						借		3	8	6	5	2	8	0	0	
06	01	付	01	提取备用金	库存现金													1	0	0	0	0	0	0	借		3	7	6	5	2	8	0	0	
06	01	付	03	支付服务费	管理费用													2	0	0	0	0	0	0	借		3	5	6	5	2	8	0	0	

图 5-25　银行存款日记账

业务 4：报销差旅费。

2023年6月7日，销售员张斌出差归来报销差旅费（出差前预支差旅费1000元）。所属期间为6月4日至6月6日，汽车票200元，住宿费300元（2×150），补助为450元（3×150）。会计：陈一民，部门领导：陈怡，单位领导：陈铭。出差归来后余款现金交还出纳。

1. 实训资料（图5-26至图5-28）

差旅费报销单

报销日期			预算科目		专项名称		预算项目			
部门			出差人		出差事由					
出发		到达		交通费				住宿费			其他费用		
日期	地点	日期	地点	交通工具	单据张数	金额	天数	单据张数	金额	项目	单据	金额
										行李费		
										市内车费		
										出租		
										手续费		
										出差补贴		
										节约奖励		
			合　计									
报销总额	人民币（大写）								预借款			
	人民币（小写）					补领不足			归还多余			

图 5-26　差旅费报销单（空白）

全对　　*改12个*

收 款 凭 证

收字 第____号

借方科目_____　　　　　　年　月　日　　　　　　附件_____张

对方单位	摘　要	贷 方 科 目		金　额										记账符号
		总账科目	明细科目	千	百	十	万	千	百	十	元	角	分	
														☐
														☐
														☐
														☐
														☐
银行结算方式及票号：			合　计											☐

会计主管　　　　　记账　　　　　稽核　　　　　　出纳　　　　　　制证

图5－27　收款凭证(空白)

转 账 凭 证

转字 第　号
附件　张

年　月　日

摘　要	总账科目	明细科目	借方金额									记账符号	贷方金额									记账符号
			千	百	十	万	千	百	十	元	角	分		千	百	十	万	千	百	十	元	角	分	
													☐											☐
													☐											☐
													☐											☐
													☐											☐
													☐											☐
合　计													☐											☐

会计主管　　　　　记账　　　　　　复核　　　　　　　制证

图5－28　转账凭证(空白)

2. 实训成果

(1) 填写差旅费报销单,如图5－29所示。

差旅费报销单

报销日期	2023.06.07		预算科目	管理费用	专项名称	差旅费		预算项目		差旅费	
部门	销售部		出差人	张斌			出差事由	销售业务			
出发		到达		交通费				住宿费		其他费用	
日期	地点	日期	地点	交通工具	单据张数	金额	天数	单据张数	金额	项目	单据	金额
2023.06.04	长沙	2023.06.04	邵阳县	汽车	2	200	2	1	300	行李费		
										市内车费		
										出租		
										手续费		
					现金收讫					出差补贴	1	450
										节约奖励		
合　计						200			300			450
报销总额	人民币（大写）		玖佰伍拾元整						预借款	￥1 000.00	
	人民币（小写）		￥950.00			补领不足			归还多余	￥50.00	

主管:陈怡　　　　　审核:　　　　　报销人:张斌　　　　　部门:销售部

图5－29　差旅费报销单

（2）填制收款凭证和转账凭证，如图 5 - 30、图 5 - 31 所示。

收 款 凭 证

收字 第 1 号

借方科目 库存现金   2022 年 6 月 7 日   附件 5 张

对方单位	摘 要	贷 方 科 目		金 额										记账
		总账科目	明细科目	千	百	十	万	千	百	十	元	角	分	符号
	报销差旅费	其他应收款							5	0	0	0		☐
														☐
														☐
														☐
														☐
银行结算方式及票号：			合 计					¥	5	0	0	0		☐

会计主管   记账   稽核   出纳 钱清   制证

图 5 - 30 收款凭证

转 账 凭 证

转字第 01 号
2023 年 6 月 7 日   附件 张

摘 要	总账科目	明细科目	借方金额									记账符号	贷方金额									记账符号
			千	百	十	万	千	百	十	元	角	分		千	百	十	万	千	百	十	元	角	分	
报销差旅费	管理费用						9	5	0	0	0	☐												☐
报销差旅费	其他应收款												☐					9	5	0	0	0		☐
													☐											☐
													☐											☐
													☐											☐
合 计						¥	9	5	0	0	0	☐				¥	9	5	0	0	0		☐

会计主管   记账   复核   制证 陈一民

图 5 - 31 转账凭证

（3）登记库存现金日记账，如图 5 - 32 所示。

库 存 现 金 日 记 账   第 1 页

2023年		凭 证		摘 要	对方科目	收入（借方）									支出（贷方）									借或贷	余 额									√
月	日	种类	号数			千	百	十	万	千	百	十	元	角	分	千	百	十	万	千	百	十	元	角	分		千	百	十	万	千	百	十	元	角	分	
06	01			期初余额																						借				1	0	0	0	0	0		
06	01	付	01	提取备用金	银行存款			1	0	0	0	0	0	0												借			1	1	0	0	0	0	0		
06	02	付	02	张斌出差借款	其他应收款														1	0	0	0	0	0		借			1	0	0	0	0	0	0		
06	07	收	01	报销差旅费	其他应收款						5	0	0	0												借			1	0	0	5	0	0	0		

图 5 - 32 库存现金日记账

业务 5：填写银行进账单。

2023 年 6 月 12 日，长沙信达有限责任公司向长沙鑫旺有限公司销售货物一批，取得转账支票一张，金额为 45 200 元，票号为 00795618，并收到银行发来的进账单。长沙鑫旺有限公司账号：430536500015983，开户行：建行望城区支行。

1. 实训资料(图 5-33、图 5-34)

图 5-33 银行进账单(空白)

图 5-34 收款凭证(空白)

2. 实训成果

(1) 填写银行进账单，如图 5-35 所示。

中国工商银行进账单(贷方凭证)

2023 年6 月12 日

出票人	全 称	长沙鑫旺有限公司	收款人	全 称	长沙信达有限责任公司
	账 号	430536500015983		账 号	4320006523588
	开户银行	建行望城区支行		开户银行	中国工商银行长沙开福区支行

金额	人民币(大写)	肆万伍仟贰佰元整	千 百 十 万 千 百 十 元 角 分
			¥ 4 5 2 0 0 0 0

中国工商银行长沙开福区支行
2023.06.12
转账
转讫

票据种类	转账支票	票据张数	1
票据号码	00795618		

备注

复核   记账

此联由收款人开户银行作贷方凭证

图 5-35 银行进账单

（2）填写收款凭证，如图 5-36 所示。

收 款 凭 证

收字 第 02 号

借方科目 银行存款   2023 年 6 月12日   附件 2 张

对方单位	摘要	贷 方 科 目		金 额										记账
		总账科目	明细科目	千	百	十	万	千	百	十	元	角	分	符号
长沙鑫旺有限公司	销售商品	主营业务收入					4	0	0	0	0	0	0	☐
	销售商品	应交税费	应交增值税（销项税额）					5	2	0	0	0	0	☐
														☐
														☐
														☐
银行结算方式及票号：转账支票00795618		合 计				¥	4	5	2	0	0	0	0	☐

会计主管   记账   稽核   出纳 钱清   制证

图 5-36 收款凭证

（3）登记银行存款日记账，如图 5-37 所示。

银 行 存 款 日 记 账

第 1 页

2023年		凭证		摘要	对方科目	收入（借方）										支出（贷方）										借或贷	余 额										✓
月	日	种类	号数			千	百	十	万	千	百	十	元	角	分	千	百	十	万	千	百	十	元	角	分		千	百	十	万	千	百	十	元	角	分	
06	01			期初余额																						借		3	8	6	5	2	8	0	0	
06	01	付	01	提取备用金	库存现金														1	0	0	0	0	0	0	借		3	7	6	5	2	8	0	0	
06	01	付	03	支付服务费	管理管理														2	0	0	0	0	0	0	借		3	5	6	5	2	8	0	0	
06	12	收	02	销售商品	主营业务收入				4	0	0	0	0	0	0											借		3	9	6	5	2	8	0	0	
06	12	收	02	销售商品	应交税费——应交增值税（销）					5	2	0	0	0	0											借		4	0	1	7	2	8	0	0	

图 5-37 银行存款日记账

业务 6：费用报销。

2023 年 6 月 15 日，行政人员李晴晴购买办公用品，金额为 500 元。

1. 实训资料（图 5－38、图 5－39）

费用报销单

报销部门：　　　　年　　月　　日　　　　单据及附件共＿＿＿页

报销项目	摘要	金额 千	百	十	万	千	百	十	元	角	分	备注
												领导审批
合计												

金额大写　仟　佰　拾　万　仟　佰　拾　元　角　分　原借款：　　元　应退（补）款：　　元

部门主管　　　复核　　　出纳　　　报销人

图 5－38　费用报销单（空白）

付　款　凭　证

付字 第＿＿号

贷方科目＿＿＿＿＿　　　年　　月　　日　　　附件＿＿＿张

对方单位	摘要	借方科目 总账科目	借方科目 明细科目	千	百	十	万	千	百	十	元	角	分	记账符号
														□
														□
														□
														□
														□

会计主管　　　记账　　　稽核　　　出纳　　　制证

图 5－39　付款凭证（空白）

2. 实训成果

（1）填写费用报销单，如图 5－40 所示。

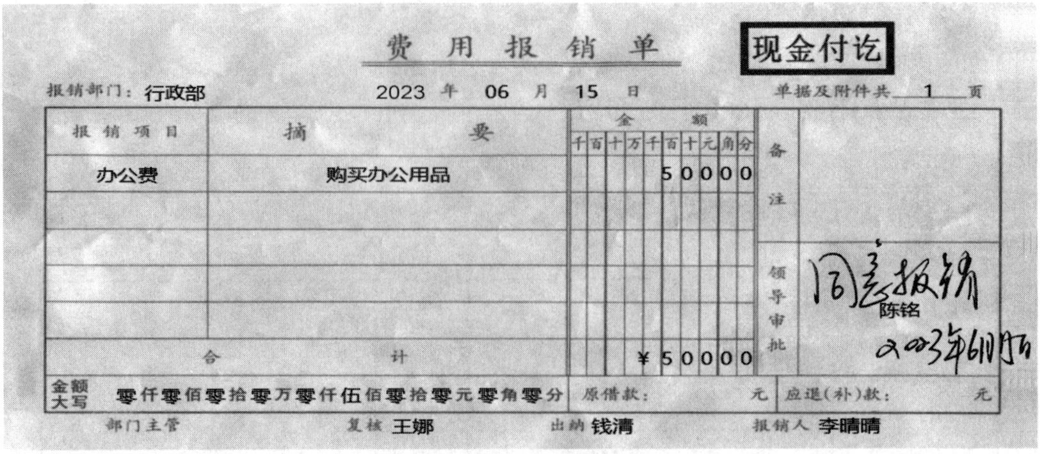

费用报销单　　现金付讫

报销部门：行政部　　2023 年 06 月 15 日　　单据及附件共 1 页

报销项目	摘要	金额	备注
办公费	购买办公用品	50000	
合计		¥50000	

金额大写：零仟零佰零拾零万零仟伍佰零拾零元零角零分　　原借款：　元　　应退(补)款：　元

领导审批：同意报销　陈铭　2023年6月15日

部门主管　　复核 王娜　　出纳 钱清　　报销人 李晴晴

图 5-40　费用报销单

(2) 填写付款凭证，如图 5-41 所示。

付　款　凭　证

付字 第 04 号

贷方科目 库存现金　　2023 年 6 月 15 日　　附件 2 张

对方单位	摘要	借方科目 总账科目	借方科目 明细科目	千	百	十	万	千	百	十	元	角	分	记账符号
	购买办公用品	管理费用							5	0	0	0	0	□
														□
														□
														□
								¥	5	0	0	0	0	□

会计主管　　记账　　稽核　　出纳 钱清　　制证

图 5-41　填制付款凭证

(3) 登记库存现金日记账，如图 5-42 所示。

库　存　现　金　日　记　账　　第 1 页

2023年 月	日	凭证 种类	凭证 号数	摘要	对方科目	收入（借方）	支出（贷方）	借或贷	余额	√
06	01			期初余额				借	100000	
06	01	付	01	提取备用金	银行存款	1000000		借	1100000	
06	02	付	02	张斌出差借款	其他应收款		100000	借	1000000	
06	07	收	01	报销差旅费	其他应收款	5000		借	1005000	
06	15	付	04	购买办公用品	管理费用		50000	借	955000	

图 5-42　库存现金日记账

业务 7：信汇材料款。

2023 年 6 月 16 日,长沙信达有限责任公司向湖南新发批发有限公司采购货物一批,金额为 113 000 元,采用普通信汇方式汇款。湖南新发批发有限公司账号：645200056499865,开户行：工行岳麓区支行。

1. 实训资料(图 5 – 43、图 5 – 44)

图 5 – 43　信汇凭证(空白)

图 5 – 44　付款凭证(空白)

2. 实训成果

(1) 填写信汇凭证,如图 5 – 45 所示。

中国工商银行**信汇**凭证（回单）1

委托日期：2023 年 6 月 16 日

汇款人	全称	长沙信达有限责任公司	收款人	全称	湖南新发批发有限公司
	账号	432000654223588		账号	645200056499865
	汇出地点	湖南 省长沙 市/县		汇入地点	湖南 省长沙 市/县
	汇出行名称	中国工商银行长沙开福区支行		汇入行名称	工行岳麓区支行

金额	人民币（大写）	壹拾壹万叁仟元整	亿	千	百	十	万	千	百	十	元	角	分
					¥	1	1	3	0	0	0	0	0

中国工商银行长沙开福区支行
2023-06-16
业 务
讫

支付密码 ******

附加信息及用途：

订单号：5896655支付材料

汇出行签章

复核： 记账

此联汇出行给汇款人的回单

图 5-45 信汇凭证

（2）填写付款凭证，如图 5-46 所示。

付 款 凭 证

付字 第 05 号

贷方科目 银行存款

2023 年 6 月 16 日

附件 2 张

对方单位	摘要	借方科目		金额											记账符号
		总账科目	明细科目	千	百	十	万	千	百	十	元	角	分		
湖南新发批发有限公司	购买材料	原材料			1	0	0	0	0	0	0	0	0		☐
	购买材料	应交税费	应交增值税（进项税额）			1	3	0	0	0	0	0	0		☐
															☐
															☐
银行结算方式及票号：信汇		合 计		¥	1	1	3	0	0	0	0	0	0		☐

会计主管 记账 稽核 出纳 钱清 制证

图 5-46 付款凭证

（3）登记银行存款日记账，如图 5-47 所示。

银 行 存 款 日 记 账

第 1 页

2023年		凭证		摘要	对方科目	收入（借方）										支出（贷方）										借或贷	余 额										✓
月	日	种类	号数			千	百	十	万	千	百	十	元	角	分	千	百	十	万	千	百	十	元	角	分		千	百	十	万	千	百	十	元	角	分	
06	01			期初余额																						借		3	8	6	5	2	8	0	0	
06	01	付	01	提取备用金	库存现金													1	0	0	0	0	0	0	借		3	7	6	5	2	8	0	0	
06	01	付	03	支付服务费	管理管理														2	0	0	0	0	0	借		3	5	6	5	2	8	0	0	
06	12	收	02	销售商品	主营业务收入				4	0	0	0	0	0	0											借		3	9	6	5	2	8	0	0	
06	12	收	02	销售商品	应交税费——应交增值税（销）					5	2	0	0	0	0											借		4	0	1	7	2	8	0	0	
06	16	付	05	购买材料	原材料													1	0	0	0	0	0	0	0	借		3	0	1	7	2	8	0	0	
06	16	付	05	购买材料	应交税费——应交增值税（进）														1	3	0	0	0	0	借		2	8	8	7	2	8	0	0	

图 5-47 登记银行存款日记账

业务 8：收到现金。

2023 年 6 月 17 日，销售商品给个人周芳，收到货款现金 10 000 元。

1. 实训资料（图 5 - 48、图 5 - 49）

收 款 收 据
年　　月　　日

交款单位 （或交款人）									
交款项目									
金额（大写）：	仟	佰	万	仟	佰	拾	元	角	分
						¥ _____			
备注：									

收款单位公章　　　　　　收款人　　　　出纳

图 5 - 48　收款收据（空白）

收　款　凭　证

收字 第____号

借方科目_____　　　　　年　　月　　日　　　　　附件_____张

对方单位	摘 要	贷 方 科 目		金 额										记账 符号
		总账科目	明细科目	千	百	十	万	千	百	十	元	角	分	
														☐
														☐
														☐
														☐
														☐
银行结算方式及票号：		合　计												☐

会计主管　　　　　记账　　　　　稽核　　　　　出纳　　　　　制证

图 5 - 49　收款凭证（空白）

2. 实训成果

（1）填写收款收据，如图 5 - 50 所示。

收 款 收 据
2023 年 6 月 17 日

交款单位 （或交款人）	周芳								
交款项目	货款								
金额（大写）：	仟 佰 壹 万 零 仟 零 佰 零 拾 零 元 零 角 零 分								
	¥10 000.00								
备注：									

收款单位公章　　　　　收款人 钱清　　　　出纳

图 5 - 50　收款收据

（2）填写收款凭证，如图 5‐51 所示。

收 款 凭 证

收字 第 _03_ 号

借方科目 __库存现金__　　　　　　2023 年 6 月 17 日　　　　　　　附件 ___2___ 张

对方单位	摘 要	贷 方 科 目		金 额										记账
		总账科目	明细科目	千	百	十	万	千	百	十	元	角	分	符号
	销售商品给周芳	主营业务收入						8	8	4	9	5	6	□
	销售商品给周芳	应交税费	应交增值税（销项税额）					1	1	5	0	4	4	□
														□
														□
银行结算方式及票号：		合　计				¥	1	0	0	0	0	0	0	□

会计主管　　　　　记账　　　　　稽核　　　　　出纳 钱清　　　　制证

图 5‐51　收款凭证

（3）登记库存现金日记账，如图 5‐52 所示。

库 存 现 金 日 记 账　　　第 1 页

2023年		凭 证		摘要	对方科目	收入（借方）									支出（贷方）									借或贷	余 额									✓
月	日	种类	号数			千	百	十	万	千	百	十	元	角	千	百	十	万	千	百	十	元	角		千	百	十	万	千	百	十	元	角	
06	01			期初余额																				借					1	0	0	0	0	
06	01	付	01	提取备用金	银行存款			1	0	0	0	0	0	0										借				1	1	0	0	0	0	
06	02	付	02	张斌出差借款	其他应收款												1	0	0	0	0	0	借				1	0	0	0	0	0	
06	07	收	01	报销差旅费	其他应收款							5	0	0										借				1	0	0	5	0	0	
06	15	付	04	购买办公用品	管理费用														5	0	0	0	0	借					9	5	5	0	0	
06	17	收	03	销售商品给周芳	主营业务收入					8	8	4	9	5	6									借			1	8	3	9	9	5	6	
06	17	收	03	销售商品给周芳	应交税费——应交增值税（销）					1	1	5	0	4	4									借			1	9	5	5	0	0	0	

图 5‐52　库存现金日记账

业务 9：存入现金。

2023 年 6 月 18 日，出纳员将收到的货款 10 000 元现金存入公司银行账户。

1. 实训资料（图 5‐53、图 5‐54）

现金交款单

币别：　　　　　　　　　年　月　日　　　　流水号：

单位填写	收款单位		交款人												第一联
	账　号		款项来源												
	（大写）			亿	千	百	十	万	千	百	十	元	角	分	
银行确认栏															银行记账凭证
	现金回单（无银行卡打印记录及银行签章此单无效）														

复核　　　　　　　录入　　　　　　　出纳

图 5‐53　现金交款单（空白）

付 款 凭 证

付字 第＿＿＿号

贷方科目＿＿＿＿＿＿　　　　年　月　日　　　　　附件＿＿＿＿＿张

对方单位	摘　要	借 方 科 目		金 额										记账
		总账科目	明细科目	千	百	十	万	千	百	十	元	角	分	符号
														☐
														☐
														☐
														☐
														☐

会计主管　　　　记账　　　　　稽核　　　　　出纳　　　　　制证

图 5‒54　付款凭证(空白)

2. 实训成果

(1) 填写现金交款单,如图 5‒55 所示。

现金交款单

币别：人民币　　　　　2023年 6 月 18 日　　　　流水号：

单位填写	收款单位	长沙信达有限责任公司		交款人		钱清										第一联
	账　号	432000654223588		款项来源		货款										
					亿	千	百	十	万	千	百	十	元	角	分	
	(大写) 壹万元整							¥	1	0	0	0	0	0	0	银行记账凭证

银行确认栏　　中国工商银行长沙开福区支行　2023-06-18　业务讫

现金回单（无银行卡打印记录及银行签章此单无效）

复核　　　　　录入　　　　　出纳

图 5‒55　现金交款单

(2) 填写付款凭证,如图 5‒56 所示。

付 款 凭 证

付字 第 06 号

贷方科目 库存现金　　　　2023 年 6 月 18 日　　　　附件 1 张

对方单位	摘　要	借 方 科 目		金 额										记账
		总账科目	明细科目	千	百	十	万	千	百	十	元	角	分	符号
	存现	银行存款					1	0	0	0	0	0	0	☐
														☐
														☐
														☐
					¥	1	0	0	0	0	0	0		☐

会计主管　　　　记账　　　　　稽核　　　　　出纳 钱清　　　　制证

图 5‒56　付款凭证

（3）登记银行存款日记账和库存现金日记账，如图5-57、图5-58所示。

银 行 存 款 日 记 账　　第 1 页

2023年		凭证		摘要	对方科目	收入（借方）									支出（贷方）									借或贷	余额									√
月	日	种类	号数			千	百	十	万	千	百	十	元	角	分	千	百	十	万	千	百	十	元	角	分		千	百	十	万	千	百	十	元	角	分
06	01			期初余额																						借		3	8	6	5	2	8	0	0
06	01	付	01	提取备用金	库存现金														1	0	0	0	0	0	借		3	7	6	5	2	8	0	0
06	01	付	03	支付服务费	管理管理														2	0	0	0	0	0	借		3	5	6	5	2	8	0	0
06	12	收	02	销售商品	主营业务收入			4	0	0	0	0	0	0											借		3	9	6	5	2	8	0	0
06	12	收	02	销售商品	应交税费——应交增值税（销）				5	2	0	0	0	0											借		4	0	1	7	2	8	0	0
06	16	付	05	购买材料	原材料													1	0	0	0	0	0	0	借		3	0	1	7	2	8	0	0
06	16	付	05	购买材料	应交税费——应交增值税（进）														1	3	0	0	0	0	借		2	8	8	7	2	8	0	0
06	18	付	06	存现	库存现金				1	0	0	0	0	0											借		2	9	8	7	2	8	0	0

图5-57　银行存款日记账

库 存 现 金 日 记 账　　第 1 页

2023年		凭证		摘要	对方科目	收入（借方）									支出（贷方）									借或贷	余额									√
月	日	种类	号数			千	百	十	万	千	百	十	元	角	分	千	百	十	万	千	百	十	元	角	分		千	百	十	万	千	百	十	元	角	分
06	01			期初余额																						借				1	0	0	0	0	0
06	01	付	01	提取备用金	银行存款			1	0	0	0	0	0												借			1	1	0	0	0	0	0
06	02	付	02	张斌出差借款	其他应收款														1	0	0	0	0	0	借			1	0	0	0	0	0	0
06	07	收	01	报销差旅费	其他应收款					5	0	0	0												借			1	0	0	5	0	0	0
06	15	付	04	购买办公用品	管理费用															5	0	0	0	0	借				9	5	5	0	0	0
06	17	收	03	销售商品给周芳	主营业务收入					8	4	9	5	6											借			1	8	3	9	9	5	6
06	17	收	03	销售商品给周芳	应交税费——应交增值税（销）					1	1	5	0	4											借			1	9	5	5	0	0	0
06	18	付	06	存现	银行存款														1	0	0	0	0	0	借				9	5	5	0	0	0

图5-58　库存现金日记账

业务10：购买现金支票。

2023年6月22日，出纳员从银行现金支付购买现金支票一本10613676-10613700，工本费30元，用现金支付。出纳员钱清身份证号码：430521198501122616。

1. 实训资料（图5-59、图5-60）

支票领购单

年　　月　　日

当用完此薄需在领购支票时，请填写右列的"支票领购单"并盖预留银行签章，送至本行办理，领取新支票薄。

户　名		账　号	
领购数量		起讫号码	自　　　　号至　　　　号
领用单位签章：（预留银行签章）		领购单位经办员姓名	签收
		身份证号码	
		以下银行填写：	
		经发：　　　　验印：	

图5-59　支票领购单(空白)

付　款　凭　证

付字　第＿＿号

贷方科目＿＿＿＿＿＿　　　　　年　　月　　日　　　　　附件＿＿＿＿张

对方单位	摘　要	借　方　科　目		金　额									记账
		总账科目	明细科目	千	百	十	万	千	百	十	元	角 分	符号
													☐
													☐
													☐
													☐
													☐

会计主管　　　　　记账　　　　　稽核　　　　　出纳　　　　　制证

图 5‑60　付款凭证(空白)

2. 实训成果

(1) 填写支票领购单,如图 5‑61 所示。

图 5‑61　支票领购单

当用完此簿需在领购支票时,请填写右列的"支票领购单"并盖预留银行签章,送至本行办理,领取新支票簿。

(2) 填制付款凭证,如图 5‑62 所示。

付　款　凭　证

付字　第_07_号

贷方科目__库存现金__　　　　2023 年　6 月 22 日　　　　附件__1__张

对方单位	摘　要	借　方　科　目		金　额										记账
		总账科目	明细科目	千	百	十	万	千	百	十	元	角	分	符号
	支付支票工本费	管理费用								3	0	0	0	☐
														☐
														☐
														☐
									¥	3	0	0	0	☐

会计主管　　　　　记账　　　　　稽核　　　　　出纳 钱清　　　　　制证

图 5‑62　付款凭证

（3）登记库存现金日记账，如图 5-63 所示。

库 存 现 金 日 记 账　　　第 1 页

2023年 月	日	凭证 种类	号数	摘要	对方科目	收入（借方）	支出（贷方）	借或贷	余额
06	01			期初余额				借	1 0 0 0 0 0
06	01	付	01	提取备用金	银行存款	1 0 0 0 0 0 0		借	1 1 0 0 0 0 0
06	02	付	02	张斌出差借款	其他应收款		1 0 0 0 0 0	借	1 0 0 0 0 0 0
06	07	收	01	报销差旅费	其他应收款	5 0 0 0		借	1 0 0 5 0 0 0
06	15	付	04	购买办公用品	管理费用		5 0 0 0	借	9 5 5 0 0 0
06	17	收	03	销售商品给周芳	主营业务收入	8 8 4 9 5 6		借	1 8 3 9 9 5 6
06	17	收	03	销售商品给周芳	应交税费——应交增值税（销）	1 1 5 0 4 4		借	1 9 5 5 0 0 0
06	18	付	06	存现	银行存款		1 0 0 0 0 0 0	借	9 5 5 0 0 0
06	22	付	07	支付支票工本费	管理费用		3 0 0 0	借	9 5 2 0 0 0

图 5-63　库存现金日记账

业务 11：库存现金盘点。

2023 年 6 月 30 日，公司对库存现金进行盘点，盘点结果为：100 元 90 张，50 元 4 张，20 元 6 张，10 元 12 张，5 元 10 张，2 元 7 张，1 元 16 张。现金日记账账面余额为 9 520 元，6 月 30 日支付维修费 200 元未入账，6 月 30 日收到员工还款 300 元未入账。出纳：钱清，盘点：王毅。

1. 实训资料（表 5-1、图 5-64）

表 5-1　库存现金盘点表（空白）

库存现金盘点表

单位：　　　　　　　　　　　　　盘点日期：　　　年　　　月　　　日

现金清点情况			账目核对	
面额	张数	金额	项目	金额
100元			盘点日账户余额	
50元			加：收入未入账	
20元				
10元			加：未填凭证收款据	
5元				
2元			减：付出凭证未入账	
1元			减：未填凭证付款据	
5角				
2角				
1角				
5分			调整后现金余额	
2分			实点现金	
1分			长款	
	合计		短款	
调整事项处理意见：				
出纳员：				
盘点人：				

付　款　凭　证

付字 第＿＿＿号

贷方科目＿＿＿＿＿＿　　　　　年　月　日　　　　　　附件＿＿＿＿＿＿张

| 对方单位 | 摘　要 | 借 方 科 目 | | 金　额 | | | | | | | | | | 记账 |
		总账科目	明细科目	千	百	十	万	千	百	十	元	角	分	符号
														☐
														☐
														☐
														☐
														☐

会计主管　　　　记账　　　　　　稽核　　　　　　出纳　　　　　制证

图 5‑64　付款凭证(空白)

2. 实训成果

(1) 填写库存现金盘点表,如表 5‑2 所示。

表 5‑2　库存现金盘点表

库存现金盘点表

单位：长沙信达有限责任公司　　　　　　　　　　盘点日期：2023 年 6 月 30 日

| 现金清点情况 | | | 账目核对 | |
面额	张数	金额	项目	金额
100元	90	9 000.00	盘点日账户余额	9 520.00
50元	4	200.00	加：收入未入账	300.00
20元	6	120.00		
10元	12	120.00	加：未填凭证收款据	0
5元	10	50.00		
2元	7	14.00		
1元	16	16.00	减：付出凭证未入账	200.00
5角	0	0	减：未填凭证付款据	0
2角	0	0		
1角	0	0		
5分	0	0	调整后现金余额	9 620.00
2分	0	0	实点现金	9 520.00
1分	0	0	长款	
合计		9 520.00	短款	100

调整事项处理意见：　出纳钱清支付现金时点错现金

出纳员：　钱清

盘点人：　王毅

（2）填制付款凭证，如图 5 - 65 所示。

付　款　凭　证

付字 第 _09_ 号

贷方科目 __库存现金__　　　　2023 年 6 月 30 日　　　　附件 __1__ 张

对方单位	摘　要	借 方 科 目		金　额										记账
		总账科目	明细科目	千	百	十	万	千	百	十	元	角	分	符号
	库存现金短款	待处理财产损溢						1	0	0	0	0		☐
														☐
														☐
														☐
								¥	1	0	0	0	0	☐

会计主管　　　　记账　　　　　稽核　　　　　出纳 钱清　　　制证

图 5 - 65　付款凭证

（3）登记库存现金日记账，如图 5 - 66 所示。

库 存 现 金 日 记 账　　第 1 页

2023年		凭 证		摘要	对方科目	收入（借方）									支出（贷方）									借或贷	余 额									√
月	日	种类	号数			千	百	十	万	千	百	十	元	角	分	千	百	十	万	千	百	十	元	角	分		千	百	十	万	千	百	十	元	角	分
06	01			期初余额																						借					1	0	0	0	0	0
06	01	付	01	提取备用金	银行存款				1	0	0	0	0	0	0											借				1	1	0	0	0	0	0
06	02	付	02	张斌出差借款	其他应收款															1	0	0	0	0	0	借				1	0	0	0	0	0	0
06	07	收	01	报销差旅费	其他应收款								5	0	0	0										借				1	0	0	5	0	0	0
06	15	付	04	购买办公用品	管理费用																	5	0	0	0	0	借					9	5	5	0	0	0
06	17	收	03	销售商品给周芳	主营业务收入						8	8	4	9	5	6										借				1	8	3	9	9	5	6
06	17	收	03	销售商品给周芳	应交税费——应交增值税（销）						1	1	5	0	4	4										借				1	9	5	5	0	0	0
06	18	付	06	存现	银行存款															1	0	0	0	0	0	0	借					9	5	5	0	0	0
06	22	付	07	支付支票工本费	管理费用																		3	0	0	0	借					9	5	2	0	0	0
06	30	付	08	支付维修费	管理费用																	2	0	0	0	0	借					9	5	2	0	0	0
06	30	收	04	员工还款	其他应收款							3	0	0	0	0										借					9	6	2	0	0	0
06	30	付	09	库存现金短款	待处理财产损溢																	1	0	0	0	0	借					9	5	2	0	0	0

图 5 - 66　库存现金日记账

业务 12：编制银行存款余额调节表。

长沙信达有限责任公司 2023 年 6 月 30 日银行存款日记账余额为 298 728 元，银行对账单余额为 329 328 元。

经查有以下未达账项：① 公司存入银行现金 10 000 元，银行尚未入账；② 公司支付服务费并开出转账支票 20 000 元，银行尚未入账；③ 银行代付的水电费 2 000 元，公司尚未收到银行付款通知，未入账；④ 银行收到托收的货款 22 600 元，银行收到已入账，但公司尚未收到银行收款通知，未入账。

1. 实训资料（表 5-3）

表 5-3 银行存款余额调节表（空白）

开户行及账号： 金额单位：元

项 目	金额	项 目	金额
企业银行存款日记账余额		银行对账单余额	
加：银行已收、企业未收款		加：企业已收、银行未收款	
减：银行已付、企业未付款		减：企业已付、银行未付款	
调节后的存款余额		调节后的存款余额	

主管： 会计： 出纳：

编制单位：

2. 实训成果

编制银行存款余额调节表，如表 5-4 所示。

表 5-4 银行存款余额调节表

开户行及账号： 中国工商银行长沙开福区支行 432000654223588 金额单位：元

项 目	金额	项 目	金额
企业银行存款日记账余额	298 728.00	银行对账单余额	329 328.00
加：银行已收、企业未收款	22 600.00	加：企业已收、银行未收款	10 000.00
减：银行已付、企业未付款	2 000.00	减：企业已付、银行未付款	20 000.00
调节后的存款余额	319 328.00	调节后的存款余额	319 328.00

主管：高清 会计：陈一民 出纳：钱清

编制单位：长沙信达有限责任公司

业务 13：编制本月出纳报告表。

2023 年 6 月 30 日，出纳员钱清编制本月的出纳报告表。

1. 实训资料(表5-5)

表5-5　出纳报告表(空白)

库存现金 银行存款	出　纳　报　告　单						编号
日期自	年	月	日	至　年	月	日	
项目	库存现金(元)	银行存款(元)		备注			
上期结存							
本期收入							
合计							
本期支出							
本期结存							

财务主管　　　　记账　　　　出纳　　　　复核　　　　制单

2. 实训成果

(1) 库存现金日记账结账,如图5-67所示。

库　存　现　金　日　记　账　　第　1　页

2023年 月	日	凭证 种类	号数	摘要	对方科目	收入(借方)	支出(贷方)	借或贷	余额	✓
06	01			期初余额				借	1 000 00	
06	01	付	01	提取备用金	银行存款	10 000 00		借	11 000 00	
06	02	付	02	张斌出差借款	其他应收款		1 000 00	借	10 000 00	
06	07	收	01	报销差旅费	其他应收款	50 00		借	10 050 00	
06	15	付	04	购买办公用品	管理费用		500 00	借	9 550 00	
06	17	收	03	销售商品给周劳	主营业务收入	8 849 56		借	18 399 56	
06	17	收	03	销售商品给周劳	应交税费——应交增值税(销)	1 150 44		借	19 550 00	
06	18	付	06	存现	银行存款		10 000 00	借	9 550 00	
06	22	付	07	支付支票工本费	管理费用		30 00	借	9 520 00	
06	30	付	08	支付维修费	管理费用		200 00	借	9 320 00	
06	30	收	04	员工还款	其他应收款	300 00		借	9 620 00	
06	30	付	09	库存现金短款	待处理财产损益		100 00	借	9 520 00	
06	30			本月合计		20 350 00	11 830 00	借	9 520 00	

图5-67　库存现金日记账结账

(2) 银行存款日记账结账,如图5-68所示。

银　行　存　款　日　记　账　　第　1　页

2023年 月	日	凭证 种类	号数	摘要	对方科目	收入(借方)	支出(贷方)	借或贷	余额	✓
06	01			期初余额				借	386 528 00	
06	01	付	01	提取备用金	库存现金		10 000 00	借	376 528 00	
06	01	付	03	支付服务费	管理管理		20 000 00	借	356 528 00	
06	12	收	02	销售商品	主营业务收入	40 000 00		借	396 528 00	
06	12	收	02	销售商品	应交税费——应交增值税(销)	5 200 00		借	401 728 00	
06	16	付	05	购买材料	原材料		100 000 00	借	301 728 00	
06	16	付	05	购买材料	应交税费——应交增值税(进)		13 000 00	借	288 728 00	
06	18	付	06	存现	库存现金	10 000 00		借	298 728 00	
06	30			本月合计		55 200 00	143 000 00	借	298 728 00	

图5-68　银行存款日记账结账

（3）编制本月出纳报告表，如表 5-6 所示。

表 5-6　出纳报告表

库存现金

银行存款　出纳报告单　　　　　　　　　　　　　　　编号 20190601

日期自 2023 年 06 月 01 日至 2023 年 06 月 30 日

项目	库存现金（元）	银行存款（元）	备注
上期结存	1 000.00	386 528.00	
本期收入	20 350.00	55 200.00	
合计	21 350.00	441 728.00	
本期支出	11 830.00	143 000.00	
本期结存	9 520.00	298 728.00	

财务主管　高清　　记账　　　　　　出纳　钱清　　　　复核　　　制单

【任务考核】

任务考核表

实训任务					
实训目标					
实训收获					
评价主体	评价项目		分值	评价得分	加权得分
组员评价	职业素养	考勤	5		
		课堂表现	15		
	职业技能	任务完成度	25		
		任务完成质量	30		
	职业团队	沟通能力	10		
		协调能力	15		
小　计			100		
组长评价	职业素养	考勤	5		
		课堂表现	15		
	职业技能	任务完成度	25		
		任务完成质量	30		
	职业团队	沟通能力	10		
		协调能力	15		
小　计			100		

教师评价	职业素养	考勤	5	
		课堂表现	15	
	职业技能	任务完成度	25	
		任务完成质量	30	
	职业团队	沟通能力	10	
		协调能力	15	
小　计			100	
合　计				

学生签字：　　　　　　　　　　日期：

主要参考文献

[1] 杨剑钧,陈东升,彭珊. 出纳理论与实务[M]. 4 版. 北京：高等教育出版社,2023.
[2] 李华. 出纳实务[M]. 5 版. 北京：高等教育出版社,2021.